- 本书是"教育部人文社会科学研究规划青年基金项目（10YJC7024）"的最终成果。
- 本书获"集美大学出版基金"资助。

限度与界线

——语义和语用维度下的文本阐释约束理论研究

董丽云 著

厦门大学出版社
XIAMEN UNIVERSITY PRESS
国家一级出版社
全国百佳图书出版单位

图书在版编目(CIP)数据

限度与界线:语义和语用维度下的文本阐释约束理论研究/董丽云著. —厦门:厦门大学出版社,2013.12
ISBN 978-7-5615-4860-8

Ⅰ.①限… Ⅱ.①董… Ⅲ.①语言交流-研究 Ⅳ.①H0

中国版本图书馆 CIP 数据核字(2013)第 290966 号

厦门大学出版社出版发行
(地址:厦门市软件园二期望海路 39 号 邮编:361008)
http://www.xmupress.com
xmup @ xmupress.com
厦门集大印刷厂印刷
2013 年 12 月第 1 版 2013 年 12 月第 1 次印刷
开本:889×1194 1/32 印张:8.5
字数:225 千字 印数:1~1 100 册
定价:32.00 元
本书如有印装质量问题请直接寄承印厂调换

序 言

阐释学是一个既古老又常新、既中心又边缘的学术研究领域。说其古老是因从学术史的角度出发，阐释学有悠久的研究传统；指其常新是因人类的主观性导致了阐释学的创造性，使阐释学论题不断有新的挑战与议题出现。说其中心是因阐释学事关人文社科学术研究的基础，阐释学方法的任一微小变化都可能会导致整个学术研究的重新建构；指其边缘是因阐释学研究的困难、出成果的可能性不大而导致其在学术研究中处于少数与冷门的地位。但也许正是阐释学这种古老常新、中心边缘的特殊性质，使其具有了研究的特殊张力与魅力，也不断激发人们阐释学的想象力。

阐释学诞生以来，经历了从"方法"论到"本体"论、从客观到主观再到主客观统一的理论发展路线，也经历了由最初的追求形式确定性到形式虚无主义再到形构统合的多元路径，但无论阐释学的发展呈现出何种面貌，其核心本质总是围绕着创造与约束这一人类思维的悖论性进行阐释或过度阐释的。从这个角度来看，文本阐释中的创造与约束问题是阐释学中的基本问题之一，围绕这个基本问题产生了诸如一元与多元、主观与客观、确定与不确定等的争论。

阐释学最初只是被视为一种关于方法之学问，即专注于《圣经》的释义，包括正确阅读《圣经》的指导原则和《圣经》应用的注释。19世纪在施莱尔马赫和狄尔泰的推动下，阐释学从原文阐释的技巧论提升为一般阐释学。20世纪初，海德格尔把阐释学从方法论层次推进到存在论层次,阐释学从而被纳入到哲学范围,有了本体上的意义。在海德格尔看来,阐释是此在的根本表现形式和运动方式。其后伽达默尔进一步提升了阐释学的意义,强调哲学阐释学是关于理解的逻辑,主要探询的是阐释活动的本体。他认为阐释的生命在于"视野融合",其精髓在于我们为社会的历史成见所规定的同时,可以超越历史、重新创造历史。于是,阐释学经过施莱尔马赫—狄尔泰—海德格尔—伽达默尔这一谱系发展,逐渐成为现代哲学的一门显学。

在20世纪60年代以前,西方文本阐释研究的基本范畴为"意义是否确定"(Determinacy or Indeterminacy),如客观主义阐释学所追求的作者意图、俄国形式主义和英美新批评主义所重视的"形式"都意味着意义是确定的;与之相对立的是,海德格尔、伽达默尔等相对主义阐释学认为文本意义是不确定的。之后的几十年间,由于后结构主义、解构主义、新实用主义等西方哲学思潮对传统理论范式的冲击,加之神秘主义思潮的回归,各种阐释甚至于荒诞的阐释都有了存在的"情理性"(而非合理性)。近些年来,经历了"去共识"(De-agreement)的狂欢后,人们又开始反思:过分强调阐释的主观能动性是否会导致文化上的"消费主义"?阐释有没有监督系统?阐释的约束在哪里?如何防止意义生产的失控成为阐释学难以回避的问题。但如果诉诸传统阐释学的解决思路,这种"确定—不确定"的二元对立思想正如阐释学循环中的"鸡生蛋、蛋生鸡"一样也许永远无法得出最终的答案。

上个世纪90年代,在艾柯与罗蒂的"丹纳讲座"中关于"阐释与过度阐释"的辩论推动了文本阐释的基本研究范畴从"意义是否确定"走向"文本阐释约束"。"意义是否确定"与"文本阐释约束"是相互联系但又不能等而视之的两个问题。即使意义不确定,阐释的约束仍有可能——尽管某些阐释可能是荒诞的,但是它们仍可能有约束,例如不管关于《哈姆雷特》的各种阐释多么的不同,但至少在一些关键的情节上还是会趋同的。

的确,由于阐释主体不断变化,以及读者和作者存在的时空间距,阐释成了一种探索性行为,阐释的创造性和创造性的阐释成为可能。作为一种语言活动,阐释当然具备语言创造性的一般特点。乔姆斯基是这样理解语言的创造性的:说本族语的人能够说出适合于语境但又不由语境确定的句子。换句话说,他必须遵守社会规则,这是语言的约束性。简而言之,语言的创造性就是一种不可预料但同时其可能性范围又受到约束的行为,阐释也不例外。

近二三十年来,文本阐释的约束问题在国内外得到不少学者的关注,如国外主要有艾柯、罗蒂、卡勒、克里斯蒂娜·布鲁克·罗斯等;国内主要有南帆、李幼蒸、许钧等。但对文本阐释约束问题进行专门化研究的只有艾柯。艾柯主要从文本语义维度出发论述了文本阐释的约束问题。然而所有的意义活动兼具语义与语用的双面性,文本阐释的约束也不例外,除了语义维度的约束,语用约束也是必不可少的。因此,艾柯缺乏对文本阐释约束问题进行层次性、区分性的研究。不仅如此,对文本的阐释约束问题也没有进行全面的实证探讨。

针对上述问题,作者的研究就具有了实践和理论的双重意义。就理论意义而言,作者通过借用和改造胡塞尔现象学中"理念意义"和"个别意义"的概念,并且结合阿佩尔的"语言交往共同体"的观念及维特根斯坦的"语言游戏规则"思想,从语义和语用两个维度研究了文本阐释的约束问题。语义层面的约束源于文本理念意义。理念意义允许无限可能的阐释,但仍然规定了这些阐释的范围,这一范围被称为阐释的限度。语用层面上的约束源于语言交往共同体。语言交往共同体基于语言游戏规则检验阐释的有效性。不管是哪一个维度的阐释,都源于日常生活世界,来自于日常生活的语言,因此应该回归具有原初意义的日常生活世界和日常生活语言，阐释才是可能的。

　　毋庸置疑，这是一部优秀的学术著作。它作为作者的博士毕业论文，得到了以复旦大学宗廷虎教授为代表的答辩委员会所有成员的高度肯定与一致赞赏。值得一提的是，作者此项研究的步伐并没有随着博士论文的完成戛然而止，而是把它看做是更加深入、更加系统的研究的起点。作者利用五年的时间，从研究内容、范畴、视角、方法等方面不断地充实原有的论文，由此可见她实为有着踏实与严谨学术作风的青年学者。当然，书中还有一些值得商榷的地方，作者皆留下进一步推敲的余地，体现了一个学者应有的治学之道。

　　作者于2002年以优异的成绩考入福建师范大学攻读英语语言文学硕士学位。早在那个时候，她就给我留下深刻的印象：坦诚、好学、刻苦、理论基础好，善于提问题，在普遍缺乏哲学理论功底的英语专业学生中很快脱颖而出，硕士阶段就发表不少较有学术水平的文章。在继续跟随我攻读博士学位的期间，我更是亲眼目睹了她的勤奋刻苦。对于阐释学这个研究领域，作者阅读了许多的英文原著，因此在每星期一次的学术沙龙上，她总能对于某本语言哲学专著或某个哲学观点阐发较为深刻的见解，充分展现了她的学识、才华与学术视野。值此书顺利出版之际，希望作者能够在学术上更进一步，正所谓"欲穷千里目，更上一层楼"！

陈维振

2013年4月于福建福州

目 录

序言 …………………………………………………………… 1
第一章　研究导论 …………………………………………… 1
　第一节　研究的缘起和价值 ………………………………… 1
　　一、研究的缘起 …………………………………………… 1
　　二、研究的价值 …………………………………………… 3
　第二节　阐释学历史及其理论问题的追述 ………………… 4
　　一、阐释学发展的历史回顾 ……………………………… 4
　　二、文本阐释的理论问题追述 …………………………… 6
　第三节　艾柯与罗蒂之争及其提出的问题 ………………… 8
　第四节　文本阐释约束问题的研究现状 …………………… 14
　　一、文本阐释约束的显性研究 …………………………… 14
　　二、文本阐释约束的隐性研究 …………………………… 19
　第五节　关于本书的研究 …………………………………… 21
　　一、研究进路 ……………………………………………… 21
　　二、研究方法 ……………………………………………… 22
　　三、研究的理论基础 ……………………………………… 23
　　四、研究的基本内容 ……………………………………… 24
　　五、研究的创新之处 ……………………………………… 26
第二章　创造还是约束：新文本阐释观分析范式 ………… 29
　第一节　文本阐释观的传统分析范式研究 ………………… 29
　　一、以历时—重心为特征的文本阐释观分析范式
　　　　研究 …………………………………………………… 30

二、以神秘主义为特征的文本阐释观分析范式研究 …… 35
　第二节　约束的文本阐释观及其评价 …………………… 39
　　一、传统阐释学的约束文本阐释观 ………………… 40
　　二、作者中心论的约束文本阐释观 ………………… 45
　　三、文本自足论的约束文本阐释观 ………………… 48
　第三节　创造的文本阐释观及其评价 …………………… 53
　　一、创造的后结构主义文本阐释观 ………………… 54
　　二、创造的解构主义文本阐释观 …………………… 56
　　三、创造的新实用主义文本阐释观 ………………… 59

第三章　创造与约束：开放有界的文本阐释观及其评价 …… 70
　第一节　文本阐释的创造与约束并存的理论溯源 ……… 71
　　一、创造与约束："一"和"多"哲学问题的演化 …… 71
　　二、创造与约束并存的理论基础 …………………… 74
　第二节　创造与约束并存的文本阐释观述评 …………… 83
　　一、哲学阐释学文本观 ……………………………… 83
　　二、读者接受论文本阐释观 ………………………… 96
　　三、读者反应论文本阐释观 ………………………… 98
　　四、现象学文本阐释观 ……………………………… 100
　第三节　艾柯的创造与约束并存的文本阐释观 ………… 102
　　一、文本阐释的创造性 ……………………………… 102
　　二、文本阐释的约束性 ……………………………… 109
　　三、艾柯与海德格尔阐释观之比较 ………………… 118

第四章　文本阐释的限度与界线：语义与语用维度的约束
　　…………………………………………………………… 130
　第一节　主要文本阐释观中约束思想之批判性分析 …… 131
　第二节　文本阐释约束的理论研究资源 ………………… 138
　　一、胡塞尔的现象学 ………………………………… 138
　　二、阿佩尔的语言交往共同体 ……………………… 146

三、语言游戏规则：语言交往共同体的行动规则 ⋯⋯⋯⋯ 152
第三节　文本阐释的限度：语义维度的约束 ⋯⋯⋯⋯⋯⋯ 155
　一、文本理念意义与个别意义 ⋯⋯⋯⋯⋯⋯⋯⋯⋯⋯⋯ 155
　二、文本理念意义的建构性、创造性和约束性 ⋯⋯⋯⋯ 159
第四节　文本阐释的界线：语用维度的约束 ⋯⋯⋯⋯⋯⋯ 163
　一、艾柯检验阐释三大标准之批判性分析 ⋯⋯⋯⋯⋯⋯ 163
　二、语言游戏规则悖论：语言游戏规则的盲目性 ⋯⋯⋯ 174
　三、语言交往共同体的检验——文本阐释的界线 ⋯⋯⋯ 182

第五章　语义与语用维度下的文本阐释实证研究 ⋯⋯⋯ 190
第一节　文本阐释约束实证研究回顾 ⋯⋯⋯⋯⋯⋯⋯⋯⋯ 190
第二节　实验研究方法 ⋯⋯⋯⋯⋯⋯⋯⋯⋯⋯⋯⋯⋯⋯⋯ 194
　一、研究设计 ⋯⋯⋯⋯⋯⋯⋯⋯⋯⋯⋯⋯⋯⋯⋯⋯⋯⋯ 194
　二、研究的对象 ⋯⋯⋯⋯⋯⋯⋯⋯⋯⋯⋯⋯⋯⋯⋯⋯⋯ 195
　三、实验数据收集 ⋯⋯⋯⋯⋯⋯⋯⋯⋯⋯⋯⋯⋯⋯⋯⋯ 196
　四、结果与讨论 ⋯⋯⋯⋯⋯⋯⋯⋯⋯⋯⋯⋯⋯⋯⋯⋯⋯ 197

第六章　讨论与结论 ⋯⋯⋯⋯⋯⋯⋯⋯⋯⋯⋯⋯⋯⋯⋯ 204
第一节　文本阐释双重约束的契合性 ⋯⋯⋯⋯⋯⋯⋯⋯⋯ 204
　一、生活世界与生活形式 ⋯⋯⋯⋯⋯⋯⋯⋯⋯⋯⋯⋯⋯ 205
　二、意向性与行为对象 ⋯⋯⋯⋯⋯⋯⋯⋯⋯⋯⋯⋯⋯⋯ 208
　三、直观与"只看不想" ⋯⋯⋯⋯⋯⋯⋯⋯⋯⋯⋯⋯⋯⋯ 209
　四、两种共同体意识 ⋯⋯⋯⋯⋯⋯⋯⋯⋯⋯⋯⋯⋯⋯⋯ 212
第二节　当代西方文本阐释理论研究的走向与局限 ⋯⋯⋯ 215
　一、当代西方文本阐释理论研究的走向 ⋯⋯⋯⋯⋯⋯⋯ 216
　二、当代西方文本阐释理论研究的局限 ⋯⋯⋯⋯⋯⋯⋯ 226
第三节　结语 ⋯⋯⋯⋯⋯⋯⋯⋯⋯⋯⋯⋯⋯⋯⋯⋯⋯⋯⋯ 232

参考文献 ⋯⋯⋯⋯⋯⋯⋯⋯⋯⋯⋯⋯⋯⋯⋯⋯⋯⋯⋯⋯⋯ 235
附录 ⋯⋯⋯⋯⋯⋯⋯⋯⋯⋯⋯⋯⋯⋯⋯⋯⋯⋯⋯⋯⋯⋯⋯ 256
后记 ⋯⋯⋯⋯⋯⋯⋯⋯⋯⋯⋯⋯⋯⋯⋯⋯⋯⋯⋯⋯⋯⋯⋯ 261

第一章 研究导论

第一节 研究的缘起和价值

一、研究的缘起

总的说来,西方哲学的发展经历了三个阶段:追求事物本质的古希腊本体论阶段、探讨认识的性质的近代认识论阶段,最后转向追问语言本体地位的现代语言学阶段。语言的问题与人文学科息息相关,阐释学的兴起就是语言学转向下众多被重新审视的关键性的哲学问题之一。其实,施莱尔马赫早就指出阐释学中所预设的一切问题都是语言问题。的确,对于文本的阐释,读者面对的首先是文本,而阐释学意义上的狭义文本就是语言性文本。因此,文本的阐释与语言之间的关系乃是必须探讨的第一个问题。① 语言在阐释中具有双重的重要性:既是阐释的对象又是阐释的工具;既是作者运用符号搭建的美学机器,又是读者运行美学机器的根本和手段。可以说,阐释学在本质上是与语言联系

---

① 彭启福.文本诠释中的限度与超越——兼论马克思文本诠释的方法论问题[J].哲学研究,2007(2).

在一起的,阐释学的一切问题应该在语言学的维度展开。因此,文本阐释的研究当之无愧地成为理论语言学和哲学研究中的核心领域,具有重要的价值和地位。

诞生于19世纪的阐释学最初是阐释《圣经》的一种技法,尔后施莱尔马赫把它的技法提升为一般方法论的阐释学,用来研究阐释的普遍技法。在20世纪,阐释学在海德格尔和伽达默尔的推动下进入了本体论阶段。在接下来的发展历程中,阐释学逐渐成为一门与众多理论交叉的学科。近半个世纪以来,精神分析学、女权主义、多元文化主义等后现代主义思潮的兴盛给文本阐释注入了更多的解码方式,意义空前增殖,文本世界越发不可捉摸。彰显个性、宣扬多元化的后现代主义思想无疑会影响人们的阐释态度,加之神秘主义思想的死灰复燃,新颖、另类,甚至怪诞的阐释越来越受到人们的青睐。意义无限繁荣的一个严重后果在于,人们从种种所熟知的古典作品中发现了闻所未闻的含义,如在《哈姆雷特》中看到了恋母情结、在李白恢宏的唐诗中窥探到了同性恋情结。于是,如何防止意义生产的失控成为阐释学理论难以回避并不断争论的问题:阐释有没有监督系统?阐释的约束在哪里?艾柯与以罗蒂为首的几位学术大师关于"阐释与过度阐释"的争论就是在这一背景下应运而生的,阐释的约束问题也就是在这一辩论之后被凸显出来的。

虽然文本阐释的约束问题如此之重要和迫切,但是在当代阐释学中,这一问题由于传统的主客观二元对立以及后现代主义的盛行而没有得到充分的揭示,也因此始终被遮蔽着,直到艾柯与罗蒂关于"阐释与过度阐释"的争论出现。但是在目前,国内外关于文本阐释约束问题的研究仍然缺乏系统性,迄今还没有出现一个具有说服力的有关文本阐释的约束理论。

二、研究的价值

对文本阐释的约束问题进行全面、系统、深入的理论研究,既是由研究对象本身的重要性、特殊性与研究现状的薄弱性所提出和决定的,也是阐释学理论研究向更深更广的方向拓展的必然要求。

从重要性来说,文本阐释中意义的创造与约束问题是阐释学中的基本问题之一,围绕这个基本问题产生了诸如一元与多元、主观与客观、确定与不确定等的争论。而近半个世纪以来,精神分析学、存在主义、结构主义、解构主义和后现代主义的兴盛又给文本阐释注入了更多的解码方式,但同时也突显了文本阐释的限度、界线及合理性的问题。"一千个读者有一千个哈姆雷特",这一自有其内在合理性的文学接受观念有时竟会成为人们随意阐释文本的托辞和借口。虽然说阐释是多元的或者是潜在的、无限的,但这并不意味着阐释没有一个客观性的对象和标准。于是,如何防止意义生产的失控成为阐释学理论难以回避并不断争论的问题:阐释有没有监督系统?阐释的约束在哪里?对这些基本理论的厘清,对于了解阐释学的最新前沿理论及把握阐释的限度和界线问题有着重要的理论意义。

就特殊性而言,本书从语义与语用的两个维度出发,试图区分文本阐释约束中的两个关键概念:即限度与界线,进而讨论阐释的约束是什么及为什么两个相关的深层次问题。这从方法论的角度来说,是一个比较特殊的视角。

最后,就传统研究的薄弱性来说,以往文本意义的研究或是无法脱离"意义是否确定"的论题,或是对语义或语用即阐释限度或界线的单向偏重,未能产生新的阐释标准。因此,文本阐释的约束理论研究,对于防止走入文本阐释的歧途,确立文本阐释的合理性标准,具有重要的理论意义与实用价值。

第二节 阐释学历史及其理论问题的追述

一、阐释学发展的历史回顾

阐释学是 20 世纪最有影响力的理论派别之一。从词源学的意义上说,"阐释学"一词的英文 Hermeneutics 来源于赫尔默斯。赫尔默斯本是希腊神话中来往于奥林匹亚山上给人们传递诸神消息和指示的一位信史。因为诸神的语言与人间的语言不同,因此赫尔默斯的传达需要翻译和解释。这不仅需要把人们不熟悉的诸神的语言转换成人间语言,而且还要对诸神的晦涩艰深的语词进行读解,把意义从陌生的世界转换到熟悉的世界。

"阐释学"的定义与阐释学的原初任务是分不开的。原初阐释学的工作就是"一种语言的转换,一种从一个世界到另一个世界的语言转换,一种从神的世界到人的世界的语言转换,一种从陌生的语言世界到我们自己的语言世界的转换"[①]。伽达默尔在"古典阐释学和哲学阐释学"一文中曾就阐释学的工作做了类似如下的阐述:"赫尔默斯是神的信使,他把诸神的旨意传达给凡人——在荷马的描述里,他通常是从字面上转达诸神告诉他的消息。然而,特别在世俗的使用中,阐释学的任务却恰好在于把一种用陌生的或不可理解的语言表达的东西翻译成可理解的语言。阐释学的工作就总是这样从一个世界到另一个世界的转换,从神的世界转换到人的世界。"[②]

[①] 洪汉鼎.阐释学——它的历史和当代发展[M].北京:人民出版社,2001:1-2.

[②] 伽达默尔.真理与方法[M].洪汉鼎译.上海:上海译文出版社,1999:92.

艾布拉姆斯在《欧美文学术语词典》中给出了当代阐释学较为全面的定义。① 阐释一部文学作品就是要应用分析、意译和评注等方法说明作品的语言含义。这种"阐释"通常注重于解释晦涩朦胧与富于修辞手段的篇章段落。在广义上，对作品的阐释则是把语言视为作品的表现手段，弄清作品的整体含义。阐释的内容包括阐释作品的类型、成分、结构、主题和艺术效果等。

虽然当代阐释学有着较为稳定的定义，但是自阐释学诞生以来，其内涵处于不断的嬗变中，遵循了从方法论到本体论、传统到现代的理论发展脉络。阐释学最初只是专注于《圣经》的释义，包括正确阅读《圣经》的指导原则和《圣经》应用的注释。19世纪中叶，施莱尔马赫提出了一般阐释学，于是阐释学从原文阐释的技巧论提升为一门独立的学科，成为一切文本阅读和应用的释义原则。此后的阐释学被纳入哲学范围，对于这个任务的完成狄尔泰功不可没，虽然他"以生命理解生命"的移情式阐释学意识到精神科学与自然科学的研究方法存在相异之处，但是这一观点仍未脱离方法论中唯我论的粗糙。海德格尔和伽达默尔是现代阐释学发展的里程碑式的人物，正是海德格尔把阐释学从方法论层次推进到存在论层次。在他看来，阐释是此在的根本表现形式和运动方式。伽达默尔的哲学阐释学是关于理解的逻辑，主要探询了阐释活动的本体。他认为阐释的生命在于"视野融合"，其精髓在于我们为社会的历史成见所规定的同时，可以超越历史、重新创造历史。所以，在20世纪的德国，哲学阐释学经过施莱尔马赫—狄尔泰—海德格尔—伽达默尔这一谱系的发展，成为现代哲学的一门显学。尔后，阐释学的发展如火如荼，其他学派如结构主义、后结构主义、读者反应论、精神分析学的思想纷至沓来，极大地充实

---

① 艾布拉姆斯.欧美文学术语词典[M].朱金鹏等译.北京：北京大学出版社,1990:150.

了阐释学的发展和研究。

阐释学的发展影响了阐释学的中文译名。除了"阐释学"之外,主要还有"解经学"、"诠释学"、"解释学"等。很明显,解经学意义过于狭窄,因为它来源于古典阐释学阶段,特指对基督教《圣经》和古典作品的解释,这与阐释学的宏大志向不相符。虽然"解释学"似与"解释"同源,但当今阐释学的思想远非"解释"能把其内涵阐明的,因为阐释涵盖了理解和解释两个环节,并且"西文原词与寻常的解释一词有很明确的区别,译名也应该有所区别才是"①。而"诠释学"偏重于"文字训诂",也甚为狭隘。于是,经过如此这般的"译名训诂",只有"阐释学"这一名似乎不落俗套。

从阐释学有着众多的中文译名这一事实,我们可以知道,其实阐释学对于中国的知识界来说已经根本不是一个陌生的概念。阐释学曾经是上个世纪 80 年代的热门之中的热门,国内发表的评介、翻译以及对各大阐释学家的思想研究可谓汗牛充栋。阐释学自上世纪 80 年代初传入中国以来,学者们已通过介绍、学习及批判性的吸收,进行了大量的研究工作,取得了丰硕的成果,现在已经成为现代西方哲学研究的整体图景中不可或缺的一部分,例如,洪汉鼎、张汝伦、殷鼎、夏镇平、倪梁康、张祥龙等学者的研究就是这样。

二、文本阐释的理论问题追述

文本意义的问题是古今中外哲学家、文艺理论家、批评家们热衷的话题。由于阐释学的发展在国内外受到了极大的关注,所以用阐释学的精神与方法来研究文本意义也已经不再是一个新的问题。关于文本意义的一个最大的难题当然是自柏拉图以来

---

① 张隆溪.道与逻格斯[M].成都:四川人民出版社,1998:2.

争论无果的"意义是否确定"的问题。长期以来,具体地说,在20世纪60年代以前,国内外文本阐释研究的基本范畴为"意义是否确定"(Determinacy or Indeterminacy),研究绝大部分从"文本意义是否具有确定性"这一角度出发来确定研究的方向,从而在"文本意义是确定的"和"文本意义是不确定的"之间作非此即彼的研究,如莱尔马赫和狄尔泰的客观主义阐释学所追求的作者意图、俄国形式主义和英美新批评主义所重视的"形式"意味着意义是确定的;与之相对立的是,海德格尔、伽达默尔等相对主义阐释学认为文本意义是不确定的。

之后的几十年间,由于后结构主义、解构主义、新实用主义等西方哲学思潮对传统理论范式的冲击,加之神秘主义思潮的回归,文本意义客观性的一面似乎完全消失,文本意义的不确定性走向了极端,各种阐释甚至于荒诞的阐释都有了存在的"情理性"(而非合理性)。近些年来,经历了"去共识"(De-agreement)的狂欢后,人们又开始反思:过分强调阐释的主观能动性是否会导致文化上的"消费主义"? 这种"确定—不确定"的二元对立思想正如阐释学循环中的"鸡生蛋、蛋生鸡"一样也许永远无法得出最终的答案,因此文本阐释研究的基本范畴应从"意义是否确定"转向"阐释的约束"问题(Limits of Interpretation)这个更加实际的问题,即悬置意义的确定来讨论即使意义是不断开放的,文本阐释是否有约束? 如果存在,约束在哪里? 文本阐释的约束与开放能否并存?

相对于文本"意义的确定性"的问题来说,文本阐释的约束是一个年轻的问题,主要是因为文本阐释的约束问题研究只是在艾柯与罗蒂关于阐释与过度阐释的争论之后才被挖掘出来,进而在知识界引起轩然大波:文本阐释是如罗蒂及其支持者所言,是一种无依无傍、自由自在、天马行空式的活动? 还是如艾柯所言,带着"镣铐"跳舞?

文本阐释的约束问题常常被误解成"意义是否确定"问题的另一种表达。其实不然。这两个问题的区别首先表现在文本阐释的约束问题较之"意义是否确定"问题有着更大的实践意义。因为各种阐释能否继续大行其道,还是需要一定程度的谨言慎行,依赖于对文本阐释的约束问题的探讨。更为重要的是,前者的解决不完全依赖于后者的解决。如果文本意义是确定的,那文本阐释约束的存在毋庸置疑;但如果文本意义是不确定的,文本阐释的约束仍有可能存在,文本阐释仍有可能趋向一致。反过来说,如果文本阐释没有约束,那么文本意义则必然是不确定的;而如果文本阐释有约束,文本意义是否确定仍是一个悬而未决的问题。所以,对"意义是否确定"这一问题的悬置,避开了这一个艰难的问题。只讨论文本阐释的约束问题,这正是艾柯和罗蒂的明智之处。

本书即将谈到的艾柯与罗蒂关于阐释的争论就是绕过了文本意义是否具有确定性这个令人头疼并且吃力不讨好的问题,也就是说艾柯和罗蒂争论的新异之处在于他们的争论已经不是在一个"点"上,而是扩展开来,把论辩的触角延伸到文本阐释的约束问题,即尽管文本阐释的可能性是无限的,但读者的阐释是否有约束?对"意义是否确定"这一问题的回避,的确能够省去不少麻烦,可以卸掉几千年哲学理论家给予他们的"形而上学"或"本质主义"的包袱,避免跌入这个古老问题的漩涡。相比之下,"文本阐释的约束"这个问题似乎会轻松得多,它抛开了被现代哲学家所诟病的本质主义、怀疑主义、相对主义、诡辩论的等等一系列的责难和非议。

第三节 艾柯与罗蒂之争及其提出的问题

上个世纪 80 年代以来,对于阐释学具有历史推动性的大辩论有三次：第一次是发生在哈贝马斯与福柯之间的，关于理性、现代性、权力、主体、对话等问题的辩论；第二次是代表哲学阐释学的伽达默尔与代表解构论的德里达关于阐释中的真理、意志、愿望等问题的辩论；而最近一场大辩论是在艾柯与罗蒂之间展开的、以"阐释与过度阐释"为主题的辩论，这场辩论对阐释学的研究，尤其是对文本阐释约束问题的研究有着决定性的意义。这场争论可谓"世纪辩论"，论辩中心突出，激烈异常。虽然辩论双方最后并没有取得共识，但是这场辩论对于文本阐释的约束研究有着重要的启示意义。

柯里尼在《诠释与过度诠释》一书中提出艾柯和罗蒂的辩论是以下这个趋势的一部分，即近几十年来，在政治、经济、文化观念等方面，传统范式被逐渐颠覆，它们不再在人们的生活当中享有"主旋律"的地位，取而代之的是长期受到压制的"第二性"观念的粉墨登场，解构主义、女权主义、新历史主义、后殖民主义就是这一新多元范式的思想产物，这一切反映了人们生活观念的多元化。这些派别的影响波及了社会的方方面面，当然也影响了人们对文学作品的阐释态度。原本的欧洲大陆传统文本阐释方法，尤其是"作者意图论"的阐释方法遭到了强烈的抨击。而美国文学理论家在国内文化氛围日趋多元化的背景的孕育下，把英美新批评的"文本之外无他物"的自律精神过于发挥，认为文本无依无傍，可以自由自在地阐述文本。然而，这一点"对于欧洲大陆哲学传统，特别是从阐释学、现象学与结构语言学的传统发展而来的非正统的意义观念而言是非常难以接受的"[①]。

还有一种因素对这场辩论有着推波助澜的作用，那就是神秘主义思潮的死灰复燃。具体说来，一方面，是对索绪尔能指的极

---

① 艾柯等.诠释与过度诠释[M].王宇根译.北京：生活、读书、新知三联书店，1997：8.

度发挥,文本成了符号演绎的舞台,在文本中能发现各式各样,甚至稀奇古怪的阐释,因此文本阐释没有受到任何约束;另一方面,是索绪尔的"能指任意性"与结构主义"追求深层结构"思想的结合。能指有了终极所指这一推动力,从而不断追求本质后面的本质,于是"这种寻找深层结构与模式的做法与被重新激活了的、对人类活动可能性进行超验探询的'后康德主义'遗产结合在一起,最终导致对意义、对沟通以及其他类似主题进行深入精细探讨的非常抽象的普遍性理论的产生"[1]。

艾柯和罗蒂的这场论辩被以这两者为首的辩论阵营互相戏谑地称为"专制主义"和"后笛卡尔哲学"之间的争论。独处于论辩一方的艾柯,拥有作家、符号学家、评论家等多重身份,而且是多部作品的经验作家和标准读者,现身说法论证了这样一个事实:"'过度阐释'是反抗文本意义的'专制主义'而诱发的一个阐释学的后果"[2],批评对于文学的阐释不是无限度的,如果文本阐释有如罗蒂力挺的那样,阐释者的权利就会得到过分的夸大,种种离奇又无聊的阐释就可能毫无节制地蜂拥而至。文本的阐释不该在无休止的漂流中不尽地繁衍,文本阐释是有约束的,否则文本意义就会被虚无化。简言之,艾柯认为显然存在一些较之另外一些阐释更为合理的阐释,这一事实就足够说明文本阐释是有约束的,所以,不应该对文本约定俗成、众所周知的阐释投下任何怀疑的阴影。

的确,要求文本阐释有如样板戏般的高度一致的苛刻做法令人担忧,但是对文本阐释的过于解禁,文本意义的整体被恣意撕成碎片,某些边缘化的细节被过度放大,或者词语任意排列组合,怪异的阐释蜂拥而至,其结果是否一样令人担忧呢?诚如有些理论家所担心的那样,潘多拉的盒子已经开启了,林林总总的阐释

---

[1] 艾柯等.诠释与过度诠释[M].王宇根译.北京:生活、读书、新知三联书店,1997:8.

[2] 南帆.理论的紧张[M].上海:上海三联书店,2003:169.

魔幻般冒出,批评家还能走多远? 无限膨胀的阐释可能性只能使文本阐释失控,使文本的意义陷于虚无。艾柯把诸如此类的"阐释无限"的观点归为"后笛卡尔哲学"的后遗症,例如罗蒂、德里达、保罗·德曼等人的观点。艾柯批评持有这种观点的后结构主义批评家"玩着双重的游戏,用自己所宣扬的语言策略去解读别人的文本,而在向读者传播自己的那一套方法和标准时却又心照不宣地使用着大家都已接受的、约定俗成的方法和标准,试图通过指责别人而使自己的理论得到论证"①。

为此,艾柯提出阐释应该从文本本身出发,应该受到文本本身的制约,阐释者的权利不能脱离文本而加以"过火"的强调。艾柯为了给文本阐释设立限度,在权衡"作者意图"和"读者意图"之间的辩证关系之后提出了"文本意图"(Textual Intention),并且认为,文本意图既不受制于所谓的作者意图,也不影响读者意图的自由发挥。尽管艾柯提出文本意图并不排除阐释的多样化,但实际上,他就是利用文本意图这一概念为文本阐释设定了有限的范围。不仅如此,艾柯还提出了连贯性原则、经济原则和互文性原则作为检验有效阐释的标准。

站在艾柯对立面的是自诩为"快乐的实用主义者"的罗蒂。罗蒂是当今世界上最有趣的哲学家之一。他在美国发动了一场突进式的运动,力图说服人们放弃对于根基与本源追求的欲望。他认为,哲学的任务并非探寻事物的"本质",它只不过是参加文化会话的其中一门学科。只要能满足我们的需要,任何语汇、任何观点乃至任何音调都可以在会话中自由展现。由此,罗蒂发展出自己的实用主义观点:观念形态的东西只是实现某种目的的工具,而不表现世界的什么本质。在论辩中,罗蒂认为艾柯不应区分"文本的阐释"与"文本的使用",认为这只不过是艾柯的"本质

---

① 南帆.理论的紧张[M].上海:上海三联书店,2003:9.

主义"的思想在作怪。在罗蒂看来,主张阐释有约束的人,不过是认为文本有着某种本质,并就此认为应该以一种合法的方式把这一本质挖掘出来。相反,罗蒂告诫我们说,实际上,本质是不存在的,我们真正要加以思考的是那些服从于我们不同目的以不同方式得到的形形色色的"表述"本身。由于有各种不同的目的,这些"表述"就可以是千奇百怪的。

在阐释是否有约束这个问题上,参加讨论的卡勒、罗斯也赞同罗蒂的观点。卡勒针对艾柯对解构主义"武断阐释"的指责申辩到,解构理论并不否认语境的存在,但由于语境是无限的,因此阐释原则上也是无约束的,并且卡勒认为阐释只有走向极端才有趣。罗斯认为小说的任务是将我们心智的、精神的以及想象的视野拓展到极致。①

艾柯与罗蒂的观点和立场再明确不过了,但罗蒂表达得更清楚,显然没有而且也不会被艾柯所说服。笔者站在艾柯的一边,但同时也看到了艾柯表述中显然没有澄清的一些问题,这些问题使艾柯的论辩模棱两可,因此极易受到非难。由于本书的立场总体偏向于艾柯,因此有责任把艾柯论辩中的一些尚未厘清的概念进行清理,提出一些概念和明确的观点,为文本阐释理论研究提供些许思考。

1. 什么是"过度阐释"的问题。艾柯虽然批判了罗蒂的"过度阐释",但是他并没有从理论上"阐释"什么是"过度阐释"。艾柯时而批判阐释的"无限可能",时而认为阐释是"无限开放"的,这一内在矛盾来源于艾柯本身对于"过度阐释"缺乏理论性的认识。应该说,在文本阐释限度之内,"可能阐释"是无限的,而文本阐释限度之外的阐释就是"过度阐释",从这一点来说,没有限度

---

① 艾柯等.诠释与过度诠释[M].王宇根译.北京:生活、读书、新知三联书店,1997:168.

的可能阐释应该受到批判。

2. "文本阐释限度"与"文本阐释界线"的问题。这两个概念的混淆导致了对阐释约束问题的片面看待。语义层面的约束,即文本理念意义的约束,允许无限可能阐释,但仍然规定了这些阐释的范围。在本书中,这一范围称为阐释的限度,它为阐释设限,使得这些可能阐释构成了一个开放有限的集合,就像一个偶数集,虽然其成员的个数无限之多,但仍然是整数集的一部分那样。文本阐释的理念意义是文本阐释的限度,允许了无限多个可能阐释。语用层面上的约束,就是语言交往共同体在语言实践中对文本所施加的约束。语言交往共同体接受的阐释为限度之内即可能阐释中的有效阐释。语言交往共同体的语言游戏规则不但拒斥过度阐释,而且还将拒斥某些限度之内的可能阐释,使得过度阐释和不被共同体接受的、限度之内的可能阐释成为无效阐释。但是长期以来,由于阐释理论界没有认识到这两个层面约束的区别,因此对阐释约束问题的论述显得极其混乱。

例如,艾科就混淆了"可能阐释"和"有效阐释",这一混淆也是源于他对"文本阐释限度"与"文本阐释界线"的混淆。艾柯认为文本阐释的约束是文本意图,文本意图的获得是由语言共同体的语言宝库决定的。在这一点上,他显然混淆了文本阐释的限度与阐释的界线这两个问题,把可能阐释等同于有效阐释。因为艾柯在某处指出文本意图约束下的阐释是开放的,说明艾柯眼中的文本意图是阐释的限度,这一限度下的可能阐释是无数个的,但是艾柯又称文本阐释是由语言交往共同体决定的,但是在阐释实践中语言交往共同体接受的有效的阐释只有一个或数个,语言交往共同体决定的不是可能阐释,而是有效的阐释,所以文本阐释的限度与文本阐释的界线是不同的问题。很明显,艾柯混淆了这两个问题。

3. 检验阐释的标准问题。艾柯试图用连贯原则、互文性原则和经济原则把文本阐释的最低界限描述出来,但是这个描述是否合理而且完备呢？文本阐释的约束是否能够被描述呢？是否存在一个在实践中更为合理的、行之有效的检验原则呢？艾柯并没有给出明确和令人满意的答案。通过对艾柯提出的检验阐释的标准进行进一步的审视，可以看出这些标准本身都是有问题的，在检验有效阐释的实践中是行不通的，而且把检验阐释的标准归结为一些具体标准的做法本身也是有问题的。

第四节 文本阐释约束问题的研究现状

根据艾柯与罗蒂关于文本阐释约束问题的辩论，可以把文本阐释的约束问题的研究分为显性和隐性两大类：在此之前为文本阐释的隐性研究阶段；在此之后为文本阐释的显性研究阶段。

一、文本阐释约束的显性研究

约束问题的显性研究旨在开诚布公地指出阐释有无约束。在国外，主要有艾柯、罗蒂、卡勒、罗斯等学者的观点；国内对于文本阐释的约束研究主要集中在显性研究阶段，主要有南帆、许钧、彭启福等学者。艾柯是对文本阐释约束进行明确研究的主要学者。艾柯的阐释学思想主要集中在《〈玫瑰之名〉备忘录》(*Reflections on the Name of the Rose*, 1984)、《阐释的限度》(*The Limits of Interpretation*, 1990)、《诠释与过度诠释》三本著作中。艾柯阐释理论发展的前后强调了阐释的两个不同方面，即阐释的创造性与阐释的约束性。前期的艾柯，提倡作品尤其是文艺作品的无限开放性，如在《开放的作品》和《读者的作用》两部专著中，艾柯肯定了读者在阅读过程中的积极作用。乔伊斯的《尤利西斯》和《为芬尼根守灵》两部意识流作品被艾柯看作是开放作品的最大范例,①因为"《尤利西斯》的力量不是依据一条线,而是围绕一个单一的点扩展到所有的纬度(也包括时间的纬度)。《尤利西斯》的世界通过复合的,无穷无尽的生而被赋予生机。这种倾向在乔伊斯的最后作品《为芬尼根守灵》中表现得更加明显……在作品中,两个、三个、十个不同的词根相互搭配,单一的语言成为其原始意义的结节点,这些意义可以各自与其他暗含的中心意义相汇,发生联系,其中心意义又进一步开放,使之有可能产生新的星座式的结构和新的阅读群"②。

在《阐释的限度》、《误读》、《阐释和过度阐释》等著作中,特别是在《阐释和过度阐释》一书中,艾柯反思了罗蒂等人提出的"阐释无限可能"的观点后指出虽然作品是开放的,但阐释仍然受到约束的观点。艾柯在《诠释和过度诠释》的部分章节中提到了文本阐释的约束思想,对于这一思想中存在的问题,笔者已经在上文有所交代。作为比《诠释与过度诠释》更早的著作,《阐释的限度》和《误读》,反映了艾柯的文本阐释约束思想还处在发展阶段,尚未成熟。在这两本著作中,艾柯通过"深描"、取证的手法描述了一些文本是如何被过度阐释的,所以此时的艾柯的约束思想与后期的文本意图相比,仍没有被足够理论化、系统化。相关著作仅有筱原资明的《符号的时空》。这本著作对艾柯的思想,包括符号学、新闻、阐释和文学等方面做了全面的介绍,但是还不够深入,尤其是对艾柯的阐释思想只是泛泛而谈。

对阐释约束问题进行相关研究的代表人物还有在丹纳讲座上参与辩论的其他几位哲学家。在丹纳讲座上,艾柯面对的是当代著名哲学家如罗蒂、卡勒、克里斯蒂娜·布鲁克-罗斯等的强大

---

① 筱原资明.埃柯——符号的时空[M].徐明岳等译.石家庄:河北教育出版社,2001:54.

② 筱原资明.埃柯——符号的时空[M].徐明岳等译.石家庄:河北教育出版社,2001:54.

阵容。对于艾柯提出的"阐释有限"即有约束这一观点,这些哲学家从各自的哲学观出发提出了自己的反对意见。

罗蒂与艾柯在观点上的分歧主要表现在:罗蒂认为,文本内没有连贯性;阐释文本不应与使用文本分开;认为文本有某种确定性东西的存在是另一种形式的神秘主义的体现。

艾柯认为文本是一个在阐释过程中逐渐建构起来的连贯性整体,罗蒂则认为文本并没有艾柯所想象的那样"沉重"。他指出,"所谓的连贯性不是什么别的东西,而是这样一个事实:有人在一大堆符号或噪音里面发现了某种有趣的东西,通过对这些符号或噪音进行描述使它与我们感兴趣的其他东西联系起来"[①];"文本的连贯性是在阐释车轮最后一圈的转动中才突然获得的,正如一堆黏土的连贯性只有当制陶工将其所做成它应该有的形状的最后一刹那突然获得的"[②]。

艾柯指出阐释文本一定要有标准,一定得尊重相关时代的语言背景;但是使用文本就不一样,可以根据不同的目的、参照不同的文化系统自由使用文本,使文本得到不同的解读。罗蒂则认为艾柯不应该把文本的阐释与文本的使用分开,因为在实用主义者眼中,"任何人对任何物所做的任何事都是一种使用,阐释某个事物、认识某个事物的本质等,描述的都只不过是使用事物的不同方式"[③]。罗蒂之所以反对把阐释文本与使用文本进行区分,是因为罗蒂认为二者的区分是建立在文本具有某种本质,并且以某种方式去挖掘这个本质的基础上的。罗蒂对于本质之类的东西

---

① 艾柯等.诠释与过度诠释[M].王宇根译.北京:生活、读书、新知三联书店,1997:120.

② 艾柯等.诠释与过度诠释[M].王宇根译.北京:生活、读书、新知三联书店,1997:120.

③ 艾柯等.诠释与过度诠释[M].王宇根译.北京:生活、读书、新知三联书店,1997:115.

是极其憎恶的,他力图说服人们放弃对根基与本原的欲望。因为文本具有某种确定性的东西使罗蒂联想到了亚里士多德的观念,"这种亚里士多德的观念认为,任何事物都具有某种真正的,与表面的、偶然的或外在的东西相对的内在本质。认为批评家可以发现文本的本质——比如,它本质上揭开了某种意识形态结构的神秘性;或,它本质上是对西方形而上学等级森严的二元对立的'解构',而不仅仅是为此形而上学目的服务——这种观念对我们实用主义而言,只不过是改头换面的神秘论而已"①。

作为后现代思潮的积极倡导者和拥护者,卡勒自然站在艾柯的对立面。卡勒试图为被艾柯称为过度阐释的东西进行辩护,指出为文本阐释设限,等于是对文本有待发现的、有趣的东西进行限制。卡勒采用了"以子之矛,攻子之盾"的策略批评艾柯:正是因为艾柯对一些神秘符码的追求乐此不疲,才会使得他的作品具有长久的魅力。

卡勒之所以对艾柯的观点不予赞同的另外一个原因在于他认为"作为一个学科的文学研究的目的是努力去理解文学的符号机制,去理解文学形式所包含着的诸种策略"②。卡勒指出,读到"从前,有三只猪"这句话的时候,人们不一定考虑"接下来发生了什么事情",而是"考虑为什么是三只"或者"具体的叙述语境是什么"。这种阐释提出的是这样的问题:文本做了些什么?文本是怎样做成的?它怎样与其他文本或其他活动相联系?它隐藏或者压抑了什么……所以在卡勒看来,研究文本意义的产生机制比文本阐释的约束问题更为重要。为此,卡勒鼓励读者要对文本的运作机制和阐释的问题保持好奇心并且进行不倦的探索,正如他

---

① 艾柯等.诠释与过度诠释[M].王宇根译.北京:生活、读书、新知三联书店,1997:126.

② 艾柯等.诠释与过度诠释[M].王宇根译.北京:生活、读书、新知三联书店,1997:8.

所说的那样,"阐释只有走向极端才有趣。四平八稳、不温不火的阐释表达的只是一种共识;尽管这种阐释在某些情况下也自有价值,然而它却像白开水一样……"①。因此,对于卡勒来说,从文本中直接就找到答案是没有意义的;而过度阐释却能从文本中找到一些没有直接提供给读者的答案。因此,卡勒认为在这个意义上,过度阐释是具有进步意义的,它可以促使人们反思产生这些阐释的文化机制。

作为小说家兼批评家的克里斯蒂娜·布鲁克-罗斯对理论性的东西并不关心,她关心的是某些作品所具有的特殊性质和目的,并就此反对任何试图恢复到那种单调乏味的现实主义并将其作为阐释标准的做法。

从国内的研究现状来看,对文本阐释约束的研究集中在显性研究上。但文本阐释的元理论研究还比较稀缺,特别是对文本阐释的约束理论,只有一些零散的表述。主要分为两类:对艾柯阐释约束思想的介绍及应用西方文本阐释理论来对具体文本进行解读。介绍艾柯的文本阐释约束思想的文章主要有:《论〈傅科摆〉的艾柯诠释学回证与诠释熵情》、《为艾柯诠释学的读者意图辩护——从马克思主义的中国化到现行的中国文艺复兴》、《从艾柯诠释学看翻译的特性》、《艾柯的写作与批评的阐释》及《艾柯的过度诠释在文学解读活动中并不存在》。

应用型的文章主要有:许均在《简论理解和阐释的空间与限度》(2004年)中认为文本阐释具有客观性,即在文本的整体之中语境明示或暗喻的意义,从根本上规定了翻译的空间与限度。刘进才在《阐释的有效性及限度》(2006年)中认为阐释是多元的,但并不意味着阐释没有一个客观标准,必须基于文本,在作者意

---

① 艾柯等.诠释与过度诠释[M].王宇根译.北京:生活、读书、新知三联书店,1997:135.

图、读者意图及文本意图之间保持一种必要的张力。彭启福在《文本诠释中的限度与超越》(2007年)中则更加具体地指出应把《读者语境关联性原则》作为阐释的限度,其中大语境为读者身处的时代背景和社会需求,小语境为读者的生活状况和价值需求。南帆在《诠释与语境》(2007年)中指出历史语境对于阐释的控制超乎许多人的想象。林斌在《文本过度阐释及其历史语境分析》(2004年)中指出文本意图与历史语境是文本阐释不可回避的约束。以上学者均对文本阐释的约束性做了深入的探讨,但他们并没有进一步建立起理论化、系统化的约束理论,没有认识到阐释的限度和界线是两个不同层面的约束。

二、文本阐释约束的隐性研究

直到上个世纪90年代,在艾柯与罗蒂关于文本阐释的辩论之后,文本阐释的约束问题才被重新凸显出来。在这之前,文本阐释的约束研究一直处于隐形研究阶段。由于传统阐释学和形式主义批评对于文本意义确定性的笃信、哲学阐释学对于文本意义是相对的提倡以及后现代主义的兴起,阐释的创造性得到了进一步的彰显,文本阐释的约束问题被彻底遮蔽了。但不管是哪一种文本阐释观,其中的约束思想都隐蔽地存在着。

纵观西方阐释学的研究历史,在艾柯与罗蒂关于文本阐释的辩论之前,文本阐释约束的隐性研究可以分为三类,即约束的文本阐释、创造的文本阐释及创造与约束并存的文本阐释。

(一)约束的文本阐释

有关约束的文本阐释的主张有三种:以施莱尔马赫及狄尔泰为代表人物的作品原意论;以贝蒂、赫斯及却尔为代表人物的作者中心论;以卡勒为代表人物的文本自足论。他们都认为意义是确定的,作品原意、作者意图或文本形式是唯一的、确定的,是文本阐释的约束。但他们没有认识到这些所谓的作品原意、作者意图和文本形式都可能只是来自文本本身意义约束下的个别阐释,文本意义有着诸多的变形,从而也就否定了文本阐释的创造性。对阐释创造性的忽视,究其根本,是对阐释的约束的认识缺乏。

(二)创造的文本阐释

文本阐释是"无限创造"的观点主要体现在以巴尔特为代表人物的后结构主义、以德里达为代表人物的解构主义。尽管他们普遍否认文本阐释的约束性,但巴尔特对"语言逻辑"的承认以及德里达建立在意义理解之上的解构活动无疑都反证了阐释是有约束的。因此这两种论点均一方面隐约地传递了对阐释限度的认识,另一方面又否认阐释的界线问题,因为我们无法"逃逸于历史语境——意图、目的、需要、文本类型、词语的组织与含义以及解读方式都在强大的历史传统控制之下。这种控制的程度远远超出了许多人的想象。拒绝任何历史语境,切除所有外部联系的文化真空并不存在"①。可见,这种矛盾在他们的理论体系内是无法解决的。

(三)文本阐释的创造与约束并存观

创造与约束并存的文本阐释观主要体现在以海德格尔和伽达默尔为代表人物的哲学阐释学、姚斯和伊瑟尔为代表人物的读者反应论、英伽登为代表人物的现象学阐释学思想中。海德格尔的"主体先结构"、伽达默尔的"偏见"和"视域融合"、姚斯的"期待视野"、伊瑟尔的"文本召唤结构"和英伽登的"图示化"结构是文本阐释创造性的源泉,但在共时的层面,体现为对同一个时代的

---

① 南帆.理论的紧张[M].上海:上海三联书店,2003:170.

读者的阐释的一个宽泛的制约。正如上文所提到的那样,这些阐释思想中的约束观同样缺乏对阐释界线的认识。

总之,国内外关于文本阐释约束问题的研究仍然缺乏系统性,迄今还没有出现一个具有说服力的有关文本阐释的约束理论。对文本阐释的界限与界线没有一个区分性的研究。因此,本书试图从语义与语用的两个维度,对文本的阐释理论进行重构,并通过实证性的实验研究和数据统计分析方法对文本阐释的一致性趋向进行验证。

第五节 关于本书的研究

一、研究进路

为了解决艾柯等人的文本阐释约束思想中存在的问题,为了进一步研究文本阐释的约束理论,本书的研究思路分为三个步骤:

1. 从"艾柯与罗蒂之争"中所提出的问题着手,首先分析文本阐释观的几个传统分析框架,并指出它们的不足:它们不能反映文本阐释观的全貌,也不能凸显文本阐释观的约束思想。本书采用新的文本阐释观分析框架,即把主要的文本阐释观分为阐释的约束观、阐释的创造观以及阐释的创造与约束并存观三类,并且剥离文本阐释观中的约束思想。同时本书对这些文本阐释观中的约束思想作批判性的分析,指出这些约束思想中的不足,从而为重建文本阐释的约束理论提供了理论方向。

2. 关于文本阐释的约束理论的探讨是从语义和语用两个维度来进行的。在语义的维度上,本书将借用现象学的理念意义,阐明文本阐释是受到文本理念意义约束的。文本有无数多个可能阐释,文本理念意义规定了这些可能阐释的方向,本书称之为文本阐释的限度。在语用的维度上,由于在现实生活中,人们可接受的阐释只是其中的一个或数个,而不是无数个,所以遵守语言游戏规则的语言交往共同体的检验成了文本阐释的语用约束,它划定了文本有效阐释和无效阐释的界线。

3. 阐述文本阐释的语义约束和语用约束所具有的契合性和互补性。

4. 从实证的视角研究了文本阐释的语义和语用约束。

5. 最后,综论了当代西方文本阐释学发展的现状、局限性及新动向。

二、研究方法

1. 广泛而细致深入地讨论各学派的阐释思想,如现象学、实用主义哲学、符号学、解构主义、后结构主义等相关学科的理论成果,以新的分析框架和现象学思想的态度,强调面对文本本身,使各学派的阐释思想"以其本原的方式展示自己",力求作出翔实准确的分析论述,同时也对阐释的约束重建工作具有某种创造性的引申和发挥。

2. 注重思想线索的逻辑梳理和思想背景的历史分析相结合。对任何学派的阐释思想的分析都必须建立在"互文"的印证之上,即基于详细资料的充分论证才能真正理解这些思想,力求各学派代表人物的阐释思想的呈现具有立体感、厚实感。

3. 强调宏观与微观、理论与实证相结合的方法。在宏观上,对文本阐释思想进行总体梳理;在微观上,对各个代表性观点进行逐一评判。在理论方面,打破学派的思想界限,多层次、多角度建构新的理论机制;在实证方面,通过对读者反应的调查研究和数据统计分析得出重要的结果,佐证理论研究的正确性和实践可操作性。

三、研究的理论基础

为了解决艾柯等人的文本阐释约束思想中存在的问题,为了重建文本阐释的约束理论,本书把研究分为三个步骤:即前期准备工作、研究论证工作、总结工作。关于文本阐释约束理论的前期准备工作,本书从解决艾柯与罗蒂之争的问题着手,首先分析了文本阐释观的几个传统分析框架,并指出了它们的不足:它们不能反映文本阐释观的全貌,也不能凸显文本阐释观的约束思想。接着,采用了新的文本阐释观分析框架,即把主要的文本阐释观分为阐释的约束观、阐释的创造观以及阐释创造与约束并存观三类,并且剥离了文本阐释观中的约束思想。最后,本书对这些文本阐释观中的约束思想作批判性的分析,指出这些约束思想中的不足,从而为重建文本阐释的约束理论提供了理论方向。

其次,关于文本阐释的约束理论的研究论证工作是从语义和语用两个维度来进行的。在语义的维度上,本书借用了现象学的理念意义,阐明了文本阐释是受到文本理念意义约束的。文本有无数多个可能阐释,文本理念意义规定了这些可能阐释的方向,本书称之为文本阐释的限度。在语用的维度上,由于在现实生活中,人们可接受的阐释只是其中的一个或数个,而不是无数个,所以遵守语言游戏规则的语言交往共同体的检验成了文本阐释的语用约束,它划定了文本有效阐释和无效阐释的界线。

最后,从理论上阐述了文本阐释的语义约束和语用约束所具有的契合性和互补性;从实证的视角验证文本阐释的趋同性;梳理当代文本阐释的现状、走向和局限性。

四、研究的基本内容

首先,本书从艾柯与罗蒂关于阐释和过度阐释的争论谈起,论述文本阐释约束观研究中现存的问题:对"可能阐释"与"有效阐释"这两个概念的混淆、对"文本意义的确定性"与"阐释约束性"两个问题的混淆、对"阐释的限度"与"阐释的界线"之一的偏重或混淆、艾柯的文本意图中的类本质主义倾向等问题。

其次,研究传统文本阐释的分析框架,指出传统文本阐释观分类的主要依据是历时一重心。这些分析框架不仅没有很好地反映文本阐释观的现状和全貌,而且也不符合本书的研究目的和解决问题的思路。为了解决这些问题,更重要的是为了重建文本阐释的约束理论,确立了"约束的阐释观"、"创造的阐释观"和"创造与约束并存的阐释观"这一分析框架。本书在批判传统的文本阐释观分析框架的基础上,按照上述分析框架梳理、分析及评价文本阐释观,论述这些文本阐释观中的约束思想的不足,从而为建构文本阐释的约束理论指明方向。

在本书的主体部分将首先从语义的维度进行文本阐释理论的重建。借用和改造胡塞尔现象学中范畴的"理念意义"和"个别意义"的概念,提出"文本理念意义"这一概念。理念意义是范畴的本质内容,对理念意义的认识过程实质上是意向活动过程。由于意向经验所指的对象是相同的,但对象显示的方式不同,因而对象显示出不同的个别意义。在阐释中,文本理念意义是"一",而"多"是每一次阐释所得到的个别意义,它是对文本理念意义不完全的展示。由于理解主体的阅历总是不断变化的,因此,他们对个别意义的构成活动总是有差异的,这就使得他们所体验到的个别意义会因时因地而各具独特性。当这些个别意义能够形成一个连贯的复合体时,我们就说该理念意义得到了展示和充实;

而当这些个别意义彼此冲突，意识又无法把它们综合成一个连续的复合体时，我们就说出现了错误的理解，出现了违背由理念意义所规定的个别意义的框架或结构的现象，过度阐释产生了。因此，可以说由于文本理念意义的限制作用，这些阐释有着确定的方向，这是语义层面上的约束。语义层面的约束为文本阐释划定了不可逾越的范围，谓之文本阐释的限度。

研究工作的另一个层次将从语用维度进行。本书结合阿佩尔的"语言交往共同体"及维特根斯坦的"语言游戏规则"的概念提出，文本阐释还受到语用层面的约束。文本理念意义如果缺乏语用因素，就像阿佩尔所比喻的那样是一只困在瓶子里的苍蝇。语用因素就是把这只苍蝇引出瓶子的力量。文本阐释除了受理念意义的语义约束之外，还受语用因素的约束。从阿佩尔的先验语用学的观点来说，理念意义要走出困境，就必须诉诸语言交往共同体这一概念。语言交往共同体是一个非常重要的概念，它让文本理念意义摆脱了唯我论的困境和本质主义的嫌疑。不仅如此，它还反映了文本阐释的社会实践性，因为它确定了特定的群体可以接受的阐释的界线和外在检验手段，使得阐释有据可依。因此，在阐释的实践活动中，阐释往往会趋向一致，因为语言交往共同体能够接受的阐释只有一个或数个，所以语言交往共同体的检验成为文本阐释的语用约束，谓之阐释的界线。

本书将论述文本阐释语义和语用约束的契合性。注重普遍性的理念意义与注重情境性的语言游戏规则似乎不可融合，前者属于先验的范畴，而后者是经验性的。正如阿佩尔所言，要克服先验语义学的"抽象谬误"，必须把语用学结合进来。

不仅如此，基于理论的建构，本书还试图通过读者反应的实证调查和统计分析证明约束理论在实践上的可行性和可操作性。篇章阐释趋同还是趋异这一经典论题的结论至今仍未"趋同"。本书以诗歌、小说等为篇章样本，通过语义量表、开放式评论的定量与定性实证结果显示,由于受到语义和语用因素的影响,普通读者的阐释具有趋同性:语义约束来自于理念意义,表现为在文体特征、内在关系、主体结构等方面的趋同;语用约束来自于权威话语和礼貌原则的遵守,表现为对权威话语的认可和对他人面子的"顾全"等方面的趋同。理论探讨进一步表明篇章阐释是语义和语用约束下不断向读者敞开的开放过程。

最后,当代西方文本阐释的理论研究进入了一个新阶段,使阐释学发展第三次转向的意义更加明确。它的理论研究现状表现为三个方面:研究视野从"形式主义"走向"多元视野"共存;研究范畴从"意义确定与否"走向"阐释本体";元理论分析范式从"文本意义的生产者"走向"文本意义的生产方式"。这三个走向表现出文本阐释理论研究与当代语境的互动,但仍存在一定的理论和实践限度。

五、研究的创新之处

本书主要以文本阐释理论为研究对象,以精神分析学、存在主义、结构主义、解构主义和后现代主义等多元阐释方法为思想背景,在对传统文本阐释理论进行学术反思之后,对文本阐释是否存在监督系统、文本阐释的约束何以可能的问题进行深入的探讨,以重建文本阐释的约束理论。

(一)本书的研究目标

1. 建立一种文本阐释分析理论的新框架。跟踪国外阐释学的最新前沿理论,在现象学、实用主义哲学及分析哲学的基础上,反思当代主要文本阐释分析框架无法凸显文本阐释约束的理论问题,提出文本阐释观分为"阐释的约束观"、"阐释的创造观"及"阐释的创造与约束并存观"这一新的分析框架,突显各文本阐释观中的约束思想。

2. 建立一种文本阐释"限和界"的新范式。从语义和语用的两个维度,借用和改造现象学中的"理念意义"、阿佩尔的"语言交往共同体"及维特根斯坦的"语言游戏规则"等概念,建构一种文本阐释的约束新范式。在本书中这一新的阐释约束范式从两个维度展开:语义维度和语用维度,这两个维度实现先验和经验的统一。

3. 建立一种文本阐释实践的新标准。尽管可能的阐释是无数个的,但在现实生活中,一个特定的语言交往共同体的成员对某个特定文本所作的有效阐释的数量并不是无限大的,往往只有一个或数个。凡是被语言交往共同体接受的阐释称为有效阐释,反之则被称为无效阐释,本书试图建立一个新的阐释实践标准。

(二)本书的突破之处

1. 虽然文本阐释的约束问题如此之重要和迫切,但是在当代阐释学中,这一问题由于传统的主客观二元对立以及后现代主义的盛行而没有得到充分的揭示,也因此始终被遮蔽着,直到艾柯与罗蒂关于"阐释与过度阐释"的争论之后,这一问题才重新被凸显出来。目前,国内外关于文本阐释约束问题的研究仍然缺乏系统性,迄今还没有出现一个具有说服力的有关文本阐释的约束理论。本书试图运用新的理论分析框架,借用胡塞尔现象学的"理念意义"、阿佩尔的"语言交往共同体"及维特根斯坦的"语言游戏规则"等方法,在艾柯文本阐释约束观的基础上重建了文本阐释的约束理论。尽管与众多大哲学家对话的这种探索及努力显得有些稚嫩,但笔者认为这种大胆的尝试对于文本阐释的研究还是有一定意义上的促进作用的。

2. 虽然文本是开放的,拥有无数的可能阐释,但是文本阐释仍然受到双重约束,即语义层面上的约束和语用层面上的约束。

语义层面的约束就是文本理念意义的约束。理念意义允许无限可能的阐释,但仍然规定了这些阐释的范围。本书将这一范围称为阐释的限度。理念意义为阐释设限,使可能阐释构成了一个开放有限的集合,就像一个偶数集,虽然其成员的个数无限之多,但仍然是整数集的一部分那样。语义层面上的约束说明为什么文本阐释具有开放有限的性质。语用层面上的约束,是指语言交往共同体在语言实践中对文本所施加的约束。语言交往共同体的语言游戏规则不但拒斥过度阐释,而且还将拒斥某些可能阐释,使得过度阐释和不被语言交往共同体接受的可能阐释成为无效的阐释。

(三)本书的难点

本书的难点在于,这样的一种理论研究国内并不多见,实证研究还很薄弱,对于文本阐释语用约束的研究更是少之又少,这成为本书的研究难点之一。本书的难点之二在于试图统一语义与语用两个维度。因为注重普遍性的理念意义与注重情境性、语用性的语言游戏规则似乎有着不可调和的矛盾,融合理念意义和语言游戏规则似乎是不可能的,要解决这些矛盾有很大的理论难度。

第二章
创造还是约束:新文本阐释观分析范式

第一节 文本阐释观的传统分析范式研究

艾柯与罗蒂关于阐释与过度阐释的辩论给文本阐释的约束问题研究提供了不少的启示,但同时也提出了不少有待解决的问题。讨论这些问题,无论是对阐释学的发展还是对我们的理解实践而言,都是根本性和决定性的,它不仅涉及对当代西方阐释学思潮的评价,而且更关乎对阐释学研究未来走向的抉择。[①] 在解决这些问题之前,本书首先从论述现存的、具有代表性的文本阐释观分析范式的不足之处入手,提出新的本文分析范式,即约束的文本阐释观和创造的文本阐释观。这一分析范式反映了文本阐释观的全貌,更为重要的是,凸显了各个理论家阐释思想中的约束观,从而能够有效地剥离、辨析它,这为文本阐释的约束理论研究指明了方向。

---

① 彭启福. 文本诠释中的限度与超越——兼论马克思文本诠释的方法论问题[J]. 哲学研究,2007(2).

一、以历时—重心为特征的文本阐释观分析范式研究

正如在绪论中所述的,文本阐释的约束问题被忽视的重要原因之一,是文本阐释的约束问题常常被文本意义的确定性问题遮蔽。然而,约束问题被忽视,还存在另外一个重要原因,那就是现存的文本阐释分析范式遮蔽了文本阐释的约束问题。长期以来,对于文本阐释观的研究主要是从历时的角度来阐述文本阐释观的发展脉络,并且以文学批评研究的三个重心即作者、文本和读者作为研究导向。虽然这些大同小异的传统文本阐释观分析范式秉承了写实精神,反映了阐释学发展的常态,但是这些方式都没有凸显文本阐释的约束问题。

传统的文本阐释观分析范式皆属"大刀阔斧"的理论分析风格:有些分析范式把文本阐释观的研究局限在狭义的哲学阐释学之内;有些分析范式即使把诸如结构主义、读者反应论、解构主义等流派的文本阐释观纳入其中,所涉范围有所拓宽,但仍旧残缺不全。为此,不管是哪一种文本阐释观的综观方式,都没有偏离一个套路:时间和重心的转移。

在这些传统的文本阐释元理论分析范式中,具有代表性的主要有:

1. 最具有代表性的观点认为阐释学经历了古典阐释学、一般阐释学和现代阐释学三个发展阶段。[①] 古典阐释学的发展,一方面是与文艺复兴时期大量发掘整理和解释古希腊的文学、诗歌、历史宗教等古代文献有关,另一方面也是与新教改革运动中路德派对基督教典籍《圣经》的重新翻译和解释有关。但在这个阶段,阐释学讨论的还只是阐释的技法问题,并没有上升到哲学

---

① 尹星凡.现代西方人文哲学[M].南昌:江西人民出版社,2003:259.

理论层面。到了19世纪,阐释学进入一般阐释学阶段,阐释学转变成为一种普遍的认识方法或理解方法,完成这一转变的是施莱尔马赫和狄尔泰,但阐释学仍处于一个哲学方法论的阶段。阐释学发展的第三个阶段就是现代阐释学,其创始人是海德格尔,最著名的代表人物是伽达默尔。现代阐释学是阐释学发展史上的第二次根本性转折,此次转折是阐释学从哲学认识论和方法论向哲学本体论的一次转折,完成这一转折的是海德格尔。

2. 王岳川在《解释学和现象学文论》中把文本阐释观分为传统文本阐释观、新阐释学文本观和新文本阐释观。[①] 这三种文本阐释观的代表人物分别是施莱尔马赫和狄尔泰、伽达默尔和海德格尔以及德里达。传统文本阐释观认为作者与文本是父与子的关系,文本是一个自足、自律的系统,阅读就是还原作者原初的创作意图。新阐释学文本观则认为文本是体验和理解的对象。在阐释中,由于先在视野与当下视野之间的相互作用,视野融合产生了,一个新的世界在读者面前展现开来,从而阐释成为读者建构的产物。而在新文本阐释观看来,文本与作者没有任何关系,文本是无数文本交织、牵扯的空间,文本的互文性使得文本的终极意义荡然无存,于是误读是阅读的常态。

3. 卢茨·盖尔德塞策提出了独断型阐释学和探究型阐释学的概念。[②] 探究型阐释学就是跨越时空的距离和语言的差别,把陌生的意义转换成所熟悉的意义。探究型阐释学代表历史主义的阐释学态度。它认为,理解是创造行为而不是复制行为,作品的真正意义永远具有一种不断向未来开放的结构,其真理内容随着不同时代和不同的人的理解而不断改变。持这种阐释学态度的主要是伽达默尔。独断型阐释学就是把经典中的真理应用于

---

① 王岳川.解释学和现象学文论[M].济南:山东教育出版社,1999:280.
② 洪汉鼎.阐释学——它的历史和当代发展[M].北京:人民出版社,2001:18-20.

现实问题上,它代表了客观主义的阐释学态度:不断对作品进行阐释,就是不断趋进唯一的作品原意。持这种观点的主要代表人物是施莱尔马赫。神学阐释学和法学阐释学是独断型研究的典型范式,而这种简单的分析范式遭到了伽达默尔的否定,因为他认为独断型阐释学和探究型阐释学并非截然对立。独断型阐释学所要固守的真理,其实在任何时代也不是晶体般的事实,而是需要后人不断探究的历史性真理,不论是对《圣经》的阐释还是对法学的阐释都存在着不断探究与时俱进的真理的可能。至于把某表达式从某种陌生意义转换成我们所熟悉的意义,这既是探究型阐释学责无旁贷的任务,同时也包含了对真理的应用。

可以看出,以上的具有代表性的三个传统文本阐释观分析范式主要依据的是历时—重心这一研究套路。然而,阐释学经历了一个多世纪的发展,并非一座"学术孤岛"。阐释学积极参与时代对话,接受多种学派如现象学、解构主义、接受美学等西方文艺理论的"学术访问",因此获得了许多新的内容。因此,汇入众多人文学科思想的阐释学不应该在海德格尔和伽达默尔的哲学阐释学之后就戛然而止。而当代文本阐释观的全貌被以历时—重心为特征的分析范式骤然截除了,研究的重点只集中在施莱尔马赫、狄尔泰、伽达默尔和海德格尔等哲学家身上,例如以上大部分的分析范式就漠视了"读者接受"的文本阐释观。实际上,在较为宽泛的意义上,读者接受理论尤其是姚斯的接受美学是阐释学的重要部分之一,因为"文本解读不是单方面的对象性阐释,而是文本与读者的对话的交流过程,是通过读者的体验、理解和建构显现文本意义,在文本意义和情感的领悟中人与世界融为一体"[①],因此读者维度的引入,对当代文本阐释观的发展意义非凡,因为读者的阐释是文本的本体存在。这一分析范式偏于简化,把阐释

---

① 曹明海.当代文本解读观的变革[J].文学评论,2003(6).

学的研究范围看得过于狭窄,从而忽略了现代阐释学之后的文本阐释观,没有能够真实反映阐释学发展的延续性和复杂的面貌。

而且,按照以上的分类,似乎把阐释学发展的传统时期看作是对作品原意或作者意图的追求,而现代时期看作对多元阐释的厚爱。其实,现代阐释学内部也存在着分歧,例如意大利文艺理论家艾米利欧·贝蒂、美国著名文论家赫斯及美国客观主义批评家却尔三位学者,虽然身在当代,却属潮流之外,因为他们坚守作者原意。虽然他们的观点颇为激进,但是无论我们肯定他们、否定他们或是质疑他们,他们的理论都不可否认地给后现代种种离奇阐释所导致的批评界的"失语"和无力的抗争注射了一支强心针。再如当代著名符号学家艾柯提出了对天马行空、一味追求自由的阐释进行约束的"文本意图"这一概念,在各种后现代开放文本阐释观泛滥的今天,他的观点是否也应该得到深切的关注?

相比之下,艾布拉姆斯提出的分析范式较为妥帖地反映了文本阐释发展的进路和主要思想轨迹。艾布拉姆斯认为,在施莱尔马赫和狄尔泰之后,现代阐释学沿着两条主线发展。[①] 第一条发展的主线是以贝蒂和赫斯为主要代表人物,以狄尔泰所说的"我们能够客观如实地解释作家表述的含义"的论断为出发点;第二条发展主线源自狄尔泰的观点,即对于文学及其他人文作品的真正理解存在于读者对作品表达的"内心生活"的再次体验。主要代表人物是海德格尔和伽达默尔。尔后出现的各种以读者为中心的阐释理论从根本上背离了以往注重作者意图的理论传统或否认作品原意,把作品的含义和每个读者发挥出来的特殊"再生术"或"创造"技巧联系到一起。

---

① 艾布拉姆斯.欧美文学术语词典[M].朱金鹏等译.北京:北京大学出版社,1990:170.

虽然艾布拉姆斯的分析范式较前面几种更为完备,但是因为未能把现象学的文本阐释观包蕴其中而有所缺憾。现象学阐释观是不容忽视的文本阐释观。众所周知,现象学思潮是20世纪前半期思想最为深刻、内容最为丰富、影响最为巨大的人本主义思潮。胡塞尔的现象学标举意向性通向范畴内容,深深影响了阐释学的发展。无论是海德格尔的"本体论阐释学",还是伽达默尔强调主观性的"哲学阐释学",还是赫斯注重有效性的客观阐释学都从胡塞尔的现象学那里吸收了精华,而英伽登的现象学文本阐释观更是与现象学观点一脉相承。

同样,忽视现象学文本阐释的还有美国客观主义批评家P.D.却尔。他在《解释:文学批评的哲学》一书中从如何确定一部作品的意义的角度把文本阐释观分为以下几种:[①]其一,是读者感受决定论,即读者的意图决定一部作品的意义,其代表人物是卡勒·L.史蒂文森;其二,是批评家理解决定论;其三,是美学判断决定论,其代表人物是西奥多·雷德帕斯;其四,是语言结构论,其代表人物是克瑞斯和卡普兰;其五,是历史视野融合决定论,其代表人物是伽达默尔;其六,是作品语言规则决定论,代表人物是门罗·C.比尔兹利;最后,是文学作品意义的作者意图决定论,代表人物是赫施。却尔的分析范式看似完善,但也没有把现象学文本阐释观归入其中。而且,他从确定作品意义的不同方式的角度进行归类,这仍是对以历时—重心为特征的分析范式观点的另一种形式的表述,并无本质上的突破。

总的说来,以历时—重心的"纵切式"为特征的文本阐释观分析范式的局限在于它没有反映文本阐释观的全貌。文本阐释观的纵横交错并非单一的轴线所能廓清的,在某个时段,甚至有些

[①] 吴启之,顾洁洪.解释:文学批评的哲学[M].北京:文化艺术出版社,1991:3.

理论家的观点与主流的文本阐释话语背道而驰,如贝蒂、赫斯、却尔等人的文本阐释观。所以,对于文本阐释观的"横切式"的研究也是很有必要的,必要的时候还须把人物作一些穿越时空的修改和调整。

值得一提的是,国内学者曹明海对文本阐释观作了一个较为全面的分类:本质观、对话观、建构观和体验观。① 但要特别指出的是,不管是前面所提到的理论家,还是曹明海,目前还没有哪一种分析范式能够明确的从文本阐释的约束研究角度出发来研究问题。各种各样的后现代文本阐释观充斥文学批评界,文本阐释的约束问题相比文本意义的确定性与否、文本复调的问题及阐释中所发生的活动等等问题更为紧迫。因此,讨论文本阐释的约束问题显得尤其弥足珍贵。不仅如此,这些传统的文本阐释观分析范式都没能反映文本阐释观全貌,也不符合本书的研究目的。为了重建文本阐释的约束理论,必须把文本阐释观中的约束思想凸显出来,分析其阐释约束观中的优劣,从而为研究文本阐释的约束问题提供理论视角和方向。

二、以神秘主义为特征的文本阐释观分析范式研究

与以历时—重心为特征的文本阐释观分析范式相比,艾柯提出的分析范式似乎有点"另类",因为他把阐释学思想与神秘主义联系起来,洞察到了阐释学思想中的神秘主义危机。艾柯借吉尔伯特《人类科学与传统》一书提出了以下这一观点:整个现代思想体系实际上都是靠赫尔默斯神秘主义力量所支撑。艾柯称吉尔伯特所开列出来的名单发人深省,这些名单既有反本质主义者、反理性主义者,又有本质主义者、理性主义者,还有倾向于神秘主

---

① 曹明海.当代文本解读观的变革[J].文学评论,2003(6).

义的阐释学家。① 这与艾柯所指出的"阐释学发展有两条路径"这一观点是相对应的:一条是理性主义的,而另外一条是非理性主义的。因为他认为,"尽管它(限度)并不能在理性主义和非理性主义之间确立某种界限,但它至少可以用来区分两种基本的阐释态度"②。不仅如此,艾柯还指出,当其中的一条路径显得十分突出的时候,另外一条路径始终相伴相随,而这两条路径都受到了神秘主义思想的影响。

艾柯提出的这一文本阐释观的分析范式是基于对以下两个做法的否定:其一是后现代主义只重视文本的语言特点,忽视文本内部连贯性;其二是科学本质主义强调本质和普遍规律。艾柯认为这两个观点分别是非理性主义和理性主义阐释学派的哲学基础,两者都与神秘主义有着或近或远的关系。

(一)非理性主义阐释派和神秘主义

神秘主义又称赫尔米斯主义。赫尔米斯是所有技艺之父,同时体现着年轻和衰老。在赫尔米斯的神话中,对同一律、无矛盾律及排中律的否定处处都可以看到,因果关系也呈螺旋状地卷曲着。以文艺复兴时期展开的关于"兰花"的争论为例,因为兰花的球根与睾丸类似,便把兰花替代睾丸,如果推论进行下去,就会把兰花与人体联系起来;而且,因为兰花的球根与睾丸相似,球根与精液产生之间便产生了因果关系。神秘主义式的思考就是这样从不在乎把类似平行关系转为因果关系,或者让"后"走到"前"之先,超越时空的界限。

其实,从字源的意义上说,阐释学与神秘主义迹象具有亲缘

---

① 艾柯等.诠释与过度诠释[M].王宇根译.北京:生活、读书、新知三联书店,1997:42.

② 艾柯等.诠释与过度诠释[M].王宇根译.北京:生活、读书、新知三联书店,1997:31.

关系,因为赫尔米斯的英文表达是 Hermes,而阐释学的则是 Hermeneutics。艾柯指出,其实"所谓的后现代的理论都有非常古老的渊源"[①],因为许多当代非理性主义的文本阐释理论与神秘主义思想有着这样或那样的瓜葛。首先,这些非理性主义的文本阐释观认为,文本是一个开放的宇宙,在文本中,阐释者可以发现无穷无尽的联系;其次,他们还认为语言反映了思想的不准确性。在艾柯眼中,德里达就是典型的具有神秘主义性质的人物之一,[②]因为他把语言和意义看作是无序和不稳定的,赞同无限的符号延异过程。德里达尤其以诡秘的解构见长。在解构的过程中,德里达经常将焦点集中于一个文本中那些细微、边缘化的地方,通过奇妙的联想方式,找出二元对立的矛盾,达到对真理否定的目的。

另外一位极具代表性的解构后现代文本阐释观代表人物是罗蒂。罗蒂认为读者可以在文本中发现无穷无尽的联系。读者的建构能力是把零星的感兴趣的点串联起来的魔法棒,通过读者建构的文本都是连贯的,不存在不连贯的文本。对此,罗蒂写道:"我倒是乐意认为文本的连贯性并不是在它得到描述之前即已经存在的东西,就像当我们将一些散乱的点连接成线之前这些点并不具有连贯性一样。所谓连贯性不是什么别的东西,而是这样一个事实:有人在一大堆符号或噪音里面发现了某种有趣的东西,通过对这些符号或噪音进行描述使它与我们感兴趣的其他东西联系了起来。"[③]

上述思想只是神秘主义表现的一个方面,是一种去除了形而

[①] 艾柯等.诠释与过度诠释[M].王宇根译.北京:生活、读书、新知三联书店,1997:30.

[②] 艾柯等.诠释与过度诠释[M].王宇根译.北京:生活、读书、新知三联书店,1997:71.

[③] 艾柯等.诠释与过度诠释[M].王宇根译.北京:生活、读书、新知三联书店,1997:120.

上学的神秘主义。"被除去了形而上学的神秘主义是自由漂浮主义。随着形而上学和双重世界的二元论的终结,此时的神秘主义,没有绝对的知识或绝对的实在也能获得完全的快乐。"但经常被忽视的是,神秘主义还有着另一种表现形式,那就是对终极意义这一目标的不断追寻。①

(二)理性主义阐释派和神秘主义

艾柯指出非理性主义的阐释观深受神秘主义的影响。不仅如此,艾柯敏锐地看到了现代科学理性中的神秘主义的影子,进一步指出,"在神秘主义的非理性范式中孕育着新的对立面,即现代科学理性主义"②。神秘主义和理性的科学主义不能孤立起来看,它们之间还有着某种联系。科学的外在形式就是不断地揭示现象后面的本质,但由于本质后还有本质,因此也是一个无穷倒退的过程,而神秘主义为了追求所谓的终极意义,必然导致无穷倒退。理性主义阐释派的观点与神秘主义对第一性的追求、对本质和绝对的痴迷如出一辙,虽然总是对漫无边际的衍义加以斥责,但其目标是不断追求处于深层的意义。

艾柯指出理性主义阐释派均有这样一个心理:他们对显而易见的意义往往持有一种怀疑的态度,因为在"文本的一字一句背后都隐藏了另一种秘密意义,另外一种未曾明言的内涵;阐释的使命即是发现这一切。他们抛弃了'文本原意'这样的概念,竭尽全力地在文本的帷幕后面搜索那个并不存在的终极答案,读者的光荣使命在于发现,文本可以表达任何东西,但就是不能表达作者本身要表达的东西。只要有人声称发现了文本预设的意义,我

---

① 艾柯等.诠释与过度诠释[M].王宇根译.北京:生活、读书、新知三联书店,1997:7.

② 艾柯等.诠释与过度诠释[M].王宇根译.北京:生活、读书、新知三联书店,1997:41.

们就肯定说,这并不是其真正的意义。真正的意义在更深一层"①。正是在这一点上,艾柯认为,理性主义阐释派与神秘主义有着某种割不断的联系。

理性主义阐释派不断追求阐释的终极目标,所以这仍然是一个不断后退的过程,它与非理性主义阐释派明确标榜的自由衍义、无限后退的过程没有根本的区别,都是无止境的漂移过程。虽然艾柯并没有指出哪些文本阐释观是理性主义阐释观,哪些文本阐释观是非理性主义阐释观,但是从艾柯论述的字里行间可以看出,他把后现代的文本阐释观如德里达、罗蒂、保罗·德曼等人的观点视为非理性主义的文本阐释观,因为这些文本阐释观都主张文本的无限衍义和无限倒退的符号过程,认为阐释是一个没有约束的创造过程。同时艾柯把传统阐释学、作者中心论和文本自足论的文本阐释观视为理性主义阐释观,因为他们把一个无法实现的"理想"看作是文本阐释的终极目标而不断地追求,此时阐释是一个没有创造、只有确定约束的过程。

虽然艾柯洞察到了神秘主义在阐释学发展过程中产生的重要影响,但是总体说来这一分析范式的不足之处在于忽视处于这两个极端中间的文本阐释观,如伽达默尔、海德格尔、英伽登、利科等人的文本阐释观,虽然他们的观点不尽相同,但是并不能简单的归结为理性主义或者是非理性主义的文本阐释观,因为他们的阐释观是约束与创造并存的。

第二节 约束的文本阐释观及其评价

通常说来,文本的意义存在着三种可能性:(1)作者通过文字

---

① 艾柯等.诠释与过度诠释[M].王宇根译.北京:生活、读书、新知三联书店,1997:36.

要表达的意向;(2)文本自身语符表明的意义;(3)读者从文本中感受到的意义。于是,相应地产生了三种文本阐释观:(1)对作者原意的理解;(2)对文本自身的理解;(3)读者反应式的理解。[①] 这是迄今对文本阐释观最为宽泛的、基本遵循文本阐释观演变路径的分析范式:历时—重心转移的分析范式。问题是,分析范式的趋同性必定不符合所有更为专门的研究目的。比如,这些分析范式没有凸显众多阐释学家和文艺理论家的文本阐释的约束观。对文本阐释约束观的探究有利于我们从新的视角出发对文本阐释观作更深的勘察。遗憾的是,这一问题并未引起足够的重视。因此很有必要对各种文本阐释思想中的约束观去蔽,因为每一个阐释理论家的文本阐释约束观或隐或明地一直潜伏在他们的思想深处,只是未被理论化地提出。

同时,在艾柯与罗蒂的辩论和以神秘主义为特征的文本阐释观当中,我们可以得到不少有益的启示。不可否认的是,无论对哪一面的偏重,文本阐释的"约束"和"创造"始终是联系在一起的。我们可以参照这两个"坐标",根据新的范式来重新研究阐释学,考量文本阐释约束思想的发展路径。根据这一新的研究范式,不同历史时期的文本阐释思想被平等地置于"创造"、"约束"、"创造与约束并存"三个属性之前进行比较、衡量、判断和去蔽,从而凸显各文本阐释约束观的问题,为解决文本阐释的约束理论问题指明方向。为此,我们首先把文本阐释观分为"约束的文本阐释观"、"创造的文本阐释观"。随后,将在第三章论述"创造与约束并存的文本阐释观"。

一、传统阐释学的约束文本阐释观

在约束的文本阐释观中,传统阐释学的作品原意论与现代阐

[①] 杨淑华.论新旧文本观的解释学基础[J].外语研究,2005(2).

释派中的作者意图论都认为文本意义是确定的,因此不能有多样性的阐释,阐释的目的就是尽一切可能的手段把作品原意和作者意图挖掘出来;而结构主义的文本自足论者则认为文本自诞生起就已经被文本的内在结构所确定,文本的内在结构就是文本原意的约束,它限定了文本意义的多样性。所以,上述三个派别都认为文本阐释的约束实实在在摆在那儿,从而拒绝承认阐释的创造性。

传统认识论认为感觉所能达到的只能是现象,在千变万化的现象背后隐含着一个永恒不变的、绝对的本质,认识的任务就是透过现象把握事物的本质。深受这种传统影响的施莱尔马赫和狄尔泰的阐释学"总是预先假定宗教、哲学和文学传统中的伟大文本都具有不可替代的活生生的意义,关键是可以利用语文学批评的所有手段和方法,使这种意义重新在当代世界中展现出来"[①]。从这一角度出发的传统阐释学认定在作品中存在一个不以理解主体的意志为转移的、客观的作品原意。

传统阐释学的代表人物主要有施莱尔马赫和狄尔泰。19世纪上半叶,德国浪漫主义宗教哲学大师施莱尔马赫将阐释技法升级至一般阐释学,并且从语法学和心理学两个方面为阐释学设立阐释法则,为重建作品原意提供基础。施莱尔马赫有两句格言,第一句是哪里有误解,哪里就有阐释学;另一句就是理解一位作者要像作者理解自己一样好,甚至比他对本人的理解还要好。为此,施莱尔马赫的传统阐释学的动因就是消除误解,希冀通过批判的阐释法则来揭示某个作品的原意,并且要比作者本人更好地理解作品。

施莱尔马赫认为,由于时空的距离,阐释必然产生误解。研究者必须通过批判的阐释达到对作品的真正理解。所以,在施莱

[①] 阿佩尔.哲学的改造[M].孙周兴等译.上海:上海译文出版社,1997:3.

尔马赫看来,误解是自然的。显而易见的是,施莱尔马赫承认误解的存在,就意味着承认"正解"的存在,这个正解就是他所希望的通过跨越时空的差距、消除误解以达到的作品原意。所以,在施莱尔马赫看来,作品的原意就是阐释要不断靠近的终极目标,所有与作品原意相违背的阐释都是误解,消除误解就是阐释的任务。

施莱尔马赫指出,阐释者创造性的直觉能够重建作者的创造过程。他的信心主要源自他坚持人类历史中能动的"自我"这个绝对的精神主体,并且文本的作者和阐释者都与"自我"这个绝对的精神主体相关联。虽然人们因禀性、品质、心理的差异而各有不同,但是读者与作者心理上的同质性,使他们能够心灵互通,可以用直观方法从总体上把握作品(主观主义)的原意。这就是施莱尔马赫的心理学阐释。在施莱尔马赫看来,作品原意的实现在实践上是通过语法阐释来实现的。所谓语法阐释,就是暂时忘记作者,仅仅根据某种文化上共通的语言特性来分析作者的语言特性,再通过个体性和整体性的相互比较或对照,确定词的真正意义,从而把握作品的原意。

尽管施莱尔马赫的一般阐释学较之古典阐释学的阐释技法更具系统性、理论性,但仍不免粗浅。施莱尔马赫从客观主义的立场出发,却犯了主观主义的错误,因为他自认为作品原意是客观存在的,但"自认为客观"不一定是真的客观。同理,"自认为获得了作品原意"不等于是真的获得了"作品原意"。从这一点来说,施莱尔马赫犯了理想的主观主义和唯我论的错误。

与施莱尔马赫相似的是,狄尔泰把作品原意视作文本阐释的约束。不同的是,狄尔泰把阐释看作人类沟通自己与历史,而不是与"作者个人"之间联系的重要环节。所以对于狄尔泰来说,可靠的阐释应当是通过文字重建作者当时的生活,达到对历史的认识。为此,狄尔泰认为,阐释学的任务在于从作为历史内容的文献、作品文本出发,通过体验和理解,复原它们所表征的原初体验和所象征的原初的生活世界。

在狄尔泰看来,人们的共通性来自于"客观精神"。一个语句之所以是可以理解的,一种语言所具有的意义,各种语调的抑扬顿挫所具有的意义,以及各种句法安排所具有的意味,都是一个共同体具有的财富。"客观精神"的"王国不仅包括生产方式和各种社会交往形式,而且还包括由社会为它自己创造的各种意图组成的系统,包括习俗、法律、国家、宗教、艺术、科学以及哲学……"①。狄尔泰认为,客观精神是如此获得的:

> 从我们呱呱坠地起,我们就从这个客观精神世界获取营养。这个世界也是一个中介,通过它,我们才得以理解他人及其生命表现。因为,精神客观化于其中的一切东西都包含着对于你和我来说是共同性的东西。每一个种了树的广场,每一个放好了椅子的房间,自幼儿时就为我们所理解。因为人类的目的性规定,规则和价值规定作为一种共同的东西已经为每一个广场和房间里的每一物品安排好了它们的位置。孩子都在某家庭组织和风俗中成长。家庭是孩子与其他家庭成员所共有的。在这一过程中,母亲的教育是由他在这种关系中来接受的。早在他学说话之前,他已经完全置身于共同性的媒介中了。他之所以学习理解姿势、表情、动作和叫喊、词语与句子,只是因为这些东西始终作为同样的东西,作为与之意指和表达者处于同一关系中的东西呈现在他面前。个人就是这样在客观精神世界中进行理解的。②

狄尔泰的"客观精神"是在回答人是如何认识他人、如何认识世界的问题时提出的。如果人是具有独特的、个性化的、鲜活的

---

① 威廉·狄尔泰.历史中的意义[M].艾彦等译.北京:中国城市出版社,2001:79.

② 威尔海姆·狄尔泰.狄尔泰全集[M].李超杰译.北京:东方出版社,2001:98.

生命个体,那么他是怎样认识他人的?狄尔泰认为,虽然历史认识主体是活生生的处在历史境遇中的人,他总是在进行着对自己生命的直接体验,从直接体验中促成了理解,在体验和对体验的理解的基础上,在这二者不断的交互作用中,形成了对他人及其生命表现的理解。既然历史世界和历史认识主体都是人、都是生命,二者就具有同质性,这就意味着历史世界在原则上具有被认识的可能性。

狄尔泰的"客观精神"之说的一个显而易见的谬误在于仍旧把精神科学置于和同自然科学一样的方法论的基础之上,忽视了经验本身的历史性,把每一次的文本阐释看作是精神主体之间的等价交换。不管处于什么历史时代,所有的生命都由共同的客观精神维系,具有绝对的同一性。所以,狄尔泰认为,对于作品原意的掌握,可以超越历史的局限,通过体验来实现。虽然文本有作者的生命体验,需要读者去体会,但不可否认的是,由于历史语境的存在,文本的作者和文本的读者都具有自身的特殊性,文本作者和理解者之间的同一性是不可能完全实现的。比如,gay这个词在18世纪或19世纪的作者和读者心里绝对不能产生"同性恋"的体验。但是在当代,不清楚华兹华斯及这首诗的创作年代的读者,就既可能把gay理解成"开心",也有可能理解成"同性恋"。

对于施莱尔马赫和狄尔泰来说,作品原意约束了读者的阐释,阐释要不偏不倚,与作品原意完全契合,但作品原意到底在哪里却不置可否。虽然,狄尔泰比施莱尔马赫进了一步,没有把文本所说的"东西"而是把文本所说的"人"看作阐释的终极目的,并使阐释学的研究对象不断地从文本转到文本所表达的生命体验上来,但是,无论是施莱尔马赫的圣经阐释学,还是狄尔泰的哲学阐释学,都在明显贯穿着客观主义精神的同时犯了唯我论的错误。无论是古代作为诠释技艺的早期诠释学,还是近现代作为精神科学方法论的一般诠释学,都是在文本完全受作者意图的规定这层意义上来思考问题的,它们本质上是一种"作者中心论"①。

二、作者中心论的约束文本阐释观

伽达默尔通过历史相对主义的哲学阐释学完成了阐释学的文学理论的转变,使阐释学区别于传统意义上的阐释学理论,从而使文学理论成为阐释学的组成部分,为各种文艺批评理论如英美新批评、结构主义、接受美学、读者反应批评、社会历史批评以及各种形式的后现代主义等等提供了新的研究维度和理论范式,从而使人们能够在哲学理论层面上探讨如何看待文本意义和文本阐释问题。虽然现代阐释学的主流是相对主义,但是也并非与客观主义绝缘。

现代阐释学的发展出现了客观主义的岔道,那就是贝蒂、赫斯和却尔三位卓尔不群的理论家的出现。他们的一个共同特点就是要重建作者意图。在他们那里,文本阐释的约束交给了作者,因为对于他们来说,作者意图才是唯一有效的阐释,文本阐释的多样性只会使文本的客观原意陷入虚无。贝蒂一直是伽达默尔的有力挑战者,他关心的是阐释学如何能成为理解人类经验的一般理论,而不是把理解作为人历史存在的根本活动。贝蒂批评伽达默尔没有为理解的正确性提供可靠的标准,没有为文本与读者之间达到一致提供正确性的保证。② 因此,贝蒂认为作者意图才是理解的可靠性标准。

---

① 彭启福.文本诠释中的限度与超越——兼论马克思文本诠释的方法论问题[J].哲学研究,2007(2).

② 埃米里奥·贝蒂.作为精神科学一般方法论的诠释学[M].洪汉鼎译.载理解与解释——诠释学经典文选[M].洪汉鼎主编.北京:东方出版社,2001:130.

赫斯也是一位坚定的作者意图论者,他强烈地批判了伽达默尔的相对主义阐释学。赫斯在1967年出版了《解释的有效性》一书,针锋相对地提出了捍卫文本作者原意的客观主义主张,因为"一篇文本的重要特点在于,可以从它分析出不是一种而是多种各不相同的复杂意义,而其中只有作者的意义才具有这种统领一切意味的确切资格"①。在赫斯看来,作者掌握了文本的客观意义,而作者意图就是文本意义的真正归宿,并且是可以确定、复制的。因此,作者的意图是阐释有效与否的标准。赫斯提出要正确理解作者原意只能按文本的字面意义进行理解。但如果不按文本自己的方式去分析文本的话,就无法触及文本本身。为此,赫斯又区分了"涵义"与"意味"的不同。他认为,作为文本字面意义的涵义并不会发生变化,变化的是文本的意味,它是在阐释活动中表现出来的阐释者的个体性,但这并不重要。

虽然赫斯看到了"涵义"与"意味"的差异以及给文本阐释带来的约束与创造,赫斯并没有能够为其主观臆断的作者意图提供参照系,所以他的作者意图论势必陷入唯我论的瓶颈中。赫斯告诫人们应该谨遵"作者原意",并且作者原意就是按照文本的字面意义的方式来阐释的结果,然而什么是"文本字面意义的方式"呢?"文本字面意义的方式"是和阐释主体即读者的意向性联系在一起的,因为"文本字面意义"的获得是通过阐释主体的活动而实现的,而阐释主体是千差万别的,"文本字面意义"也必然千差万别,如何确保作者原意的信度呢?因此赫斯的作者原意必然会在作为意向性主体的读者意图和意向性对象的文本之间徘徊并趋向虚无。赫斯给出的作者原意能够被获得的理由是:因为我们的阐释需要达成一致,所以存在一个确定的意义,那就是作者的

---

① E. D. Hirsch. *Validity in Interpretation*[J]. New Haven: Yale University Press, 1967, p. 25.

原意,也是作品的原意。这是一个典型的把结果当作前提的逻辑错误,从根本上说,这一错误仍旧是来自于赫斯对"意义的确定性"和"文本阐释的约束"这两个概念的混淆。

赫斯的作者意图论脱离了活生生的语言,正像伊格尔顿在他的《文学原理引论》中所认为的那样,"赫斯的作者意图论是有问题的……是脱离语言的,意义是作者主观生成的某种东西,它是一种幽灵般的精神行为。这种行为一直被确定在一套物质符码中,这种试图确定某个人头脑中想什么,然后声称这是一篇作品的意义的想法,显然是有问题的"[①]。虽然赫斯的观点遭受众多的批评,但是他毕竟指出了一条阐释学问题的"路标",即阐释客观有效性的自身约束问题。

相比之下,却尔在作者意图论上走了一条比赫斯更加"坚决"的道路:他否定了文本有"涵义"和"意味"之分,坚持文学阐释的科学性和客观性,认为一部作品只有一个唯一正确的解释,那就是作者意图。对于却尔来说,作者意图是一切阐释活动必须服从的最高宗旨。为了进一步阐明作者意图与作品意义之间的关系,却尔提出文本的任何特点、语言规则的解释都与作者意图有关;当且仅当一种事实是作者意图在作品中表达的意思证据时,这一事实才能成为作品意义的证据。[②] 然而,却尔的绝对作者意图论显然是站不住脚的,因为作者意图本身是一个变量,所以它并不能成为判断作品意义的真正鉴别标准。例如,《诗经》被解释了两千多年,作者及其创作意图就从未被告知;茅盾对《子夜》的创作意图经过数次修改。从这个意义上来说,正是作者赋予了作品的多义性。

[①] Terry Ragleton. *Literary Theory:An Introduction*[M]. England:Basill Blackewell Publisher Limited,1983,pp. 67~68.

[②] P. D. 却尔. 解释:文学批评的哲学[M]. 吴启之等译. 文化艺术出版社,1991:3.

作者意图论受到了来自不同声音的批判。艾布拉姆斯认为作者意图论是浪漫主义运动的产物。他指出,浪漫主义观念之中,作家是英雄,是公众的崇拜对象,是替艺术制定规律的"天才",阐释理所当然应该围绕作家的生活时代背景、家庭背景而进行。① 而伽达默尔认为作者意图论是在文本内部找不到客观性的依据,不得已而为之到文本的外面寻找证据,但最终还是要失败的,因为"那些关于作者生平的书面文本本身也是历史的,也是需要加以释义的对象"②。利科则认为对文本的正确理解不等于回到作者的原意。③ 文本是书写而成的,文本有着与言谈情境不一样的特点,因为它远离了言语交谈的实际情况。在言谈情境中,说话主体的意图会更加明确的传达给听者,能够达到大部分理解的一致。而书写话语的对象是未知的阅读主体,它向一切有阅读能力的主体敞开理解之门。所以,利科认为,在文本阐释中,因为文本意义作为一个整体存在,在建构中产生,它体现的东西远比作者的意图多得多,作者意图在无数种的主体阐释中并不占有优势地位。

三、文本自足论的约束文本阐释观

作者意图论试图在文本之外寻找客观意义,然而与其相反的是,俄国形式主义、英美新批评派、结构主义却试图在文本的深层结构中挖掘文本的意义。在他们看来,文本的深层结构就是文本阐释的约束。

结构主义以来,"能指"、"所指"、"共时性"、"历时性"、"横向

---

① 艾布拉姆斯.镜与灯[M].郦稚牛等译.北京:北京大学出版社,1989:2.

② D.C.霍埃.批评的循环[M].兰金仁译.沈阳:辽宁人民出版社,1997:2.

③ 高宣扬.利科的反思诠释学[M].上海:同济大学出版社,2004:58.

组合"、"纵向组合"这些概念时常成为人们认识文本的基本出发点。另外一些文学理论如俄国形式主义和英美新批评派虽然没有明确地启用文本这个概念,但是,它们同样将文本作为文学研究的对象。[①] 本世纪二三十年代,俄国形式主义、英美新批评派、结构主义为代表的各种现代形式主义批评流派兴起,文本研究由作者传记、时代、历史背景和因果性解释转向研究作品本身,认为文本就是新出生的孩子,不要去考察什么历史背景,应借助于文本自身,客观、科学、无功利心地进行文学批评,强调没有任何政治意境的纯思、纯文学。

俄国形式主义学派被视作结构主义的先驱,它倡导现象学的纯粹、客观的分析方法,注重从语言学角度研究文学,强调艺术形式是自主的。正像什克洛夫斯基所说的,"艺术永远是独立生活的,它的颜色从不反映飘扬在城堡上空的旗帜的颜色"[②],俄国形式主义认为只有艺术形式即文学的手法与技巧才能表达文学之为文学的特殊性。作家的个性或者某种社会意识形态仅仅是文学的外围,艺术与生活无关。

俄国形式主义把文学的研究分为两个部分:文本的内部研究和外部研究。传记、心理学或者社会学的文学批评被列为外部研究;内部研究力图揭示和分析文本之中字词句的组织结构、形式和风格。毫无疑问,俄国形式主义注重的是内部研究。什克洛夫斯基曾经这样说过:"我的文学理论是研究文学的内部规律。如果用工厂方面的情况作比喻,那么我感兴趣的情况不是世界面纱市场的行情,不是托拉斯的政策,而只是面纱的支数和纺织方法。"[③]俄

[①] 南帆.文学理论[M].杭州:浙江文艺出版社,2002:52.

[②] 什克洛夫斯基等.俄国形式主义文论选[M].北京:生活、读书、新知三联书店,1989:11.

[③] 什克洛夫斯基等.俄国形式主义文论选[M].北京:生活、读书、新知三联书店,1989:14.

国形式主义不管作者和接受者的主观意识和主观心理,把文本看作独立的客观现实,深入文学系统内部去研究文本的形式和结构——既然文学可以表现为各种各样的题材内容,文学作品的特殊性就不在内容,而在语言的运用和修辞技巧的安排和组织上。① 因此"一旦把排除了社会内容的文学作为唯一的研究对象,文本便自然而然地居于研究者的视野中心,文学独立论最终还是导致了具体研究中的文本中心论"②。文本形式具有压倒一切的地位,成为文本阐释不可否定的约束。

兴起于20世纪20年代的英美新批评是最有影响力的西方文学思潮之一,它致力于文本形式的"本体批评",提出文学批评所要研究的是独立于作家个人背景,立足于文本的语义分析。艾略特曾提出"诗无个性说"这一观点,他写道:"诗歌不是个性的放纵,而是感情的脱离,不是个性的表现,而是个性的脱离。"③艾略特认为诗人没有个性,所以讨论诗人本身没有什么意思。作为英美新批评的另外一位代表人物,瑞恰兹强调词义分析,提出文学批评必须以语义学为依据,要明确词语的意义从何而来,"在于清楚认识记号赖以施加这种力量的方式,在于清楚认识记号据以被认为是具有意义的各种各样的意念"④。因此,主张对文学作品作文字的"细读"。由于艾略特和瑞恰兹等学者的影响,英美新批评文本阐释理论在西方阐释学研究中一度保持着支配地位。但由于英美新批评主义"一味强调文学的内部因素,而对文学的外

---

① 朱立元.当代西方文艺理论[M].上海:华东师范大学出版社,1997:41.

② 傅延修.文本学——文本主义文论系统研究[M].北京:北京大学出版社,2004:50.

③ T. S. Eliot. Tradition and Individual Talent & the Metaphysical Poets [M]. In Vincent B. Leitch, (Ed.). *The Norton Anthology of Theory and Criticism*, Vol. 24, No. 3, 2001, pp. 1092~1104.

④ C. K. Ogden & I. A. Richard. *The Meaning of Meaning* [M]. London: Rout ledge and Kegan PAUL, 1923, p. 40.

部因素完全弃之不顾,割裂了文学与作者、与社会历史、与现实生活的联系,从而具有明显的狭隘性"①。

文本的"不及物的自律性"倾向在结构主义文学批评中尤为明显。结构主义的观念来源于索绪尔的语言学思想。索绪尔将语言现象分为语言和言语两个方面,语言作为稳定的规则系统不受个别言语活动的影响,并且强调语言符号是一个能够自我调节的符号系统,这个系统内部的种种规则使得语言符号能够完善地组合、运行。因此,这个符号系统的自足性已经不需要依赖外部世界。这一思想影响了许多结构主义学派的批评家。结构主义的终极任务就是"试图一举破译文学话语背后的固定结构,如同牛顿一举破译万物之间的引力公式一样。某些结构主义批评文论之中的图表与公式让人迅速地想到了机械设备的说明书"②。

虽然结构主义关注的是文本结构,而不是文学作品的意义和内容,但是它对文本如何解读还是有所涉猎的。受索绪尔语言学理论的影响,结构主义理论认为人类所有的社会活动和文化活动包括交流活动都受到符号及其规则的管辖,要揭示我们的社会和文化习俗及行为的意义,正确的方法就是考察这些活动背后的符号系统,而不是个体活动本身。结构主义认为是话语单位间的关系决定了文本的意义。

具体说来,结构主义认为,一个作品的意义由文本结构决定,文本的结构是一个内在的、客观的范式,不受心理学或社会分析的影响,社会历史条件或作者生平等外在因素无法将意义强加给作品。在文本阐释方面,结构主义者不再对文本表达什么意义感兴趣,而是对意义如何表达感兴趣,即使意义得以表达的符号系统的特征。以象征或比喻为例,大多数读者认为美国小说家霍桑

---

① 朱立元.当代西方文艺理论[M].上海:华东师范大学出版社,1997:93.
② 南帆.理论的紧张[M].上海:上海三联书店,2003:17.

的小说 Young Goodman Brown 中树林的"黑暗"代表邪恶、"光"的形象代表安全。这里,结构主义者尤其感兴趣的是黑暗如何代表邪恶,为什么读者几乎将他们所阅读的文本中的黑暗都理解为邪恶?是什么样的社会符号系统在背后起作用?结构主义强调文本的深层结构如何构成对意义的表达,而不是文本的内容或读者对文本个性化的阐释。①

乔纳森·卡勒就曾论述过作为深层结构的体裁是如何制约文本阐释的。体裁是由句子组合而成的符号系统,依照一定规则、语法构成的句子随着文学语言环境的不同而获得不同的意义。乔纳森·卡勒认为,作为文本形式结构要素之一的"体裁"提供了"指导读者同文本遭遇时的标准或期望"②。一些在书籍封面上的"小说"、"诗歌"、"悲剧"这些表明体裁的词,把我们对它的阅读"纳入规则",减少了它的复杂性,或确切地说,给它以一定的形式,使我们严格地按照它的体裁来阅读,赋予它以语境和范式。正如卡勒所指出的那样,"喜剧凭借我们把某种作品当作喜剧来阅读时,会产生不同于把某种作品当作悲剧来阅读的种种期望而存在"③,因此我们知道喜剧和悲剧的存在,并不是因为它们在内容上存在任何重要的差异,而是因为它们要求我们有不同的阅读。可见,卡勒在一定程度上把体裁的约束看做文本意义的约束。

结构主义企图找到生成意义的客观结构,这对于反对作者意图论有很大的积极作用,但是这种尝试注定是徒劳的。詹姆逊就批评了结构主义这一"意义壁垒"的阐释观。在《语言的牢笼》一书中,他认为只有打破结构主义语言学模式的囚牢,对文学阐释注入历史因素,文学阐释才会变得合理而深刻:

---

① 杨淑华. 论新旧文本观的解释学基础[J]. 外语研究,2005(2).
② 卡勒. 结构主义诗学[M]. 盛宁译. 北京:中国社会科学出版社,1991:137.
③ 卡勒. 结构主义诗学[M]. 盛宁译. 北京:中国社会科学出版社,1991:137.

我认为问题的关键在于,我们常常处于阶级、意识形态和文化历史的'境遇'中,我们从来就不可能仅仅是白板,真理也从来不可能存在于一个静止的系统中,它总是一个更普遍的'祛魅'过程的一部分。……我们的前提是,所有有关文学作品的形式上的陈述都必须有一个潜在的历史维度来支撑。……自主的方法论。我想表明的是:没有一种阐释模式是完全自足的,它们所表现的自主性来自阐释过程中的任意限定和设界。①

所以,结构主义这种寻求终极答案的科学主义的迷梦,拒绝了主体对文本的靠近,放逐了个体意见,否定了阐释的创造性。虽然上述几个理论派别存在不足,它们把阐释的决定权交给作品原意或作者意图或文本的深层结构,没有提供一个客观的手段或一个客观的参照系,但是他们都主张阐释是受到约束的思想,这无疑是一个进步。但是,他们把阐释看作是一个只有确定约束的过程,看成是为了获得"作者意图"、"作者原意"或"文本深层结构"的过程,并且把它看作是唯一有效的阐释,从而忽视了阐释活动的创造性一面。

第三节 创造的文本阐释观及其评价

阐释的约束不容忽视,否则读者的主观能动性将被过度放大,阐释将被看成是读者的恣意行为,甚至于文本被武断地认为是无依无傍的。因此"想怎么阐释都行"与作者意图论者的"武断"相比,有过之而无不及。认为文本阐释是无限创造的主要有

---

① 弗雷德里克·詹姆逊.批评的历史维度[J].胡亚敏等译.华中师范大学学报,2004(5).

后结构主义、解构主义和实用主义哲学家罗蒂及其追随者。在他们的阐释理论当中,读者主观能动性得到了极大的发挥,文本阐释变得越来越自由,甚至有时候成了读者恣意的文字嬉戏。

阐释无限创造的思想主要是两种思潮发展的极端:一条是沿着以海德格尔和伽达默尔为代表的哲学阐释,通过强调读者个体差异及意义生成的历史流变性这一立场继续发展从而形成了一种"读者中心论",如费什的读者反应论等;另外一条是沿着利科尔为代表的反思阐释学,试图规避"作者中心论"与"读者中心论"两个极端,把文本视作更为稳妥的、方法论与本体论的统一,这一立场继续发展从而形成了"文本中心论"的立场,如巴尔特的后结构主义、德里达的解构主义及罗蒂的实用主义文本阐释观等。

一、创造的后结构主义文本阐释观

从结构主义到后结构主义直到解构主义是一个连续性的自我演进的过程:结构主义受益于语言学模式,而后结构主义与解构主义是对这一模式的极端化。[①] 后结构主义产生于结构主义内部但又对结构主义提出质疑,着眼于"同"还是"异",是结构主义文本观与后结构主义文本观的根本区别。结构主义看到的只是文本的符号关系,而无视个体符号的力量;只关心文本形式而不关心文本的意义内容。后结构主义则更注意各异的文本及其阅读过程,着重指出差异之存在。

对于是否存在着终极的、确定的文本意义这一问题,结构主义和后结构主义持有相反的观点。从结构主义到后结构主义的思想发展过程是一个由"一"及"多"、由一种可能性向多种可能性

---

① 杨大春.文本的世界[M].中国社会科学出版社.北京:中国社会科学出版社,1998:40.

的推入过程。形象地说来,在结构主义者心目中,文本是个苹果,在削去表皮品味过果肉之后,人们可以得到一个携带着生命信息的果核,所有的苹果都有这样的果核,而这一果核就是文本的终极意义所在。而在后结构主义者心目中,文本是一个洋葱,因为洋葱由许多层次的包瓣构成,人们可以一层一层地拨开,但怎么也不见其核心。所以后结构主义眼中的文本就是如此:"文本是一个没有中心的能指场,它由多层意义系统包裹而成,对文本的阐释便是一层层地展开这些意义系统并观察其交互反应,这个过程严格说来永无止境。"①可见,在后结构主义看来,根本不存在决定作品终极意义的深层结构。

在后结构主义的意义世界里,意义的不确定性冲破了阐释的约束。后结构主义的代表人物巴尔特的文本理论就是这一思想的典型体现。巴尔特的文本理论反对最终所指的观念。在他看来,能指和所指之间没有固定的区别,想要知道一个能指的所指,将会带入更多的能指。语言的意义始终滑动在一条不尽的能指链上,捉摸不定,存在着多种潜在的意义。因此,巴尔特的这种阐释观认为意义不会被"某种终极性的标准答案框死。文本的阐释没有固定的标准答案,文本的意义并不是现成的藏在一个可以挖掘出来的地方"②。

虽然巴尔特没有明确指出阐释是否受到任何约束,也没有指出阐释是否存在无限的解读可能,但是他明确指出文本意义是批评家在解读过程中创造出来的,作家和批评家没有什么根本的区别。巴尔特通过把批评家视作作品之父,彻底否认了作者赋予文本阐释任何的约束,把阐释主体的行为看成是阐释活动的根本。

巴尔特的后结构主义文本阐释观与其互文性的思想是分不

---

① 罗兰·巴特.符号学原理[M].王东亮译.北京:生活、读书、新知三联书店,1999:76.

② 南帆.文学理论[M].杭州:浙江文艺出版社,2002:49.

开的。他认为"任何文本都是一种互文。在一个文本中,不同程度地、以各种多少能够辨认的形式存在着其他的文本;任何文本都是过去的引文的重新组织"①。文本本身的逻辑消失了,由另外其他一些文本的逻辑拼凑而成,结果必然是文字游戏的享乐,好比"我们完全可以合法地从弗洛伊德出发来阅读索福克勒斯的《俄狄浦斯王》,或者从普鲁斯特出发来阅读福楼拜"②。虽然巴尔特的文本理论当中有许多革命性因素,破除了某些话语霸权的权威,但是巴尔特觉得"形形色色的文本解读共存如同某种文化的狂欢"③,这样就把后结构主义文本理论引向了某种享乐哲学。

虽然如此,后结构主义的文本阐释观仍旧流露出约束的思想,因为巴尔特始终认为"不管是作者还是读者,一旦进入了语言游戏,不但不能控制意义,反而被语言逻辑所控制,语言操纵着主体、消解着主体"④。可以说,后结构主义对"语言逻辑"的承认,就意味着承认阐释是有约束的,不是随心所欲的行为。

二、创造的解构主义文本阐释观

如果说巴尔特对语言符号逻辑的承认表明他对文本意义的限度有一丝的保留,那么德里达则明确地抛弃了文本符号的秩序性。保罗·德曼曾经对德里达的学说进行了这样的评价:

> 应该对文本听之任之,放任自流,我们应该给文本充分的符号自治权,文本不应该被置入任何等级机制中,文本并非如海德格尔所愿,它敞开一个世界,相反,文本根本就没有

---

① 罗兰·巴特.文之悦[M].屠友祥译.上海:上海人民出版社,2002:47.
② 罗兰·巴特.文之悦[M].屠友祥译.上海:上海人民出版社,2002:51.
③ 罗兰·巴特.文之悦[M].屠友祥译.上海:上海人民出版社,2002:54.
④ 南帆.文学理论[M].杭州:浙江文艺出版社,2002:49.

敞开过,它只是在内部通过符号的相互追逐嬉戏而自得其乐,意义被德里达从文本那里驱赶走了,就此而言,神、理念、逻各斯、本质也从哲学中驱赶走了。①

可以看出,德里达的解构是从文本开始的,通过文本来解释和证实他的学说。在德里达看来,阅读所呈现出的不是单一作者在传达一个明显的信息,而是某个文化中或世界观中的各种冲突。一个被解构的文本会显示出许多同时存在的各种观点,而这些观点通常会彼此冲突。被艾柯称为"过度阐释"的解构阅读是德里达这一解构精神的集中体现,其中最为典型的是德里达对柏拉图的作品《药》的解构阅读。"德里达把苏格拉底本人的遭遇与'药'联系起来,从药、毒药、妖泉、解药、良药、魔术师、替罪羊等等词源之间的修辞联系出发,对存在于柏拉图文本中的这种异质关系进行解读,去发掘出这种二元关系构成的修辞结构。"②

德里达以其罕见的深奥、犀利的语言风格,广博、怪诞、跳跃性的思维和文风独树一帜。陈晓明认为:

> 正是以这种方式,德里达把文学的可能性推到极端,完全替代了文学的现实性存在。德里达对待文学作品的方式,总是回避那些使其称为文学性的东西。他的解构策略不得不立足于文学的边缘地带,企图利用那些边缘性的被压制的因素去颠覆文学的根本法则,那些偶然的或并不是在文学文本中起重要的决定作用的可能性因素被无限扩大,它们变成涵盖文学作品并且决定存在还是死亡的根本力量——德里达这种做法无疑从根本上解构了已经建立的并且在解读习

---

① 保罗·德曼.解构之图[M].李自修译.北京:中国社会科学出版社,1998:1.

② 陈晓明."药"的文字游戏与解构的修辞学——论德里达的柏拉图的药[J].文艺理论,2007.

惯中根深蒂固的文学法则"①。

因此,对于解构主义者来说,文本的意义被埋葬了,由此而来的困惑是,如果意义对于阐释如此无足轻重,那么读者和批评家究竟阐释了些什么?符号被过于解禁,自治权被过度使用,文本会不会形同虚设?

在解构主义的思想深处,自由是每个人都能够享有的民主权利,当然包括阐释的权利,并且每个人的阐释都应该被平等视之。一旦承认阐释有约束,就等于承认某些阐释会被排除或会被边缘化,这与他们的思想是相违背的。但理想终归是理想,现实与理想毕竟存在差别。在阐释实践中,阐释必然受到约束,即使最崇尚"阐释无约束"的解构主义的文本阐释观也不能摆脱约束思想的影子。陈晓明在其著作《解构的踪迹》中论述了德里达的阐释思想中流露出的约束思想。②

德里达与形而上学有着割不断的联系。虽然德里达对形而上学"深恶痛绝",但是其思想深处仍有无法逃离的形而上学的痕迹。把德里达与形而上学联系起来,似乎是最不可思议的事情。德里达把形而上学的历史归结为隐喻和转喻的历史,所谓隐喻和转喻就是能指和所指始终保持着必然的、相似的和类似的联系。德里达认为,哲学体系一直在寻求它的概念的隐喻成规,哲学话语的构造是一种隐喻的意指链。德里达所作的就是试图根除哲学话语中的隐喻。罗蒂曾经指出,德里达这一目标是不可能实现的,因为哲学不可能找到其他的表达方式,任何一种哲学写作方式都逃离不了隐喻的链条,德里达也不例外。③ 如果没有这种观

---

① 陈晓明.解构的踪迹:历史、话语与主体[M].北京:中国科学文献出版社,1994:240.

② 陈晓明.解构的踪迹:历史、话语与主体[M].北京:中国科学文献出版社,1994:246.

③ Richard Rorty. *Philosophy and Social Hope*[M]. London: the Penguin Group,1999,p.89.

念作为起源性的隐喻,德里达的解构策略如何进行下去呢?很显然,德里达无法在这里找到一条切实可行的出路,他被迫去设想那种极端的根本不可能的踪迹。而且,德里达设想的那种完整的、封闭的语言写作样式的历史,其可靠性值得怀疑,因为德里达必须把它的先验观念当作理论的出发点,而这一做法并没有偏离形而上学的立场。同时,阅读习惯也无法改变这种颠倒——过程与结论的逻辑顺序总是被设想为观念与方法的因果关系。①

同时,解构必须建立在理解之上。如上文所述,解构主义不仅否认了作品的文学性,而且还否定确定意义的存在。但很明显的是,解构必须建立在已经吸收了的意义的基础之上,因为解构不可能是纯粹的字词的自律活动,而是一种理解的结果。没有意义理解的结果,何以传达他的解构理论?很难设想文学文本仅仅在字词的参照面存在。解构主义试图解构文学性的东西,重新构成差异秩序。但是,不管是哪一种秩序,一旦进入了某种阐释,解构的原初目的就被抛弃了,因为不管是哪一种解读,都是参照某一种确定的审美价值,即对某一种文学性的肯定。

三、创造的新实用主义文本阐释观

罗蒂虽然开宗明义地提出阐释没有约束,但与费什、巴尔特和德里达相比,在论述上显然更加谨慎,他指出其实文本意义的客观性是协商性的结果,应该消解传统的、主流话语的阐释权威,提倡多元的、宽容的阐释方向。罗蒂创造的文本阐释观有着深刻的哲学背景,始源于其新实用主义,表现为反形而上学思想和"意

---

① 陈晓明.解构的踪迹:历史、话语与主体[M].北京:中国社会文献出版社,1994:246.

义即使用"的反本质主义思想。

在上世纪 90 年代初那场"阐释学世纪之辩"——英国剑桥大学的"丹纳讲座"上,当代哲学巨匠罗蒂与艾柯关于"阐释是否有约束"的辩论重新引发了文本意义讨论研究的经典争论。在文本"意义的确定性"的各种论题中,文本阐释的约束问题是一个既经典又常新的问题。经典是因为文本阐释的约束问题早已在各大哲学家的阐释思想中蕴含,只不过这些哲学家本身和国内外对他们的研究并没有把这一问题凸显出来;常新是因为文本阐释的约束问题研究不断被赋予新的视角,并在罗蒂与艾柯关于阐释与过度阐释的争论之后被再一次挖掘出来,进而引发广泛讨论:文本阐释真如罗蒂及其支持者所言,是一种无依无傍、自由自在、天马行空式的活动,还是如艾柯所言,带着"镣铐"的舞蹈?这是一个值得深刻讨论的问题。

虽然罗蒂是阐释学世纪大辩论的主角之一,但是他的阐释思想受到的关注的程度似乎远远不如他的辩论对手艾柯。对罗蒂阐释思想的研究只限于对其在丹纳讲座上观点的罗列,更多的是作为论述艾柯阐释思想时的反衬,而对于罗蒂阐释创造思想之后的哲学思想根源的论述更是少之又少。因此,进一步了解与把握罗蒂的阐释学思想及其哲学背景,对于掌握西方阐释学思想的新动向,把握阐释中创造与约束的界限,并在阐释实践中帮助我们反思文本与读者、主观与客观、确定与非确定、一元与多元的关系,以及判断文本阐释的可能性与方向有着重要的意义。

(一)罗蒂及其新实用主义主张

作为新实用主义最重要的代表人物,罗蒂的主张最为彻底,因此与旧哲学传统的决裂也最为坚决,其《哲学与自然之镜》被誉为新实用主义最重要的经典,是"自杜威《确定性的寻求》以来,美国元哲学中最重要的著作"①。虽然罗蒂的新实用主义思想没有一个明显断裂的思想轨迹,但也是有阶段性的。他的新实用主义思想大致经历了三个阶段,上个世纪的60年代初至70年代初,是罗蒂的早期新实用主义时期。此时的罗蒂尚未形成自己的哲学风格,但其哲学倾向已有鲜明的表露,那就是对确定性的反对和"试图在当代哲学与西方哲学的传统之间展开对话"②。此间他最值得注意的作品是《语言学转向》。1972年,《世界的完全丧失》的发表标志着罗蒂的哲学进入了第二个阶段,此时,罗蒂确立了自己的哲学风格。罗蒂认为对世界的认识必然具有相对性,并不存在真理,事物本身和对事物的认识是不能分开的,从而否定了符合论和实在论的观点。1982年,随着《新实用主义后果》、《偶然性、讥讽和协同性》以及《论海德格尔和其他人的论文集》等著作的发表,罗蒂进入了他的思想发展的第三个阶段——"后哲学文化"时期。此时,他力求摆脱分析哲学对他的影响,试图站在哲学之外,对文化问题进行一种"客观"的鉴别、判断和分析。总的说来,罗蒂的新实用主义思想对类似于本质、真理、标准等的东西很反感,认为它们只不过是为实践服务的工具,罗蒂的这一思想也深刻地影响了他的文本阐释思想。

(二)罗蒂的新实用主义文本阐释观

在"丹纳讲座"上,罗蒂提出了"阐释无约束"的思想,这一思想肇始于他对某些话语特权现象的贬抑,希冀实现文化的平等。在罗蒂看来,倘若承认阐释有约束,就意味着承认有一种阐释优越于另外一种阐释,这种强迫力量的存在是罗蒂所不愿意看到的。同时,在罗蒂看来,所有的阐释仅仅听从此时此地的意图、目的或者

---

① Cornel West. *The American Evasion of Philosophy: A Genealogy of Pragmatism*[M]. The University of Wisconsin Press,1989,p. 199.

② 陈亚军.哲学的改造[M].北京:中国社会科学出版社,1998:64.

需要,意图、目的和需要皆因人、因时、因地而异,从而阐释是无限度的,约束是不存在的。尽管罗蒂文本阐释观的这两个观点有交叉、融合之处,为了更明晰地分析其文本阐释观,不妨把罗蒂的反约束思想解析为两个来源:其一为罗蒂的反形而上学思想;其二为罗蒂的"意义即使用"的反本质主义思想。

1. "文本阐释约束"的虚无:罗蒂的反形而上学思想

罗蒂的"阐释无约束"的思想首先来源于对"裁决式"话语的反对。如果承认阐释约束的存在,等于承认某些阐释因此会觊觎更高的或确定的席位,一部分成员的语词汇高踞于另外一部分成员的语词汇之上,等于是向形而上学靠近了一步,这对于像罗蒂这样的彻底的反形而上学的新实用主义者来说是绝对不允许的。对此,罗蒂论述道:

> 当有人声称某些语汇比其他语汇更好的时候,它们只是"这样的意义上是更好的,它们碰巧看起来显然比它们的先辈要好些",只要能满足人们的目的、适应我们的需要,"任何音调、词汇、观点都可以在会话中自由地呈现自己,表达自己"。当我们谈起我们的文化对话必须满足的水准或者标准的时候,这只是由对话注入自身的一些暂时的水准或标准,对新实用主义者来说,所谓的"标准"是因为需要某些特定的社会事件来封住研究的道路,阻止解释的回归,以便做好某件事情。不存在我们不为我们自己之故而提出来的客观性限制。[1]

可以看出,罗蒂不赞同任何一种意义上的标准和结果,包括阐释的标准,认为它们只是一些假想而已,所谓的"'真'只不过是给予那些自说自话的语句的一个空洞赞美而已,只不过是对于现

---

[1] 海尔曼·J.萨特康普.罗蒂和实用主义——哲学家对批评家的回应[M].张国清译.北京:商务印书馆,2003:219.

在提不出疑问的语句的一个空洞赞美而已"①。所以在罗蒂那里,"不同时代,文化或团体的不同标准是不可通约的,人们无法期待着去获得某个认同:哪些标准是正确的;并且,这样的做法也是没有意义的"②。

　　罗蒂对本质、真理、标准之类东西的反对从而反对阐释的约束性这一点必须放在反形而上学思潮的大背景中来考察。反形而上学是罗蒂新实用主义哲学观的最主要内容和最重要动机,一直贯穿在罗蒂对传统哲学的批判和对后哲学文化的倡导中,而罗蒂的反形而上学动机中显著的特色之一就是对语言哲学的权威的反对。在罗蒂看来,"形而上学家相信,在这个世界之外的某处,有真实的本质存在着,去发现它们是我们的责任,并且它们会帮助我们去发现它们自身"③。形而上学的终极性由这种具有强迫力的实在所保障,实在决定着人们的知识、信念乃至研究方式。形而上学代表着实在的强迫力量,在各学科中处于权威性的位置。这种权威性和终极性正是罗蒂所要批判的,某种研究一旦被诉诸形而上学的层次,就意味着达到了最高的层次而可以停顿下来了。在罗蒂这个新实用主义者的眼里,形而上学代表的哲学观是一种对客观的事物的向往,而他希望从根本上完全放弃对客观事物的追求。

　　正是由于认为没有必要存在一个可以准确无误再现的客观知识,也正是由于认为不同文化的范式是没有可比性的,所以罗蒂认为"怎样阐释"都是合理的,不存在一些阐释优于另外一些阐

---

① 海尔曼·J.萨特康普.罗蒂和实用主义——哲学家对批评家的回应[M].张国清译.北京:商务印书馆,2003:214.
② 海尔曼·J.萨特康普.罗蒂和实用主义——哲学家对批评家的回应[M].张国清译.北京:商务印书馆,2003:172.
③ R. Rorty. *Contingency, Irony, and Solidarity*[M]. Cambridge University Press,1989,p.75.

释这一事实,更无所谓真理性的阐释。虽然罗蒂的观点不无道理,但是他对"标准"的厌恶程度似乎过了头。首先,罗蒂把一些约定俗成的、先在的标准与现实生活中为操作方便而设定的标准混淆,例如,犯罪量刑的标准是宪法认定的标准,属于人为的设定,而语篇是否被有意义地理解却不是人为的,它在社会文化生活中不需要通过有意识的了解和学习也能够被习得。为此阐释的标准与犯罪量刑的标准不能混为一谈。其次,罗蒂混淆了同一与认同。虽然不同时代、文化或团体的某些标准可能是不可通约的,但这并不意味着可以像罗蒂那样放弃认同,认同本来就是相对意义上的行为,它与"同一"不一样。同一是没有差异的整齐划一,如果全世界只有一个标准就是同一;而认同是一种趋向一致,阐释的约束性就体现在阐释趋向的一致上。

2."文本阐释约束"的虚无:罗蒂的"意义即使用"思想

罗蒂在丹纳讲座上提出,对文本是如何运作的探讨或是对"文本意图"的探讨都是错误的,应该探讨的是文本的使用问题,因为"据实用主义者看来,任何人对任何事物所做的任何事都是一种'使用'。阐释某个事物、认识某个事物、深入某个事物的本质等,描述的都只不过是使用事物的不同方式"[①]。在罗蒂心目中,阐释是读者和接受者的具有实用性、目的性的描述的结果,所有对对象的阐释都是使用文本的产物。换言之,是读者不同的使用文本的方式建构了作品的意义,导致了不同的阐释,这等于是没有为文本的阐释设限,阐释成了因时因地的使用产物。所以在罗蒂看来,文本阐释就是文本的使用,二者是没有分别的。

罗蒂的"文本阐释就是文本的使用"来源于其"意义即使用"的语言工具主义观点。罗蒂认为语言从根本上来说就是工具,因

[①] 艾柯.诠释与过度诠释[M].王宇根译.北京:生活、读书、新知三联书店,1997:115.

为在谈到语言和思想有着怎样的关系的时候,罗蒂回答道:"对于'语言是怎样与思想相关'这个问题,我们不应该试图回答……我们应该限制自己,只提出这样的问题:'我们对这些语词的运用是不是与我们对那些语词的运用相互契合?'这是一个有关我们对工具的运用是不是充分有效的问题。"[①]罗蒂认为不应该追问语言是否反映思想,而是应该考察语言是否实现了表达的目的。

罗蒂的语言工具主义思想来自于他的导师、实用主义领袖杜威的语言工具主义的思想。杜威主张,思想、概念等观念形态的东西只不过是实现目的的工具,而并非用来表现"世界的真正本质"。语言正是用这些事物成功地创造了具体活动。例如,一根长而圆的木头有许多用途,它可以是一支矛、一根钓鱼竿、一个推动筏前进的撑杆、一根晾衣竿、一根君王的节杖、一支标枪、一根旗杆、一件易燃物如此等等。在每一种情况下,对象的意义都是在语言使用中才得到界定的,否则的话,人们将无法对对象采取共同的行动。可以看出,杜威只是认为意义是为功能服务的,功能的不同可以通过语言界定意义的不同来实现。但杜威并没有指出功能相同,意义就一定相同,或者功能等同于意义。事实上,功能相同,意义并不一定相同,好比螺丝刀偶然间可以用作牙签、锉刀、筷子等等,尽管此时功能是一样的,但它们的意义仍然是相异的。所以,在杜威那里,意义和使用并非同一而视。

在这一点上,罗蒂比杜威走得更远。在罗蒂看来,意义就是使用。语词的意义就是完全等于语词的使用。对此,罗蒂论述道,所谓意义的本质只不过是一些虚幻的、象征性的结果,只不过是达成人们愿望的行动、习惯、有效的手段,而不应该认为它是再现了某物或符合于某物的实在的东西。所以,意义就像动物的角

---

① 罗蒂.偶然性、反讽性与亲和性[M].牛津:剑桥大学出版社,1989:239.

一样,可以帮助动物去获得食物,而不需要再现"角"。尽管如此,在某一处罗蒂又指出,"意义的重要性似乎只因为它提供了在世界上挑选一个对象的方式,然后我们可以确定这个对象与我们自己的文化、理论、故事或游戏所认可的某个对象相同或不相同"①。举例说来,在比较螺丝刀、鱼竿、牙签三者有何不同时,尽管在功能上并不能将这三者分开,但意义还是起作用了。因此,罗蒂等于间接承认了意义是"某物成为某物"的根本原因。此时,意义并不是等于功能的。同样,在文本阐释中,虽然读者可以根据个人爱好、心情、地点、时间的不同自由地使用文本,但是一个不可改变的事实是,文本内必然存在着规定性的东西,才使此文本不同于彼文本,正是这一规定性的东西的存在才使得文本使用有着不同,否则文本的存在就没有必要。

从根本上说,罗蒂的语言工具主义思想是新实用主义的反本质主义思想的集中体现,这与上文的反形而上学是一致的。罗蒂认为,人们应该放弃处于西方认识论传统之核心的"对于根基与本原的欲望"。本质主义是认识论追求符合事物实际存在方式的唯一的一种描述;而反本质主义认为,对事物爱怎么描述就可以怎么描述。正是从这个前提出发,罗蒂首先指责艾柯不该将文本的使用与对文本的阐释区分开来,他指出这种区分是建立在这个前提之上的:文学文本具有某种本质,对文本的合法阐释即以某种方式去发掘,去阐明那个本质。艾柯对于罗蒂的这种做法不以为然,他批评道:"罗蒂要求我们彻底放弃这种力图去发现文本的真正本质的想法;相反他要求我们认真地去思考我们通过各种不同的方式而得到的、对我们有用的形形色色的表述本身。"②

---

① 罗蒂.哲学和自然之镜[M].李幼蒸译.北京:生活、读书、新知三联书店,1987:239.

② 艾柯.诠释与过度诠释[M].王宇根译.北京:生活、读书、新知三联书店,1997:14.

其实,罗蒂对阐释无约束的主张,所要表现的只是一种后哲学文化姿态:任何阐释都是可以接受的,阐释没有优劣之分。然而,人们不可能会在"姿态"、"期待"与"事实"之间划一个等号。"姿态"或者"期待"是一种支持、理解的心态,而不是事实。事实是,自认为是自由、偶然的邂逅并不就是真的自由、偶然的邂逅,这只不过是罗蒂式的新实用主义"佯装"的轻松姿态而已。毕竟,罗蒂的"'自由邂逅'无法逃逸于历史语境——意图、目的、需要、文本类型、词语的组织与涵义以及解读方式都在强大的历史传统控制之下。这种控制的程度远远超出了许多人的想象。拒绝任何历史语境,切除所有外部联系的文化真空并不存在"①。而且,不可否认的是,罗蒂所追求的"协同性"也必须建立在双方相互理解的基础之上,承认这一点意味着承认主体间性的存在,同时也就承认理解是能达成一致的,这无疑都说明了阐释是有约束的。

总的来说,罗蒂的"阐释无约束"思想的重要意义在于其属于新实用主义者"民主进程"的一部分,因为由承认阐释是有约束的而带来的一些阐释较之另外一部分阐释有优先权,这是像罗蒂等新实用主义者们所不想看到的。

虽然罗蒂认为阐释没有约束性,但他却没有否认阐释中协同性的存在。在罗蒂看来,人类自古以来一直都是按照两种愿望延续着社会与生命的,即追求协同性与客观性:

> 善于思索的人类一直企图按照两种主方式使生活与更广阔的领域联系起来,以使其具有意义。第一种方式是描述他们对一社会作出贡献的历史。这个社会可以是人们生活于其中的历史上真实的社会,可以是异时异地的其他真实的社会,也可以是纯想象的社会,这个社会或许包含着从历史或小说中挑选出来的数十位男女人物。第二种方式是从他

---

① 南帆.理论的紧张[M].上海:上海三联书店,2003:170.

们和非人的现实的直接关系来描绘自己的生存。我们说这种关系是直接的,意思是它并非由这样一种现实和人类、民族或想象的团体之间的关系中产生的。我想说,前一种描绘方式说明了人类追求协同性的愿望,后一种描绘方式则说明了人类追求客观性的愿望。当某人寻求协同性时,他并不关心某一社会的实践与在该社会之外的事物之间的关系。当他寻求客观性时,他使自己脱离了周围实际的人,不把自己看作某个其他实在的或想象的团体中的一员,而是使自己和不与任何个别人有关涉的事物联系起来。①

然而罗蒂进一步论述追求客观性的愿望(如西方人文科学对真理的追求)一直占据主要的位置,甚至企图占领应该追求协同性愿望的领地:

> 以追求真理概念为中心的西方文化传统(从希腊哲学家一直延续到启蒙时代),是企图由协同性转向客观性以使人类生存具有意义的最明显的例子。那些希望使协同性以客观性为根据的人(我们称其为实在论者),不得不把真理解释为与实在相符。于是他们必须建立一种形而上学,这种形而上学将考虑信念与客体之间的特殊关系,而客体将会使真信念与假信念区别开来。他们还必须主张说,存在着证明信念真伪的方法,这些方法是自然存在的,而不只是局部适用的。这样他们就必须建立一门将考虑这样一种证明方法的认识论,这种证明方法不只是社会性的,而且是自然的,是从人性本身中产生的,而且是由自然的这一部分与自然的其余部分之间的联系形成的。按他们的观点,各种方法都被看成是由某一文化提供的合理证明法,它们实际上也许是也许不是合理的。为了成为真正合理的,证明方法必须达至真理,达至

---

① R.罗梯.协同性还是客观性?[J].李幼蒸译.国外社会科学,1985(10).

与实在的符合,达至事物的内在性质。①

很明显,在罗蒂看来,阐释作为描述历史活动的一部分,应该追求的是协同性;阐释中经常追求的"客观性"只不过是"协同性"而已。虽然罗蒂认为社会历史生活的沟通和延续是协同性的结果,而不是客观真理,但不可否认的是,协同和赞同是建立在意义被理解之上的,没有理解的成功,协同和赞同就无法进行下去。所以,罗蒂对阐释的约束又进入了另外一个"阐释学循环",陷入解构主义与后现代主义同样的理论困境,因为"协同和赞同"意味着主体间性的存在,而主体间性又必然意味着意义的可分享性和普遍性,这无疑承认阐释界限的存在。

另外值得一提的是,在丹纳讲座中,艾柯把罗蒂的新实用主义阐释思想溯源至非理性的神秘主义,因为神秘主义认为阐释者可以在文本中发现无穷无尽的联系。在他们看来,不存在文本阐释的约束,更不存在不连贯的文本,读者的建构能力是一根魔法棒,能够把零星的感兴趣的点串联起来,构成前后一致的整体。这是神秘主义的一个重要特征,是一种去除了形而上学的神秘主义。"被除去了形而上学的神秘主义是自由漂浮主义。随着形而上学和双重世界的二元论的终结,此时的神秘主义,没有绝对知识或绝对的实在也能获得完全的快乐。"②这似乎也说明了罗蒂的新实用主义阐释观与神秘主义有着千丝万缕的联系,有着类神秘主义的倾向。

---

① R.罗梯.协同性还是客观性?[J].李幼蒸译.国外社会科学,1985(10).
② 唐·库比特.后现代神秘主义[M].王志成译.北京:中国人民大学出版社,2005:6.

第三章
创造与约束:开放有界的文本阐释观及其评价

在上一章节的论述当中,我们知道有些文本阐释观体现的是文本阐释的约束性,而有些文本阐释观则体现的是文本阐释的创造性。然而,文本阐释的约束与创造,与所有的活动的约束与创造一样是不可分离的、相互依存的——创造从根本上来说,是在规定方向上的创造。萨特曾从存在主义哲学的角度阐述了艺术审美中的约束与创造的关系:

> 存在不能简化为一系列的确定表现,因为每一种表现都是同不断变化中的主体联系在一起的。因此,每一客体不仅表现出不同的状态(或者轮廓),而且关于状态本身的观点也可能是多种多样的。要为客体下定义,就必须把它看作一个整体系列中的一个组成成分,它是这一整体系列的可能的外在表现之一……这种"开放性"是每一感知活动的基础,它代表了我们的认知经验的每一具体时刻所具有的特点:每一个现象都表现为"拥有"某种潜能。[①]

可见,存在在展示自身的过程中,兼具客观性和超越性。作为审美活动的一种,阐释就是引导下的、规定方向的创作:作者为了引导读者而设置路标,而读者连接路标向前迈进,因此读者必须同时具有揭示和创作的意识。许多哲学家如伽达默尔、英伽

---

① 转引自艾柯.开放的作品[M].刘儒庭译.北京:新星出版社,2005:21.

登、艾柯等的文本阐释观,都体现了类似创造与约束、有界与开放的对立统一关系。他们认为文本阐释不是一种"极端"的行为,不是毫无方向的盲目嬉戏,而是约束和创造并存的活动。

第一节 文本阐释的创造与约束并存的理论溯源

我们所讨论的阐释的创造与约束问题,实际上是以语言规则为基础的客观普遍性要求与理解过程中心理随意性这两者之间的矛盾关系问题,这是阐释学中极为重要的问题。文本阐释中的约束和创造的辩证关系可以归结为"一"和"多"这一根本的哲学问题。"一"和"多"的关系是许多辩证关系的变形,如存在与存在者、本质与现象、形式与质料以及书中出现的文本阐释的约束和创造等问题。重新审视古代西方哲学从前苏格拉底、苏格拉底、柏拉图到亚里士多德的哲学思想中的"一"和"多"这一哲学思辨问题的演化路线,可以帮助我们深刻把握创造与约束的相互依存性,也可以说明阐释约束存在的必然性,从而为阐释的约束理论研究提供启示。

一、创造与约束:"一"和"多"哲学问题的演化

海德格尔对"一"和"多"的概念作了如下定义:

"一"不是具体的存在本身,是多样性的存在者整体的存在,包括各种各样的存在者(物质的、精神的、真实的、虚假的),以及当前在场的或不在场的(过去的、现在的、将来的)存在者等。所谓"多",指的是各种不同的存在者。[①]

[①] 周民锋.走向大智慧——与海德格尔对话[M].成都:四川人民出版社,2002:107.

海德格尔根据对存在和存在者的追问方式的不同,把前苏格拉底的四个早期哲学家分为四种具有代表性的原始模式:①(1)泰利士:从客体的、物质的方面,通过寻找一种存在者以解释存在;(2)毕达哥拉:从主体、观念方面,通过定义各种存在者,以解释存在;(3)阿那克西曼德:从客体、物质的方面,直接解释存在;(4)巴门尼德:从主体的、观念的方面,直接定义存在。

海德格尔指出,前苏格拉底忽视存在和存在者的区别,但是这些不同的哲学派别奉为始基的对象不同,如唯物论者伊奥尼亚哲学家以物质客体为始基,认为万物归于它;唯心论者毕达哥拉、巴门尼德等则用概念来表现世界的本质。海德格尔进一步指出,虽然这四个哲学派别的哲学思想存在差异,但是他们的共同点就是用"一"或是自然物或概念统摄"多",归"多"为"一"。此后,对世界之始基、本体、本质等等的追问,渐渐地转化为另一类问题:概念的"一"与实际现象的"多"的统一问题。

具体说来,以泰利士为代表的早期哲学家试图把一种或几种物质客体作为"万物之所从此出,又复归于此"的始基,但遗憾的是,火、气、水等都不可能作为万物的始源,因此只能把整体性的存在简化为一种或几种具体的存在者。阿那克西曼认识到世界的复杂,所以他决定放弃对此作一整体性的归结,提出始基是"无限"的,但他没有看到"无限"与"有限"的万事万物的对立的"多"和"一"的关系。在毕达哥拉那里,第一次出现了"一"和"多"的范畴。毕达哥拉指出,万事万物的始基是一元,从一元产生二元……从完满的一元与不定的二元中产生出各种数目。虽然赫拉克里特明确提出,人不能两次踏进同一条河流,也意识到了无数的、不确定的存在者和由存在者构成的整体性存在,但是却未能阐明二者的关系。虽

---

① 周民锋.走向大智慧——与海德格尔对话[M].成都:四川人民出版社,2002:107.

然巴门尼德认为存在是"一",但放弃了对众多存在者的注意。

但是从苏格拉底开始,哲学家已经开始认识到存在和存在者二者的共同存在,并对存在和存在者的"一"和"多"的辩证关系进行探索。苏格拉底对二者重视的程度不一样,表达了对"存在"这个圆满"一"的崇尚。苏格拉底宣称普遍的"我"是善,善是身体的意识,它没有受到任何限制,是永恒的、普遍的、万事万物的注解。苏格拉底的"我"与普罗泰戈拉的"我"是不一样的。苏格拉底认为所谓的善就是万事万物的秩序或关系的最好安排,也就是决定整体世界之和谐的最高力量。这个善与万事万物是世界的"一"与"多"的对立统一。而普罗泰戈拉的"我"是不安定的、个别的"我",而不是"普遍的我"。苏格拉底正是运用这一普遍性、概念性的思维追问存在的"一",成为前苏格拉底哲学各派的综合者。苏格拉底第一个用主体的、属于人的内心世界的善去追问存在。

十分重要的是,苏格拉底的谈话术是"多"和"一"辩证关系的典型体现。这是从"一"到"多"、再从"多"到"一"的沟通过程,它表现为谈话过程从具体的事例发展到普遍的原则,又能使抽象的概念具体化,使抽象概念得到发展。

柏拉图师从苏格拉底,他的理念论是两千多年来西方哲学的经典。他认为现象世界无真知,真知只存在于理念中;现象世界变化无常,而理念世界是恒定不变的;理念是事物的本质、原型,万物都是对理念的模仿;一类事物的理念亘古不变,只有一个,而万物则是有生有灭。柏拉图的哲学思想博采众长,继承了苏格拉底从主体化的善出发追求真理,探求宇宙本质问题的方法;同时,他吸取了赫拉克里特的学生克拉底鲁的相对主义思想,这一思想"加强了他的关于动变现象无真知的信念"[①];但是他并没有止于

---

① 周民锋.走向大智慧——与海德格尔对话[M].成都:四川人民出版社,2002:132.

这样一个"善",而是提出无数个代表着实在对象的理念,组成理念世界,解释万事万物的本质,其中"善"是最高的理念。所以,"善"和理念、理念和万物之间的关系都是"一"和"多"的辩证关系的体现。这是因为,在人的理性看来,同类的事物之"多",可以归于同名的理念之"一"。无数的理念之"多",可以归结于最高的理念"善"之一。

亚里士多德对柏拉图的思想进行了改造,把柏拉图的现象改为形式,因为形式是可见的,而理念却相反。与理念相对应的是质料,所以形式与质料的关系也是"一"和"多"辩证关系的体现。质料是不定型的,而质料实现的形式却是定型的,质料是构成形式的材料,形式则是质料的成品。

二、创造与约束并存的理论基础

通过对"多"和"一"哲学问题的演化路径的论述,可以得出"一"是"多"的内在规定,而"多"是"一"多样性的展现,二者是相辅相成,和谐并存的。阐释活动也体现了这样的"多"和"一",即创造与约束、开放与有界。

毋庸置疑,阐释是一种创造性的过程。以施莱马赫、狄尔泰等人为代表的传统阐释学认为,由于作者和读者之间存在着一段历史距离,因而读者无法通过对话形式来直接把握作者的意图,这样读者就必须善于跨越时代的界限,通过作品去捕捉作者的意图。我们暂且不去讨论传统解释学中的"作者意图"之说是否正确,我们要简单说明的是,正是他们所说的这一距离造成了阐释的不确定性,使得读者的想象力和创造性有了用武之地。

萨特也曾指出,文本的意义不会"自显",必须通过读者的阐释行为才会显现出来,也正是在这个过程中,阐释有了不确定性的一面：

　　作家的写作是为了召唤读者，读者的阐释行为旨在揭示作者借助语言着手进行的文本生命。阐释过程是一个预测和期待的过程。人们预测他们正在读的那句话的结尾，预测下一句话和下一页；人们期待它们证实或推翻自己的预测，组成阅读过程的是一系列假设、一系列梦想和紧跟在梦想之后的觉醒，以及一系列希望和失望；读者总是走在他正在读的那句话的前头，他们面临一个仅仅是可能产生的未来，随着他们的阐释逐步深入，这个未来部分得到确立，部分则沦为虚妄，正是这个逐页后退的未来形成文学对象的变幻的地平线。没有期待，没有未来，没有无知状态，就不会有客观性。在这个过程中，读者既在揭示又在创造，在创造过程中进行揭示，在揭示过程中进行创造。因此阐释不是一项机械性的行为，不应该认为它像照相底版感光那样受符号的感应。①

　　作为语言活动的一种，阐释的媒介和目的都是语言的。因此阐释具有语言的一般特点。毫无疑问，根据柏拉图的观点，语言具有创造性。按照乔姆斯基的观点，所谓语言的创造性具有以下三层意思：

　　1. 说本族语的人能够创作和理解无数个他先前从未说过和听过的句子。

　　2. 说本族语的人必须遵守一定的语法规则。

　　3. 说本族语的人能够说出适合于语境但又不由语境确定的句子。换句话说，他必须遵守社会规则，这是语言的合宜性。②

　　乔姆斯基有关语言创造性的第一层含义说明，语言具有创造

---

　　① 萨特文学论文集[C]. 施康强等译. 合肥：安徽文艺出版社，1998：96～101.

　　② Noam Chomsky. *Knowledge of Language: Its Nature, Origins, and Use*[M]. Greenwood Press, 1985, p. 169.

性和不可预料性。说本族语的人有能力说出适合于情境的句子,但这并不意味着,他只有一种选择。实际上,不管在何种情景中,他都有无数种的选择。正因为这样,我们才无法预料说话者在一定情景中的具体言语——虽然我们知道他的言语肯定具有"合宜性"这一特点,不可预料性是人类语言区别于动物语言的根本标志。动物学家告诉我们,不管在何种情景中,动物所具有的"语句"选择数量极其有限。

但第二、第三层含义说明,语言既要遵守语法规则,又要受社会规则的约束,那么它还有什么创造性可言呢?其实不然。语言要遵守语法规则和社会规则只不过说明语言是与规则相应的行为。与规则相应的行为,和由规则决定的行为在性质上是根本不同的。下棋与电脑操作在性质上的不同,可以说明这两种行为之间的区别,弈棋规则指引棋手在几种招数中作出选择,但我们无法预料他会作何种选择。不错,可预料性行为是其范围受限制的行为,但范围受限制的行为未必就是可预料性行为。创造性的行为就是一种不可预料但同时其可能性范围又受到限制的行为。

文学和艺术的创作就是如此。今道友信说:

> 艺术品具有一定的结构,即它常常是被限定的东西。这种限定,比起对单一事物的限定,要远为复杂而精致。艺术品因为受到那种限定而成为艺术品。人不遵守这一限定时,必然产生拙劣的作品,从欣赏的角度看,当超过限定时,会作出错误的解释。因此,限定是艺术的核心……这样的限定对艺术而言是本质的东西。[①]

这就是说,限定是根本的范畴,没有限定就没有艺术作品。不仅如此,没有限定,我们就不能作任何判断,而且凝结在判断里

---

① 今道友信.存在主义美学[M].崔相录等译.沈阳:辽宁人民出版社,1987:34.

第三章 创造与约束:开放有界的文本阐释观及其评价

的体验也不能成立。悲剧论说明的是构成悲剧的各种根本限定,音乐论也是研究音乐之所以成为音乐的限定理论。为了理解什么是限定或约束,我们不妨把语言与音乐作一比较。

我们发现,音乐与语言之间存在着惊人的相似之处。有人说,音乐就是语言,它能表达思想,还会叙事。音乐中的单个音符,就跟语言中的单个音素一样,没有意义。只有当它们组成句子即乐句时,才有明确的意义。乐句是由许多有秩序的被音乐家称为"型式"的东西组成的,乐曲中充满的是有规则的旋律型式、节奏型式以及和声型式。对这些型式的任意变动势必破坏乐曲的美感。因此,音乐跟语言一样,具有层次结构。在语言中,语句由短语组成,短语由单词组成,单词又由音节音素组成;在音乐中,乐句由各种型式组成,型式又由音符组成,而且这些组成遵从着某些我们现在还难以作出确切抽象的规则。正因为音乐中有着这样的理性结构,人们才把音乐比喻成建筑。毫无疑问,人们之所以能够直觉地判断哪些是音乐,哪些不是,是因为人们把握了音乐的某种抽象结构,虽然这种把握犹如人们对语法规则的把握那样是无意识的。可以想象,人脑对音乐的某种抽象结构的把握决定了总的音乐模式。乡间音乐、儿童音乐和交响乐之间存在着明显差异,但它们之间的某种共同抽象的东西决定了它们是音乐;而儿童在钢琴上无规则的乱敲乱打则不可能是音乐。总音乐模式决定了可能存在的种种音乐模式,正如总的语言模式决定了可能存在的种种语言模式一样,人的后天经验包括文化教育水平决定了他究竟欣赏或创作哪一种音乐模式,正如人的后天经验决定他运用哪一种语言模式一样。

所有文学艺术作品都具备了某种抽象结构。如果我们随意更动一首诗中的一个重音,那么这首诗的韵味和魅力就有被破坏殆尽的危险。人脑中内在有关各种艺术的知识,决定了人在各个艺术领域的审美范围,具有不同文化背景,不同教育程度的人们只能在这个范围之内而不是之外,选取一定层次的审美规范。我们有足够理由相信,那些全人类的共同美感,正如人们所共有的许多直感能力(例如识别苦笑和奸笑的能力)那样,是由人的最共同、最基本、最原始的经验,即人之所以成为人的经验所决定的。紊乱学家仔细考察了艺术家是如何处理复杂的主题,特别是构图有趣的主题的问题时发现,它们都是些漩涡形图案,大漩涡上面加上小漩涡,小漩涡上面是更小的漩涡。这是一个令人惊异的现象。如果不假定艺术家头脑中存在着共同的有关艺术结构的无意识知识,那么这种非约定俗成的甚至连艺术家本身也意识不到的共同处理方法是很难得到解释的。对认知发展所进行的研究表明,大脑在其发展过程中,对某些媒介的探索要比其他媒介的探索容易得多,有些反应是自动的,可以通过一些基本上不能为个人所察觉的生理变化来测定。心理学家研究了大脑对图像的反应后发现,当图形中含有 20% 的重复图像时,该图形就具有最佳唤醒度。一个绕两圈或三圈的螺旋式的比较简单的迷宫图或排列工整的十来个三角形就具有这种唤醒度。如果一种图形只含有一个三角形或正方形,或其复杂程度超过了最佳复杂度,那么它的唤醒度就减弱了。

因此,社会生物学家威尔逊深信艺术的创造性蕴含在我们的生物性里。"艺术家的作品所借以发挥作用的,正是现在已开始受到实验心理学客观地注意到的思维发展规则,尽管人的脑海中的每一幅画面都有着特异之处,可是最终毕竟要服从生物学规律。"[①]从威尔逊的观点出发,所谓作品的限定或约束实际上是作品本身所固有的结构,这种结构来自创造者对艺术本质和艺术模式的把握,这种把握基本上是内在的,是由我们的生理结构

[①] 爱德华·威尔逊.社会生物学:新的综合[M].毛盛贤等译.北京:北京理工大学出版社,2008:87.

决定的,它构成了人性的一部分。从欣赏者的角度来看,他的任务首先是揭示文本的结构并在此基础上挖掘文本的内涵,暴露其特异之处,这就是创造,但这种创造无疑是建立在文本结构的基础之上并受其制约的,创造与约束构成了创造和理解的两面,相依相存,没有约束,创作就不成其为创作,理解也不成其为理解。

乔姆斯基在语言上的观点与威尔逊的观点毫无二致。乔姆斯基认为,语言的创造性与一般创造性在本质上基本相同。一般创造性除了具有语言创造性所具有的创新性、合宜性和不可预料性外,还具有价值性。[①] 这里的价值性就包括了文学艺术作品中的美学性质。根据乔姆斯基的理论,我们可能天生地具有创造科学理论和具有美学意义的作品的能力,而且这种能力"实际上预设了它只能发生在一套管辖和约束系统之内",这就是说,所谓创造,就是有约束、有限制的创造。

布里斯克曼在谈到创造性时强调了创造的价值问题。他认为,科学或艺术作品只有在它构成或包含对某个问题的解决方法时才具有创造性价值。在没有对问题的解决办法施加理性限制时,问题甚至无法被提出,也不可能存在。这些理性限制在相当程度上决定了问题的本身并同时赋予问题的结构。[②] 我们可以按照约束条件把问题分成以下几类:

1. 由"决定性约束条件"限定的那些问题。所谓"决定性约束条件",就是实际上已经为问题的解决方案提供了程序的条件。这些程序可以机械地、反复地使用直到问题的解决。算术中的乘法问题即属于这一类。

---

① Noam Chomsky. *Knowledge of Language: Its Nature, Origins, and Use*[M]. Greenwood Press, 1985, p. 168.

② L. B. Briskman. Is a Kuhnian Analysis Applicable to Psychology? [J]. *Science Studies*, 1972, pp. 87~97.

2. 由"限制性约束条件"限定的那些问题。限制性条件并不为解决方案提供程序,但它们却隐约地为解决方案确定必要和充分的条件。几何定理的证明就属于这类问题。

3. 由"消除性约束条件"限定的那些问题。在这些问题中,约束条件并不为解决方案提供程序,它们只提供必要的条件。尽管符合这些条件的解决方案未必就是最合适的解决方案,但不符合这些条件的解决方案肯定是不正确的方案。房子的设计问题就属于这类问题。设计者可以就房主提出的房子的大小、形状、造价等必要条件提出自己的创造性设计方案。他可以在满足这些条件的基础上,就建筑材料、内部装潢等提出自己的创见。

4. 由"轻微约束条件"限定的那些问题。对于这些也可称为"即兴"的问题,约束条件甚至没有为解决方案提供必要的条件。具有重要意义的是,在这些问题中,对解决方案的最初限定条件可以产生一系列效应,它限定了后面的解决步骤。这类问题广泛存在于文学、艺术领域。例如,在绘画艺术中,画家对作品的总体构想,他对作品的总体把握限定了他的第一次落笔,他的第一次落笔的效果限定了他的第二次落笔,而第二次落笔又限定了第三次落笔等等。当然,在这期间,画家在每一个层次的落笔又都受其最初限定条件,即他对作品的总体构思和把握所限定。文学作品亦然。作家的总体构思限定了作品的文字甚至结构,他所写出的每一个句子和段落都对后面的句子和段落起限定作用。确切地说,这里"轻微约束条件"中的"轻微"二字的用法并不贴切,似乎应改为"模糊",因为这些条件带有一定的模糊性,其约束力有时甚至模糊到难以察觉的地步,只是随着创造过程的进展,这种约束条件才变得越来越明晰,越来越确切。

读者也许已经注意到,以上的那些问题是以其约束条件的强、弱分类的。约束条件越强,解决问题的途径就越是明确,其中所能发挥的创造性也越小。在第四类问题即包括文学艺术创造的问题中，由于条件的约束力经常甚至是难以意识到的，因此作者的自由度最大，他所能发挥的创造性也最大。

萨特在谈论艺术作品时指出，艺术作品是非现实的。[①] 他以查理八世的肖像为例说明，查理八世并不是与画布、颜料等同的对象，因此不能把这些东西当作实在物来看待。如果我们这样做了，那么查理八世就不会作为美的对象出现。美的对象在现实的意识中是不会出现的，它是"意识设想虚无化的根本转换"，画家并不把自己心中的形象实在化，他只创作出物质的类似物，他使人们在看到物质类似物时能够把握心中的形象。

这种"把握"靠的是欣赏者的想象，然而欣赏者的想象并不是无中生有的想象，它始终围绕着作者所给予的物质类似物而进行，它必须通过物质类似物的虚无化展开自己的想象。因此，萨特说："如果说作家是沿着心理想象—物质类似物的过程进行创作的，那么读者或欣赏者则是在沿着物质类似物—心理想象的反向进行的。"这就是说，从某个角度上看，"欣赏者是在规定方向上创作，是在物质类似物引导下的自我创作"。

"规定方向上创作"这句话表明，欣赏者也是创作者，欣赏也是一种创作活动，但这种创作活动受到具体的具有物质特性的作品的制约，因此同样是一种受约束的创造性行为。阅读理解中读者的创造自由和他们所受到的约束这两者之间的关系，正是以上两个比较中所体现的那种辩证关系。萨特也将读者的创造性与阐释的客观性有机地结合在了一起。萨特认为，在欣赏过程中，对象是超越的，具有固定的结构。作家向读者的自由发出召唤，让它来协同产生作品，因此读者必须同时具有揭示和创作的意识。作者为了引导读者而设置路标，但连接路标向前迈进的却是

[①] 萨特文学论文集[C].施康强等译.合肥:安徽文艺出版社,1998:86.

读者。作者设置的路标之间都是虚空的,读者必须自己抵达这些路标,他必须超过它们。① 因此可以说,阐释就是引导下的创作,然而由于在欣赏中作品的存在有赖于读者的主观意图,所以作品的存在只是同读者的角度、状况以及其他能力相适应。"在这一过程中的每一次希望和期待,是揭示原文意义的动力和基础,而每一次觉醒和失望是修正自己认识,向意义逼近的再筹划。"但是,萨特又指出:

> "自由"并非目的,作者不可能给读者无限制或单方面的自由:他还要求读者们把他给予他们的信任再归还给他,要求他们承认他的创造自由,要求他们通过一项对称的、方向相反的召唤来吁请他的自由。这里确实出现了阅读过程中的另一个辩证矛盾:我们越是感到我们自己的自由,我们就越承认别人的自由;别人要求我们越多,我们要求他们的就越多……每一方都信任另一方,每一方都把自己托付给另一方,在同等程度上要求对方和要求自己。②

因此,"阐释的自由并不是阐释者单方面的自由。当我们强调作者信任读者,赋予读者阐释的自由时,也就隐含了另一面,即阐释者在参与文本创造的同时,也就与作者形成了一种关系,缔结了一份协定,以相互信任为基础,在尊重对方的自由的前提下行使自己的自由"③。

---

① 许钧.简论理解和阐释的空间与限度[J].外国语,2004(1).
② 萨特.萨特文学论文集[C].施康强等译.合肥:安徽文艺出版社,1998:105-108.
③ 许钧.简论理解和阐释的空间与限度[J].外国语,2004(1).

第二节　创造与约束并存的文本阐释观述评

一、哲学阐释学文本观

(一)海德格尔的存在论文本阐释观

20世纪的阐释学由于海德格尔的存在论阐释学的出现而发生了根本性的转向。与传统阐释学试图克服"先见"的阻碍达到客观理解相反,海德格尔这样认为:

> 把某某东西作为某某东西加以解释,这在本质上是通过先行具有、先行见到和先行掌握来起作用的。解释从来不是对先行给定的东西所作的无前提的把握。准确的经典注疏可以拿来当作解释的一种特殊的具体化,它固然喜欢援引"有典可稽"的东西,然而最先的"有典可稽"的东西,原不过是解释者的不言自明、无可争议的先入之见。任何解释工作之初都必然有这种先入之见,它作为随着解释就已经"设定了的"东西是先行给定了的,这就是说,是在先行具有、先行见到和先行掌握中先行给定了的。①

阐释要面对的不是文本原意,或者是一个事实,而是此在存在的方式。海德格尔认为世界由于人的存在已经不再是一个外在客体,它参与了意义的建构,永远也不会以客观的姿态呈现自身,所以在这个意义上说,世界因为此在而有意义。并且,此在是

---

① 海德格尔.存在与时间[M].陈嘉映,王庆节等译.北京:生活、读书、新知三联书店,1987:184.

历史性的存在,一切新的阐释都产生于一种先在的阐释,所以此在是带着"主体先结构"的阐释主体。这个先行结构成为进一步阐释的基础,因此,阐释就是一个由此一刻向彼一刻的连续不断滚动的链条。所以,对于海德格尔来讲,每一次的阐释都是一种新的阐释,阐释是持续开放的。

尽管如此,海德格尔对于阐释并没有持太过乐观、放松的态度,因为他从来都没有放弃对语言普遍性的追求。海德格尔认为在他本人之前的哲学史都是柏拉图的注脚,他的工作就是要结束"哲学中的柏拉图主义,结束那种本质神学、理性陈述和二元思路"①,因此,他抛弃了追问存在者而从此追问存在本身。海德格尔提出,存在在理解中显现自身,而理解是通过语言为媒介的,语言是存在之家,因此可以看出,语言成了海德格尔"神的视点",语言使此在认识了自身,也认识了世界。对语言普遍性的承认,等于是承认了主体间性的存在,而这正是阐释中的约束所在。德里达由此批评道,尽管海德格尔抛弃了存在者,但海德格尔对存在的追求仍然是形而上学的始原冲动在作祟,对传统哲学的抛弃仍不彻底。

(二)伽达默尔相对主义文本阐释观

伽达默尔在海德格尔的"主体先结构"的基础上提出阐释的"偏见"这一概念,它表明了阐释是历史性的、倾向性的。对于"偏见",伽达默尔曾经这样指出过:"谁想理解某个文本,谁总是在完成一种筹划。一旦某个最初的意义在文本中出现了,那么解释者就为整个文本筹划了某种意义。一种这样的最初意义之所以出现,只是因为我们带着对某种特殊意义的期待去读文本。"②阐释

---

① 保罗·德曼.解构之图[M].李自修译.北京:中国社会科学出版社,1998:1.

② 伽达默尔.真理与方法——哲学解释学的基本特征[M].洪汉鼎译.上海:上海译文出版社,1999:341.

中的偏见给予我们的启示是:我们对于社会、历史乃至整个世界的阐释,是在利用一定的历史境遇规定性形成的"期待"去面对阐释对象,因为期待与文本之间的差距,阐释有了不确定的一面,所以要获得唯一、客观的阐释是不可能的,因为客观恒定的文本原意或作者意图的发现意味着文本阐释这一行为的终结;而阐释是此在的根本存在和运动方式,此在又是历史性的存在,永远不可能消除自身的历史性,所以阐释是无限开放的,不可能终结的,所谓的文本原意和作者意图是不可能存在和获得的。为此,我们要做的不是去克服历史的局限,而是正确的评价和顺应历史。

伽达默尔的哲学阐释学非常注重文本的阐释与读者自身语境之间的必要关联。"读者语境"可以在两个层面上加以理解:其一,是"大写的语境",即读者置身于其中的时代背景以及社会需求等;其二,是"小写的语境",即读者个人的生活状况和价值需求等。① 伽达默尔指出:

> 对既有文本的内部结构及其连贯性做一点描述,仅仅重复一下作者说过的话等,还不能算是真正的理解。人们必须使作者的说法重新回到生活中去,而为此,他们又必须熟悉文本谈及的那些现象。当然,为了理解作者在其文本中究竟打算说些什么,人们必须掌握诸如语法规则、风格手法和作文艺术等构成文本的基础的东西,但是,在一切理解中,最主要的问题还是文本的叙述与我们对于有争议的现实的理解之间的意义关系。②

因此,在1960年,伽达默尔在其巨著《真理与方法》中进一步

---

① 彭启福.文本诠释中的限度与超越——兼论马克思文本诠释的方法论问题[J].哲学研究,2007(2).
② 伽达默尔.科学时代的理性[M].薛华等译.北京:国际文化出版公司,1988:86~87.

肯定了"偏见"在阐释中的重要性,提出了"视野融合"的思想。无论是主体还是文本都拥有自己的视野,都置身于阐释这样一个交流事件当中,视野融合因此就发生了。在视野融合的过程中,所谓的文本原意、作者意图势必被颠覆,因为阐释主体是带着偏见的主体,他们处于不同的历史时代,阐释必然受到了阐释者本身的背景、情感、经验等的影响,诸如此类的因素必将注入阐释当中,参与与文本的对话,文本意义必然是具有历史性的。

在传统的解释学那里,本原的意义一直是理解和解释的约束和根本前提。阐释的目的在于"正本求原",在于跨越时空和文化间距,力求获得作者的原意。这一原意是一种独立于任何解释的超越。意义先于解释,这是传统阐释学的基本原则,它贯穿着客观主义精神。然而,这一原则在本世纪却遭到了强有力的冲击。在尼采看来,根本不存在着什么第一性的意义,阐释是以一种意义代替另一种意义。这就从根本上颠倒了传统阐释学的基本原则:不是意义先于阐释,而且阐释先于意义。

传统的阐释学没有看到人类理解的历史性,而实际上,理解是以历史性的方式存在的,无论是理解者还是理解对象都历史地存在着,都处于历史的演变之中。如此,理解就不可能是对原本的消极的复制,而是一种创造性的努力,它是文本过去所拥有的种种视界与理解者现在的视界的叠合。鉴于理解的历史性,作者的原意是不存在的,它在历史的长河中已演变成一系列的他者,让后来的理解者去捕捉,对文本或文本所获得的每一个认识都是有所差异的、新颖的,都体现了理解者的历史性,没有哪一种认识能超越理解者的历史性。因此,在伽达默尔的理论中充满的是历史主义和相对主义。在他看来,理解和阐释不具有普遍有效的客观性。

然而,伽达默尔的错误是显而易见的。第一,他忽略了意向意义的区别。由于不把这个恒定不变,能被不同人的精神或意向活动复制,始终是自身同一的意向意义从意义中区分出来,意义的理解也就自然失去了有效的客观普遍性基础。第二,伽达默尔认为,不同历史时代的人,由于其存在的历史性,因此对同一文本的理解必定是不同的,这同样是说,不同时代的人的互相理解是不可能的,但是,如果这种不可能是由于他们的世界观不同、文化背景不同等因素造成的,那么,伽达默尔同样可以说,同时代的许多人,甚至同一语言社团中的许多人之间的理解也是不可能的,这是因为,同时代的许多人的世界观是不同的,地位是不同的,文化背景是不同的。但是,这违背了一个基本的常识、一个基本的事实:同时代的人,不管他们的地位如何不同,世界观如何不同,他们之间的基本理解和交流仍然是可能的。之所以可能,首先是因为内在精神总是外现为一定的符号来表示体系,而符号体系的固定结构,其间的符号要素的意义的超个人性和可分享性为理解提供了客观的和普遍有效的基础。

诚然,指向意义的获得需要个人精神的参与。也正因为如此,在不同人那里,指向意义才呈现出差异,但是毫无疑问的是,语言规范在相当程度上制约着理解者和解释者的意志。因此,要想随心所欲地给词语以及由词语按照语法规则组成的句子注入任何意义是不可能的。伽达默尔显然夸大了理解过程中的主观随意性,而把这种差异看成不受约束和限定的任意现象。不错,差异是有的,但这种差异由于受文本意向意义的约束而被限制在一定的范围之内,不同演奏者由于其想象力和创造力的不同,在演奏同一首钢琴曲时产生了不同的效果。这种差异与不同与读者在阅读同一文本时所理解到的意义的差异在本质上是一样的。

其实,伽达默尔本人也从未否认阐释约束的存在。他认为"文本诠释中的读者语境关联性原则固然强调了文本的阐释与读者语境之间的必要关联,但它决不意味着在文本的诠释中允许读者主观性和个性的随意肆虐,决不意味着允许读者成为文本的颐指气使的主宰者,恰恰相反,它是以对文本含义和作者主观精神的尊重为前提的"[1]。这表现在读者必须对自身语境的自我反思和对前见合法性的考量。读者对自身语境的反思,就是要"自觉地对这真假两种前见作出必要的甄别,尽可能地阻止具有破坏性的假前见渗透到文本的诠释过程中,避免误解的发生"[2]。而所谓的真前见指的是达到合法理解的前见,而假前见指的产生误解的前见。[3]

而且,伽达默尔对误解的承认、对主体间性的信心以及对文本自身独立性的肯定,这些观点无一不表露出他阐释思想中的约束观。我们知道,不管是海德格尔的主体先结构也好,还是伽达默尔的偏见也好,都是始源于对客观主义的阐释思想的批判:阐释因为历史性的文本和历史性存在的此在而不可能真正跨越时空间距获得作品原意或作者意图,所以阐释就必然呈现多样性。当代解构理论和激进阅读论认为,一切的阅读和理解都是合法的、有效的,根本不存在误读。伽达默尔就曾经坦然承认主体对文本的阅读存在着误读,尽管所有阅读和接受都是一种具有偏见的自我理解,但它并不是一种随心所欲的理解。他指出,"理解文本不是走向误读的路径,而是剥离言内之意而走向本真之意。把扭曲的可理解性当作理解文本的标准不可行。借助词语的多义性或双关性(如德里达的分延、撒播、踪迹、替补)来说明意义的非确定性、语言的非中心性、意识理性的遮蔽性、语言的不透明性、

---

[1] 彭启福.文本诠释中的限度与超越——兼论马克思文本诠释的方法论问题[J].哲学研究,2007(2).

[2] 彭启福.文本诠释中的限度与超越——兼论马克思文本诠释的方法论问题[J].哲学研究,2007(2).

[3] 伽达默尔.真理与方法[M].洪汉鼎译.上海:上海译文出版社,1999:388.

非超越性的做法,只会使语义含混、产生交流障碍"①。一旦承认误读的存在,就意味着文本不会无限度的开放,就等于承认文本阐释有约束性。

不仅如此,伽达默尔与海德格尔一样,把语言看作是"存在之家",从而表明他肯定语言交流主体间性的存在。伽达默尔指出:"从本质上说,我们就是语言性的存在,语言使我们拥有一种'在家的感觉',相互理解不是纯粹的活动和实现目的的行动,而是一种生活过程,在这种生活过程中生活着一个共同体。语言具有谈话性和相互理解性的特征,只有拥有语言,人类经验才得以理解和交流。"②在论诗歌对真理探索的贡献中,伽达默尔又写道:"语言总是为引导我们对世界的理解提供了基本的表述。语言具有与世界一致性的本质,我们无论什么时候与另一个对象交流,我们都共享这个世界。"③不仅如此,伽达默尔还认为,言语是为了寻求理解,理解者从未打算去歪曲别人的言说意义,这也是阐释中不可或缺的约束因素。正如伽达默尔在《真理与方法》里所言的:"一个试图理解某种东西的人,就不能以他自己的偶然的前见解为出发点,始终顽固地忽视文本的真实意义,直到文本的真实意义消除了解释者想当然的意义而成为可持续倾听的为止。试图理解某个文本的人要准备让文本告诉他某种东西。这就是一种受过阐释学训练的意识必须从对文本存在的敏感开始的原因。"④所以,在这里,伽达默尔既

---

① 王岳川.解释学和现象学文论[M].济南:山东教育出版社,1999:282.
② 伽达默尔.真理与方法[M].洪汉鼎译.上海:上海译文出版社,1999:343~344.
③ 伽达默尔.真理与方法[M].洪汉鼎译.上海:上海译文出版社,1999:344.
④ 伽达默尔.真理与方法[M].洪汉鼎译.上海:上海译文出版社,1999:269.

承认了文本真实意义的存在,又肯定了主体能够认识这一真实意义的可能。

的确,不同历史时期、不同读者的每一次意义阐释为文学文本提供了新解,成为文学作品中最重要的本体内涵,但是,"每一次文本意义的释放和生成之间又有着一种内在的生命关联,这种关联对于文学的存在来讲至关重要。文学文本在不断的阐释中联结成了一个独立的意义圈,构成生命关联的每一次再创造活动都有可能使文学发生改变和变形,但这并非是在分裂作品自身,相反它却使作品在不断的变迁和重返过程中融合成为一个意义整体,并以一个整体的方式更新变异着,文学正是在这样一个绵延不绝的意义链条中达到了它的完全存在的"[1]。由此,伽达默尔将"先见"与"客观性"统一起来。文学作品作为一种意义整体,它是通过反复的理解活动,不断地在意义变异中实现自身统一的。正像伽达默尔所认为的那样,"艺术作品自身就要求它们的位置,即使它们被误置了,例如被误放到现代收藏馆里,它们自身中那种原本的、目的的、规定的痕迹也不可能消失。艺术作品乃属于它们的存在本身,因为它们的存在就是表现"[2]。所以,文本会在不同的阐释中始终保持它自身存在的独立性,始终以独特的语言在不同的历史时代和不同文学语境中展现着自身,这就是阐释约束因素的存在使然。

(三)利科的后结构主义文本阐释观

伽达默尔提出文本的意义是不确定的,并因此被批判为极端的相对主义,与此相似的是,利科因提出他的文本理论而被称为

---

[1] 伽达默尔.真理与方法[M].洪汉鼎译.上海:上海译文出版社,1999:37-156.

[2] 伽达默尔.真理与方法[M].洪汉鼎译.上海:上海译文出版社,1999:203.

后结构主义阐释学。文本理论是利科阐释学研究的中心问题。利科指出:"在书写固定化中以及在谈话交流领域的所有类似现象中都包含有间距化因素,文本所意味的东西不再与作者所意指的东西一致;语词的意义和精神的意义具有不同的命运。"[①]所谓的间距,就是利科尔曾经指出的"话语与所表达的事件之间"、"文本与作者之间"、"文本语境与日常口语语境之间"和"文本的意义和话语的直接指称之间"存在的四种阐释学的间距。[②] 简而言之,利科认为固定的文本与作者的意向性、文本的语境及文本最原始的受众之间存在间距,因此文本意义有了不确定性。文本从口语语境里挣脱出来,话语情境退居幕后,潜在地面对阅读的人,因此文本同产生它的社会历史条件无关,可以自由地进入与其他文本的复杂关系中去,在时空中自由的徜徉。此时文本不受直接指称的限制,不指称一种既定的事实,而指称一种在阐释过程中展开的可能性,成为一个可能的世界,因此人们对它可以有无限多的阅读方式。

但仅凭这一点,就把利科看成是后结构主义阐释学家是片面的,它忽视了利科阐释学理论的另一面,因为利科还曾提出"回到文本",即重返施莱尔马赫和狄尔泰的基点,关注由文字固定下来的生命表现形式——文本。利科既不同意回到狄尔泰的纯客观的阐释立场上,也不同意回到海德格尔、伽达默尔所谓的阐释的循环性上去,当然也反对停留在结构主义方法的直线性上,而是提出了阐释学的"弧线性"理论,即要求在阐释的趋近与疏离、主观与客观之间,保持一种中立的辩证态度。利科的"疏远"和"占有"的阐释策略目的是既要避免回到一种纯客观的结构主义上

[①] 利科.诠释学与意识形态批判[M].载洪汉鼎主编.理解与解释——诠释学经典文选.北京:东方出版社,2001:464.

[②] 利科.解释学与人文科学[M].陶远华等译.石家庄:河北人民出版社,1987:134-148.

去，又要避免回到本体论解释学的主观性上去，只有这样，才能解决阐释者与文化和历史距离之间的斗争。在利科看来，疏远是理解的前提条件，没有这种距离感，理解就会造成近视性偏差而走向主观体验性；为逃离纯客观的阐释立场，利科又提出了占有的阐释策略，使阐释学的目标不再是还原历史，而是把不同时代的文本放到一块，使它们向阐释者敞开。因为利科认为阐释毕竟是通过主体对文本的具体化过程，把文本阐释为一种话语的当下现实情况，只有这样阐释才是有效的。虽然"疏远"的策略保持了语言阐释的相对客观性，但是破坏了人们参与到历史现实中的那种原始的亲和关系。尽管如此，利科的疏远阐释策略的提出说明他深刻地认识到文本阐释中约束因素存在的必要性和必然性。

不仅如此，利科在讨论文本意义时区分了意向意义和指向意义，而意向意义和指向意义之间的辩证关系也体现了阐释中的创造与约束的关系。按照利科的观点，所谓意向意义是与作为抽象系统的语言相关联的。语言，如我们所说，乃是一套由符号和规则组成的系统，它只有内部意义而无外部意义。此外，意向意义还与"理想物"这一现象学的基本概念密切相关。那么，什么是理想物？在利科看来，意向意义不是某人脑中的某种观念，它并非一种精神内容，而是一种理想物，可以被不同时期不同个人作为一种并且是同一种存在物而识别和再识别。[1]

现象学这一"理想物"的重要概念旨在说明我们在体验意义时的一个重要阶段。我们可以猜测，利科所说的理想物类似于我们通常所说的字面意义，这种猜测似乎是正确的。利科的"意向意义"是把句内的识别功能与谓词功能联系起来的东西。[2] 它是

---

[1] 江怡.分析哲学与诠释学的共同话题[J].山东大学学报,2007(1).
[2] 江怡.分析哲学与诠释学的共同话题[J].山东大学学报,2007(1).

第三章 创造与约束:开放有界的文本阐释观及其评价

话语中内在的东西。作为理想体,意向意义具有其客观性。简言之,它是"话语之所云"。

然而,意义又是"关于什么"的。这种意义被利科称为指向意义。与意向意义不同,它并不是内在于话语的东西,而是超越了语言,与世界联系起来的东西。语言与现实毫不相干,只有话语才应用于现实、反映了现实,才表达了生命、生活与世界。关于意向意义与指向意义的关系,利科说,所谓文本意义"乃是从意向意义到指向意义的运动"①,而这一运动的原动力就是读者的想象。意向意义作为一种理想物,是一种内在的、不变的、物体的存在,因而是客观的。但是,我们并不是说,指向意义由于取决于读者的状况与水平,因而就不是客观的。指向意义仍然是客观的,这是因为:第一,它是文本之所为,而不是说话者之所为;第二,它依附于意向意义并通过意向意义这个理想体为中介而实现。这就是说,一旦文本脱离了作者,它就获得了相对的独立性,读者就只能从文本自身而不是从"作者的意图"那里去寻求意义。

利科曾就文本与话语的区别作过论述。有关作者的意图在话语和文本中的不同作用,利科说:"在书面话语中,作者的意图和文本的意义不再是吻合的,这是因为,文本是自主的意义空间,这种意义不再由作者的意图所激活。"②一句话,在作者意图与文本意义之间存在着一段距离,它们之间已没有必要是完全吻合的。由于作者的意图不是直接呈现在读者面前的,因此读者所能接触的只有文本,他只有通过阅读才能获得文本的意义。正如利科所说的那样:"有时我想说,阅读一本书就是想到该书的作者已不在世……这是因为,只有当作者不在世时,与书本的关系才是

---

① Paul Ricoeur. *From Text to Action: Essay in Hermeneutics* [M]. Evanston:Northwestern University Press Evanston,1986,p.49.

② Paul Ricoeur. *From Text to Action: Essay in Hermeneutics* [M]. Evanston:Northwestern University Press Evanston,1986,p.53.

完整的……作者无法作出任何反应,剩下的只有读他的书了。"[1]

因此,由于作者已不在那里就意图作出说明,所以文本的指向意义就成了文本之所为。正是从这个意义上说,文本的指向意义是客观的。因为,如上所述,文本的指向意义是建立在纯粹的、客观存在的理想体即意向意义之上,并通过意向意义的中介而实现的。从某种意义上说,指向意义也具有类似于理想物的性质。根据现象学的观点,尽管指向意义的获得只有在读者的积极参与之下才有可能,文学作品的意义仍然不能被还原成读者的主观意识。

然而,正是由于只有读者的参与才能获得意义的事实,才使得意义具有结构、意义具有客观性的观点受到了质疑。由于从文本中读到的信息结构,对于具有不同前知识和不同目的的人来说可能是不同的,因此文本实际上就变成了不稳定的存在物,而解构主义更是认为对文本根本不可能只有一种理解,甚至根本不存在着一种什么自主的、可以识别和再识别的、独特的实体,即文本本身。读者的参与在获得意义的过程中起如此重要的作用,因此除了极端的理论家德里达那些人以外,甚至利科这些极力强调文本的固定结构对指向意义的约束作用的理论家也承认读者在阅读过程中必要的甚至是决定性的作用。

不错,呈现在不同读者面前的指向意义无疑是有所差异的。这是因为,按照利科的观点,指向意义乃是文本所展现的世界,这个世界包含了三重指向,即读者、作者和他们所处的世界,而阅读的首要任务是充实这三重指向。对读者而言,阅读首先是"自我认识",正因为如此,读者个人的阅历、认识水平才在建构意义的过程中起到如此重要的作用。也正因为如此,呈现在读者面前的

---

[1] Paul Ricoeur. Between Hermeneutics and Semiotics: In Homage to Algirdas J. Greimas[J]. *International Journal for the Semiotics of Law*, No. 2, 1990, p. 90.

第三章 创造与约束:开放有界的文本阐释观及其评价

指向意义才是不同的。

然而,我们不能因为这样就否定了文本的结构、文本的意向意义以及意向意义对于指向意义的约束和限定作用,其原因我们已在本书中多次说明过。文本的意向意义,再打个比方,犹如展现在读者面前的客观存在的一尊塑像,不同阅历、不同欣赏水平的读者如同站在不同角度欣赏这尊塑像的观众。由于所处的角度不同,他们所看到的是塑像的不同侧面,因此,情况似乎是,展现在他们面前的塑像是不同的。然而关键的是,他们看到侧面的依据是这同一尊塑像。即他们看到的是同一尊塑像。

我们还可以把文本的意义看成是如下的圈层结构:

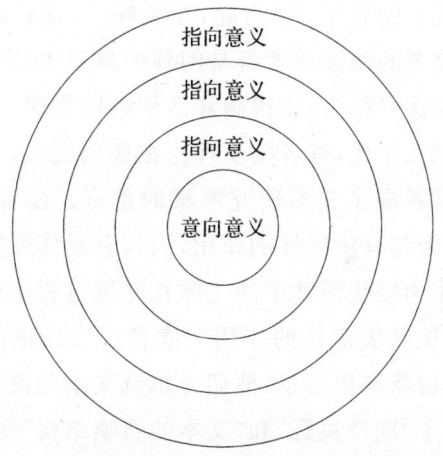

在这个结构中,意向意义处在最中心,而各个指向意义圈层则是意向意义向外辐射的产物,越靠近中心的指向意义就越接近于意向意义,它所依赖的读者的想象力和创造性水平也就越低。水平愈高的读者,他所领略的指向意义,就离意向意义愈远,就越处于结构的外层。可以想象,由于意向意义的辐射力度有限,越外层的指向意义就显得愈加模糊,就愈难领会,因此所需读者的想象力就愈强。出于同样的原因,指向意义的圈层结构是有界的,这就是说,指向意义的范畴是受意向意义制约和限定的。

二、读者接受论文本阐释观

传统阐释学或作者中心论认为作品的意义是由作者赋予的，阐释的目标就是去揭示作者的意图；或者如结构主义文学理论所认为的那样，作品的意义就在其形式结构中。这些理论在很大程度上，都忽视了阅读在文学意义实现中的作用，正如萨特所说的："文学对象是一只奇怪的陀螺，它只存在于运动之中。为了使这个辩证关系能够出现，就需要一个人们称之为阅读的具体行为，而且这个辩证关系延续的时间相应于阅读延续的时间。除此之外，只剩下白纸上的黑字。"[①]为此，在阐释中，读者的地位应该得到尊重，因为读者的阅读和理解是阐释中最后也是最为积极的一环，正是读者的这一行为，使得阐释活动得以实现。

上个世纪 70 年代，读者接受理论在德国诞生，标志着读者之维得到重视，读者成了文学研究考察的重点。读者接受论认为，读者的阅读行为具有决定性的作用，因为它是作品完成的最后阶段，并且读者作为接受活动中的主体在阅读过程中始终起着主动的、积极的、甚至是决定性的作用。读者反应理论的两位最具代表性的人物是姚斯和伊瑟尔，他们分别就文本与读者在阅读中的相互作用提出了"期待视野"和"文本的召唤结构"两个概念。

姚斯的接受理论是文本阐释理论的重要组成部分。在姚斯看来，并没有一个客观的、超然于历史之外的意义审判席。一部作品的意义本来就是浮动于不同历史时期的读者接受之中的，因为读者的阅读会受到特定的历史文化水平的制约，于是姚斯提出"期待视野"。姚斯的期待视野来源于海德格尔的"主体先结构"，意指读者意识中既定的"主体先结构"。

---

① 萨特.萨特文论选[M].施康强译.北京：人民文学出版社,1991:116.

在姚斯看来,阐释活动是原作品的期待视野与读者的期待视野相互竞争的产物。① 姚斯的期待视野同海德格尔的主体先结构和伽达默尔的偏见一样是一个使文本阐释具有约束与创造特性的生发机制:它既激发读者基于既有视野的阅读期待,又会打破这种期待,因为期待视野会在阐释过程中不断发生变化和转移。期待视野在共时的层面,体现为一种约束性,如历史语境对同一个时代的读者的阐释进行了一个宽泛的制约;而期待视野在历时的层面体现了一种创造性,因为不同的历时时期,人们的思想观念、社会背景都对读者的阐释有一定的影响,这是文本阐释创造性的源泉。

与姚斯的期待视野相似的是,伊瑟尔提出了文本的召唤性结构,因为"文本是某种竞技场似的东西,在场子里,读者与作者参与一场想象比赛游戏。如果向读者提供了全部的故事,没有给他留下什么事情可做,那么他的想象就一直进入不了这个领域,结果将是,当一切都现存地设置在我们面前时,不可避免地要产生厌烦——在某种程度上说,文章未写出的部分刺激着读者的创造性参与"②。由于文本中的空白点与未定点,有限的文本只能建立起一个召唤性的图示化结构,读者以自己的想象去填补这些空白与未定点。

而且读者在填补图式结构的空白点时,"意义的每一次具体化都会导致对这一意义的极其个性化的经验,要完全相同地重复这样的经验是绝不可能的。同一文本第二次阅读的效果绝不会与第一次的完全相同,因为第一次阅读时所集结的意义必然会影响到第二次阅读。由于我们拥有原先没有的知识,沿时间轴所累

---

① 姚斯.接受美学与接受理论[M].周宁等译.沈阳:辽宁人民出版社,1987:27.
② 伊瑟尔.阅读过程——一个现象学的论述[J].上海文论,1988(5).

积的想象物就不可能悉无差异地相互追随"①。这说明读者的个人体验是相对的、历史的、动态的。

不仅如此,文本的召唤性结构还蕴含了历史语境中的普遍话语。"普遍话语,不仅包含作品所处时代的文化精神,还包含这个时代的文化传统。个人话语不能脱离普遍话语而存在,普遍话语制约着个人话语。"②诚如歌德所言:"不论你们的头脑和心灵多么广阔,都应当装满你们的时代的思想感情。"③

三、读者反应论文本阐释观

20世纪西方文学批评的一个最大的局限性在于理论与实际的脱离,但读者反应批评应该说是最具有实践性的文学批评模式之一,因为它注重语言和阅读过程,强调读者在阅读过程中的自我意识,认为意义是特定情势下产生的。读者反应批评是对新批评派注重文本的理论的一次反拨,注意力从文本转向了读者。

费什是当代读者反应批评的一个重要的代表人物。费什认为阅读是读者正在进行的言语行为,因此人们不要习惯问"这句话是什么意思?"而要去问"这句话干了什么?"此时,读者面对的不再是文本这个客体,而是一个事件,需要读者参与文本获得阅读体验。文本并不是信息储存物,它通过读者的流动的阅读策略发生作为。因此,费什"提出了一种基于时间流意义上的一种不间断的反应式分析和阅读体验,即读者是按照阅读经验中的时间

---

① 伊瑟尔.阅读活动:审美反应理论[M].金元浦等译.北京:中国社会科学出版社,1991:151.

② 杜莹杰.召唤结构、期待视野与陌生化的艺术开拓[M].北方论丛,2009(1).

③ 丹纳.艺术哲学[M].合肥:安徽文艺出版社,1998:104.

第三章 创造与约束:开放有界的文本阐释观及其评价

流动而不是对整个文字作出反应:读者总是在某一时刻读到第一个词,然后又在其他时刻读到第二个、第三个词,一直如此下去;正是发生在词与词之间以及读者头脑中的非肉眼所看见的事件以及由此产生的'这话做了什么'构成了其意义"①。那么对于费什来说,既然意义是不稳定的,是读者制造了文本的意义,那么不同的读者是否就必然会针对同一文本制造出不同的意义?

面对这一问题,费什提出意义的阐释不是不受约束的或者独立的读者所具有的属性,而是"阐释团体"所共有的特征。对于读者来说,意义的生产具有某种程度的一致性,这是由阐释团体来达到的。"阐释团体"既决定了一个读者阅读活动的形态,也制约了这些活动所制造的文本。费什对"阐释团体"作了如下的说明:

> 当我打开一本书看的时候,实际上我看到的是由我已经构成的观点写出的东西,也就是我二十五年来在文学团体中所形成的结构。这是一种活动和一种团体。另一种是所谓理论的或哲学的团体。……当你看书时,把一本书打开,把面前书页上的文字加以组织,这时一种历史的、特定的阐释就会加入你的理解,这并不是说你要把自己看成是历史地进入这个团体,而是你已经和这个团体融为一体,你没有反应就这样做了。②

不言而喻,"阐释团体"是一种理解结构,一种在集体意义上的自我阅读所依存的情势。我们所进行的思维行为是我们已经牢固生成的习惯和规范所制约的。这些规范习惯的存在,实际上先于我们的思维行为,只有置身在它们之中,我们才可以觅到一条路径,以便获得由它们所确立起来的公众普遍认可的而且符合习惯的意义。

---

① 斯坦利·费什.读者反应批评:理论与实践[M].文楚安译.北京:中国社会科学出版社,1998:5.

② 王逢振.今日西方文学批评理论[M].桂林:漓江出版社,1988:30.

四、现象学文本阐释观

提及现象学,我们首先想到的是现象学大师胡塞尔,但是现象学方法并不局限于胡塞尔的传统,而是泛指一切强调主体中心地位的方法。现象学文本阐释观的意义在于,它不再将研究范围设定在作家和作品上,而是将作品看作是作家所创作的意向性客体,这一客体必须通过读者这一解读具体化过程才能实现其审美意义和艺术价值。

在现象学文本阐释观代表人物英伽登看来,文学作品并非客观存在的自然之物,也并非语言符号编织的自足之物;并非作者意图的投射,也并非读者意图的产物,而是一种"意向性客体",它存在于具体个人的意向性活动中。但是英伽登又反对文学研究上的心理主义,即那种将作品存在归结为作者或读者心理的做法。他指出:

> 作者的全部经历、经验和心理状态完全在文学作品之外。尤其值得注意的是,作品在创作过程中的经验不会构成被创作出来的作品的任何一部分。当然,在作品与作者的心理活动及其个性之间存在着各种密切关系,尤其是作品的产生可能取决于作者的根本经验;或许作品的整体结构和个性特征在功能上会依赖于作者的心理特质、天分及其观念世界和情感类型。因此,作品多少打上了作者全部人格的烙印并以他的方式表达这一人格。但是所有这些事实都决不能改变那个最为根本而又常常得不到赞同的事实:作者和他的作品是两种异质的客体,它们因其根本的异质性而决然不同。只有确立这一事实,才能使我们正确地揭示它们之间的多重关系与依赖。①

---

① 罗曼·英伽登.文学的艺术作品[M].埃文斯顿:西北大学出版社,1973:22.

第三章 创造与约束:开放有界的文本阐释观及其评价

英伽登认为,作为意向性客体的作品,由文本语词意向、作者意向和读者意向共同编织。其中,前二者形成了文本的图式化结构。①"没有图式化的结构,一部文学作品就会变成普普通通的识字课本。"②谈及图式化结构,英伽登是这样明确论述的:

> 事态……产生于相互联系的句子关联物,形成观察意向客体的引导。……事态就是我们透过其中观察意向客体的窗户。图式化则是展示意向客体的模式。……意向性客体建立在图式化之上,然后,通过后者,意向性客体被展示,然后被带进新的观察。③

可见,图式化理论很好地说明了在文本阐释中的约束与创造性问题,正确而有效的阅读就是那种在作品图示化结构所允许的范围内自由想象的阅读。图式结构的纲要性、约束性,为阅读提供了基本限制,也存在着诸多的未确定的点、潜在的因素,就像事物的骨架,有待于具体化。④ 英伽登认为,具体化是积极阅读的姿态和方式,如果读者被动地阅读,他只能得到一些图示化的方面,只有当读者积极地调动自己的想象以填补作品中的不定点和空白,才能使作品不完备的意向性关联物变成活生生的审美对象。⑤ 正是读者的参与活动,为阅读提供了想象的自由,文本阐释多样化成为可能。

然而英伽登现象学文本阐释观中的约束思想存在意图论的影子,因为他指出忠于原作者意图的阐释方式才是恰当的具体化

---

① 罗曼·英伽登.艺术的与审美的价值[J].英国美学杂志,1964(14).
② 罗曼·英伽登.论文学作品[M].开封:河南大学出版社,2008:280.
③ 沃尔夫冈·伊瑟尔.怎样做理论?[M].朱刚等译.南京:南京大学出版社,2008:22-23.
④ 罗曼·英伽登.艺术的与审美的价值[J].英国美学杂志,1964(14).
⑤ 朱立元.当代西方文艺理论[M].上海:华东师范大学出版社,1997:138.

方式,才是文本本身潜在因素的体现。然而,与作者意向一模一样的阐释是不可能的,而且也是没有必要的。

第三节 艾柯的创造与约束并存的文本阐释观

作为《玫瑰之名》、《开放的作品》、《带着鲑鱼去旅行》等畅销书的作者,艾柯更多地被"阐释"为享誉世界的文学批评家、小说家、符号学家和历史学家,国内对于艾柯的研究也主要集中在上述方面。然而,作为与罗蒂、乔纳森·卡勒以及克利斯蒂娜·布鲁克-罗斯等齐名的当代阐释学大师,作为上世纪那场"阐释学世纪之辩"——"丹纳讲座"的主角,艾柯的学术影响可能更在于其深刻的阐释学思想。因此,进一步了解与把握艾柯的阐释学思想及其发展,对于掌握西方阐释学思想的新动向,弥补国内在这方面的缺失,并在阐释实践中帮助我们反思作者、读者和文本的关系,判断文本阐释的可能性与阐释方向有着重要的意义。

目前对艾柯的研究一般限于对他的一般符号学思想的研究,对他的阐释思想研究也仅限于对创造性或约束性单方面的提及,而并没有对他思想前后变化的主要联系、变化的原因以及阐释思想的哲学观基础进行全面的阐述,更重要的是,没有看到艾柯阐释思想,尤其是阐释约束思想当中神秘主义思想的存在。

一、文本阐释的创造性

早在中世纪的阐释方法当中"文本阐释多样性"问题就曾涉猎,如对但丁的《神曲》的阐释就呈现多样性。到了17世纪的巴洛克艺术,"开放的作品"意识得到进一步加强,因为在那个时代,

16世纪占统治地位、表现为"静"的确定性遭到了否定,能动的、不确定的阐释倾向正在兴起,例如,美术史学家韦尔弗林批判了16世纪古典美术的封闭的形式,并根据"开放的形式"这一理念规定了17世纪的巴洛克美术。但艾柯认为,"开放的作品"意识明确化是出现在19世纪后半叶的象征主义中,他引用马拉美的话阐明了"开放的作品"的意识:"指明事物,那就丢掉了诗的四分之三的乐趣。诗的乐趣是由一点一点品味的幸福构成。即隐喻事物……,只有这样才富有想象。"①20世纪的诗学体现了"开放的作品"的意识,艾柯认为卡夫卡的作品具有典型的"开放的作品"意识,他指出,"关于卡夫卡的象征的存在主义、神学的、临床医学的、精神分析的、多样的解释,只不过是其作品可能展开的很少一部分。就是说,事实上,作品以其暧昧的特点,始终可以是无穷无尽地开放的"②。

总的说来,20世纪以来"开放的作品"研究多半从美学的角度来研究,即主要从读者接受或者说审美体验的角度出发。不同的是,艾柯的"开放的作品"理论中对阐释的创造性的研究则主要从符号学的角度出发。作为符号学理论的集大成者,艾柯的符号学理论实现了从索绪尔向皮尔士的过渡,最后完成自己独创的以理性、分析性、逻辑性见长的文化符号学理论。艾柯称自己的符号学理论是"关于谎言的理论",即不能用于谎言的不是符号,符号的世界首先是谎言的世界。用"无中生有"来形容艾柯的符号学理论很恰当,因为被认为是符号所指代的客体在现实上没有必要有确定的存在。正是从符号学的角度出发,艾柯综合了读者、符号过程和文化意义三个方面的研究,阐明了文本阐释多样性的

---

① 转引自筱原资明.埃柯——符号的时空[M].徐明岳等译.石家庄:河北教育出版社,2001:50.

② 转引自筱原资明.埃柯——符号的时空[M].徐明岳等译.石家庄:河北教育出版社,2001:50.

哲学基础,从而对文艺和美学现象进行更准确的说明。

(一)艾柯的符号学思想

艾柯的符号学理论博大精深,吸取了各派大家的理论精华,逻辑性、解释性和实用性很强,并且可以看到索绪尔的结构主义符号学、皮尔士的实用主义符号学、弗雷格的分析哲学等多种身影的汇集。艾柯之所以与罗兰·巴尔特并称为两位最伟大的符号学家,主要是因为艾柯统一了符号学中的术语。在艾柯的符号学处女作《缺席的结构》中,"符号学"这一术语采用的是semiotics,但是在其《符号学原理》一作中,他使用的是semiology,这反映了艾柯理论视角由索绪尔到皮尔士的转变。艾柯继承了索绪尔结构主义符号学的能指和所指的这一区分,即符号的表达和符号的内容,但是索绪尔认为符号只限于语言,是一种传达意图的人为手段。正是从这里,艾柯又转向了皮尔士,建立了一种广义的符号论。①

艾柯的符号学理论分为符号过程理论和文化意义理论。艾柯的符号过程理论从皮尔士的符号学中汲取了精华,并且找到了"开放的"符号论的源头。"解释项"和"试推法"是艾柯从皮尔士处借来的"催化剂",以使符号产生过程富于创造性、灵活性,所以它们成了艾柯符号过程理论的基本内容。

皮尔士把符号、对象和解释项看成是符号过程的三个主要因素。符号的对象相当于"某物";皮尔士是这样定义解释项的:"它(解释项)是以'代替'这一关系为媒介……一个习惯即一种未来在类似情境下以类似方式进行反应的倾向,而一个记号的最终解释项正是作为结果的这个习惯。"②虽然艾柯对皮尔士赞誉有加,

---

① 李幼蒸.结构与意义——人文科学跨学科认识论研究[M].北京:中国社会科学出版社,1996:246.

② 皮尔士.皮尔士文集[M].哈佛:哈佛大学出版社,1960:5.

但是对皮尔士的理论也不是不加批判的全盘接受。皮尔士的解释项所解释的客体必须存在,所以艾柯批评皮尔士对符号"三分法"体现出对指称对象的过分依赖。为此,艾柯的代码理论试图通过符号制造符号使即便现实并不存在的符号客体、符号的意义也得以确保。艾柯认为皮尔士对指称对象的依赖究其原因,是对解释项的定位过于生硬,因为他的解释项必须有一个软着陆点——实体的存在。所以,与皮尔士相比较,艾柯对解释项的功能性定位丰富广泛得多,解释项具有记号、指号、定义、情绪联想(引申意指)和直接意指等多种功用,并且可以超越符号内的规则,说明、展开和解释任意符号。简而言之,如果要明确所谓符号的解释项是什么,只有用另外的符号指明之。这是源于他的"符号学理论是用来说谎的理论"的提法,因此不存在的客体也可以进行解释。并且,这个符号还要通过另外的符号来指明,这样一直持续下去,无穷的符号过程就是这样开始的。解释项概念也由此成为艾柯文化符号世界中无限丰富的引申意义现象的基础。

　　解释项的无限符号过程遵循的是试推法。皮尔士的试推法是一种后验性的推论逻辑,一种猜测性归纳法,"其推论过程呈片断性和多角度,所涉及的对象往往是一事件过程而非单一体"[①]。皮尔士把试推法看作与演绎法、归纳法、假定法和假设法等相同的对举项,其大意为"形成一般预测的科学方法"[②],因此均被归入广义逻辑学的范围。但是,艾柯把试推法创造性地纳入了符号学,并且强调了试推法与演绎法、归纳法的不同。如果说皮尔士把他眼中的试推法归入逻辑学的范围是一种过于宽泛、近似勉强的做法的话,那么艾柯的试推法已经不能归入逻辑学的范围,充

[①] 李幼蒸.结构与意义——人文科学跨学科认识论研究[M].北京:中国社会科学出版社,1996:537.

[②] 李幼蒸.结构与意义——人文科学跨学科认识论研究[M].北京:中国社会科学出版社,1996:535.

其量是一种准逻辑,因为艾柯强调的"试推法阐释学"是其记号因果性观念的一部分,所谓因果性意指关系不过是按结果模式加以约定的结果,因此艾柯的试推法"依靠的是文化约定,是对意指规则系统的试探性和冒险性的追溯,此系统使符号获得意义"①。虽然艾柯赋予符号的解释项和试推法以逻辑的外衣,但仍旧是像踪迹一样处于无限变动中。这两个动力性观念为文本阐释提供了无限的可能性。

艾柯的反指称论思想源于分析哲学家弗雷格的含义和指称思想。1892年弗雷格发表的《意义与指称》一文被视为意义理论发展中的里程碑,对语言哲学的发展产生了深远的影响。一个常被引用的阐述二者区别的例子就是"启明星"和"长庚星"。启明星和长庚星指同一颗行星——金星,但启明星和长庚星的意义不同,一个是晨星,一个是暮星,所以弗雷格的结论是:启明星和长庚星指称相同,而意义不同。② 但是弗雷格的含义与指称思想植根于他的逻辑主义思想,并没有指出指称相同而含义不同是由什么决定的,而艾柯的贡献在于指出意义是文化规约的产物,如瓦特·司各特和《伊凡荷》的作者这两个表达式虽有同一所指客体却有两个含义,而这个含义与文化规约系统相关。③ 因此,艾柯重点考察的是文化世界的形式结构和文化内容,而意义的真伪性与客体的存在与否无关;他强调的是意义指向客体的过程,而不是所指客体,这本身是由文化所决定的,因为他认为即使表达涉及客体,它也并不指示客体,而是传达一种文化内容。这一思想特征又有了后期维特根斯坦哲学的意味。后期维特根斯坦哲学

---

① 李幼蒸.结构与意义——人文科学跨学科认识论研究[M].北京:中国社会科学出版社,1996:536.
② 陈嘉映.语言哲学[M].北京:北京大学出版社,2003:84.
③ Umberto Eco. *A Theory of Semiotics* [M]. Bloomington: Indiana University,1976:61.

理解的意义无须考察事实性真伪,而只研究信息可被交流和理解的条件。如有人说"我牙疼了",你不需要有说者的真实体验,也不需要考察说者是否真的牙疼,只需明白"我牙疼了"这一表述的意义就已经达到交流的目的。

总而言之,艾柯的综合主义的文化语义观与纯化主义的语义观是不一样的。纯化主义的语义观认为语义问题完全可以在语汇内解决,不必涉及说话人的动机、信息传递的情境和有关语境因素,而艾柯的"百科全书式"语义研究方向是语用学方向的,侧重语言以外的世界知识领域。

(二)艾柯的文化意义理论

符号学思想的文化意味还体现在他的文化意义理论中,这也造就了艾柯的创造性阐释观。正如艾柯所说的那样,各个时代或者各个文化圈的人们都分别生活在"百科全书式"的意义世界中,艾柯的文化符号学理论描绘了一个错综复杂、"百科全书式"的意义世界。艾柯符号学理论的语义分析突破了传统上仅仅分析语言结构规则的樊篱,建立在文化意义理论的语用学基础上,"把文本结构看作是由不同代码构成的。文本的信息是由不同层次的信息组成的网络,各依存于不同的代码,在不同意指层次上起作用"[①]。艾柯把整个文化体系比喻成一个由众多相互牵扯的弹子组成的箱子,艾柯形象地称这种"牵扯关系"为"磁化"。在这个被"磁化"的意义世界中,意义是由社会习惯规定的暂时状态,是在文化体系中代码差别的体现,这个意义世界犹如"百科全书"式的复杂。

"百科全书式"与"字典式"的意义世界是相对的。"字典式"

[①] 李幼蒸.结构与意义——人文科学跨学科认识论研究[M].北京:中国社会科学出版社,1996:442.

的意义世界是意义的结晶体,有着极强的组织结构的意义空间模式,没有任何延伸和牵扯的空间;与此相反,"百科全书式"的意义世界结构较为松散,具有以下特征:这个世界无所谓外部和内部,在这个世界里,由于解释项和试推法的灵活运动方式,一个结节点不仅通过另外单一的结节点和单一的方式结合,而且通过另外的方式结合,通过另外的方式与其他的结节点结合,这种类型是无中心的网状。艾柯构筑的这个文化意义世界,与传统的"一对一"的线性意义世界有着显著的不同。在艾柯的文化意义世界中,符号获得近似"盲目"生长的动力,松散的规则使意义成倍的繁殖。艾柯认为,"百科全书"式的意义世界更加真实地反映了意义世界的面貌,"在相对于意义的历史性变化而言,它是灵活的、明显有对立、矛盾和多义的重复印记这一点上,可以说更符合它的实际情况"[①]。

(三)艾柯眼中的读者

符号是针对读者而言的,毋庸置疑,读者在艾柯阐释创造性思想中享有相当重要的地位。上个世纪60年代中期,艾柯的"开放的作品"的观念与列维斯特劳斯为首的结构主义"文本自足论"发生了激烈的碰撞。"开放的作品"这一思想的提出对企图抽出文本最深层结构的结构主义来说无疑是个巨大的挑战,他们拒斥艾柯"激进"的观点并且提出:文本从诞生之日起就有了其固定的性质和结构,从而也具有了确定的意义。艾柯针锋相对地指出:作品的结构不能框定文本的意义,读者在阐释中有着不可替代的重要作用。让我们以下面这一则新闻来阐明艾柯的这一观点:

英国警方10日称近日挫败一起企图炸毁飞机的阴谋,并在

[①] 筱原资明.艾柯——符号的时空[M].徐明岳等译.石家庄:河北教育出版社,2001:89.

第三章 创造与约束:开放有界的文本阐释观及其评价

伦敦逮捕了数名涉嫌策划爆炸事件的恐怖分子。据英国《卫报》报道,恐怖分子试图在10架英国航班上安装炸弹。英国内政大臣约翰·里德表示,恐怖分子的上述行动如果得逞的话,可能造成平民"史无前例"的伤亡。英国警方相信,恐怖分子计划在手提行礼中藏入炸弹,将爆炸装置偷偷运上飞机,然后在这些航班上同时启动爆炸。目前,英国警方已经逮捕了21名涉嫌参与恐怖袭击者。①

在这则新闻当中,不同的经验读者在阐释中可能冻结或放大的新闻点是不一样的。英国政府可能会为这一次反恐成功而大为得意,而恐怖组织则会为这次反恐的失败大为火光;英国政府关注的新闻点是如何挫败恐怖组织的阴谋,而一般的英国公民关注的新闻点是伤亡人数多少……由于读者的主体经验各异、关注的焦点不一样、投入的情感不一样等等,这都给文本的多样性解读带来了契机。读者是文本意义生成的最后也是最为积极的一环,所以,读者的创造性解读是不可缺少的,也因此就成了意义专制主义的掘墓人。

如上所述,由于符号过程的动态化加之"百科全书"式的意义世界的繁复和阐释主体的不同,阐释成了一种探索性行为,这就使阐释有了不确定性,而正是由于这种不确定性,阐释的创造性和创造性的阐释才是可能的。

二、文本阐释的约束性

艾柯曾经写道:

> 一九六二年,我写了《开放的作品》(Operaaperta)一书。在书中,我肯定了诠释者在解读文学本文时所起的积极作

---

① http://post.baidu.com/f? kz=122461967.

用。我发现读者们在阅读这本书时,注意力主要集中在作品所具有的开放性这一方面,而忽视了下面这个事实:我所提倡的开放性阅读必须从作品本文出发(其目的是对作品进行诠释),因此它会受到本文的制约。换言之,我所研究的实际上是本文的权利与诠释者的权利之间的辩证关系。[①]

为此,艾柯在"阐释与过度阐释"论辩当中力争这样一个事实:文本阐释是受到约束的,文本的意义不应无休止地漂流、不尽地繁衍。艾柯说道:

> 从"无限衍义"这一观念并不能得出诠释没有标准的结论。说诠释("衍义"的基本特征)潜在地、是无限的并不意味着诠释没有一个客观的对象,并不意味着它可以像流水一样毫无约束地任意"蔓延"。说一个文本潜在地没有结尾并不意味着每一诠释行为都可能得到一个令人满意的结果。[②]

艾柯的辩论立场主要是出自于对过于泛滥的文本阐释现象的一种担心,试图对文本阐释的范围进行限定和说明,以证明存在着超出人们可以接受的范围的妄想狂式过度阐释。艾柯指出:

> 清醒而合理的诠释与妄想狂式的诠释之间的区别正在于,是否能够觉得时间副词"同时"与名词"鳄鱼"之间关系的微不足道,清醒的诠释者最多只注意到这两个词会奇怪地出现在同一个句子中,而妄想狂式的诠释者是那些总是设法引导我们将这两个特定的词硬扯到一块的隐秘动机进行胡思

[①] 艾柯等.诠释与过度诠释[M].王宇根译.北京:生活、读书、新知三联书店,1997:28.

[②] 艾柯等.诠释与过度诠释[M].王宇根译.北京:生活、读书、新知三联书店,1997:28.

乱想的人。①

在谈到阐释的限度时,艾柯又说道:

当两个语言术语具有一个或多个共同的语义特征时,我们就可以用喻辞去代替喻旨。当我们这样做时,便产生了一个隐喻:我们可以把阿基里斯比作一头狮子,因为二者都非常勇猛;但是如果我们因为他与鸭子都拥有两只脚而将他比作一只鸭子的话,大家是肯定是不会接受的……这个经典性的争论面临这样一个两难:要么试图在文本中发现作者想说出的东西,要么试图发现文本独立表达出来的、与作者意图无关的东西。只有接受了后一种观点之后,我们才可以进一步去追问:根据文本的连贯性及其原初意义生成系统来判断,我们在文本中所发现的东西是否就是文本所要表达的东西;或者说,我们所发现的东西是否就是文本的接受者根据其自身的期待视野而发现的东西。②

在艾柯眼中,"作者意图"、"标准读者"和"文本意图"都会为文本阐释给予一定的限制,把文本阐释圈定在一定的限度之内。

(一)艾柯眼中的经验作者意图

艾柯把"作者意图"看作是文本阐释的约束因素之一似乎颇为过时。艾柯在论辩中提出这样一个问题:

如果仍然在世的经验作者对其书面文本的某些阐释作出的反应是"不,我不是这个意思",那么我们还能接受这些阐释吗?在阐释他自己创作的作品时,经验作者是否享有特

---

① 艾柯等.诠释与过度诠释[M].王宇根译.北京:生活、读书、新知三联书店,1997:57.

② Umberto Eco et al., *Interpretation and Overinterpretation* [C], ed. Stefan Collini. Cambridge:Cambridge University Press,1992,pp. 63~64.

权呢?①

艾柯的回答是:经验作者的特权仅限于他有权排除某些阐释。② 不仅如此,艾柯又指出:

> 毕竟在有些情况下经验作者的在场会起到非常重要的作用。这并不是为了更好地理解作品本身,而是为了理解作品的创作过程。理解作品创作的过程也就是理解作品是如何由一些偶然的选择所构成,同时又是如何由某些无意识的动机所产生的。理解'文本策略'——作为呈现于标准读者面前的语言客体(因而也就能脱离经验作者的意图而独自存在)——与这种'文本策略'的生成过程之间的区别是很重要的。③

艾柯勇敢而有技巧地肯定了"作者意图"在文本阐释中的地位:经验作者必须被授予某种特权,将某些阐释摒弃在"合法阐释"之外。④ 虽然艾柯否定了经验作者在文本阐释当中的决定性作用,但是他却肯定了经验作者在创作过程上可以给予一定的发言权。艾柯解释道:"毕竟是作者向演奏者、解释者、听众提供了一部有待完成的作品"⑤,他为文本提出许多可能性的人,虽然这些不是所有的可能性,但是这些可能性已被合理地组织、定向和赋予可供正当展开的诸种规定性。而且,某些阐释正是作者"所期望的、激发的,并在其预先限定的范围之内,或者更明确地说,

---

① 艾柯等.诠释与过度诠释[M].王宇根译.北京:生活、读书、新知三联书店,1997:12.

② 艾柯等.诠释与过度诠释[M].王宇根译.北京:生活、读书、新知三联书店,1997:12.

③ Umberto Eco et al., *Interpretation and Overinterpretation* [C], ed. Stefan Collini. Cambridge:Cambridge University Press,1992,pp.84~85.

④ 林斌.文本"过度阐释"及其历史语境分析——从伤心咖啡馆之歌的"反犹倾向"谈起[J].四川外语学院学报,2004(4).

⑤ 艾柯.开放的作品[M].刘儒庭译.北京:新星出版社,2005:24.

第三章 创造与约束:开放有界的文本阐释观及其评价

是在作者发动起来的美学机器预先限定的范围之内。这架机器并不是无视观众反应的个人反应能力,而是把这种能力看作自己生存和成功的前提条件,从而指引这种能力,操控这种能力"[1]。从这一点来说,这既是经验作者意图给文本带来创造性的一面,也是给文本带来制约的一面。对于"开放的作品"的特例"运动中的作品",由于经验作者有主动开放的要求,作者正是给予作品阐释无限权力的操纵者,但是作品永远也逃脱不了作者是作品的母体的关系。对此,艾柯有一段再也精彩不过的论述:

> 根据运动中的作品这种理论,这样的作者完全可以放心地写作,因为他可以让人自由地演绎他的作品,因为其作品的结局也可以是不确定的,是可以摆脱选择而显现出来连续的突然性,但是,这种作品开放的可能是在关系场之内的可能。像在爱因斯坦的宇宙中一样,在运动中的作品中,否认只存在一种优先于其他经历的突出经历并不会造成关系混乱,而是包含着可以将关系有序地组织起来的规则。总之,运动中的作品是有可能使个人干预多样化,而不是单一的干预,容许自由地进入一个世界,但这个世界永远是作者想要的那个世界。总之,作者向欣赏者提供的是一种有待完成的作品:他并不确切地知道他的作品将会以哪种方式完成,但他知道,作品完成后将依然是他的作品,而不是另一部别的作品。[2]

此外,在《读者的作用》这部著作中,艾柯还提到了作者是如何把自己的意图撒播到文本中的。艾柯认为经验作者的意图主要是通过预想一个标准读者而铺开的,即作者在创作作品时,把假定的标准读者当作作者结构策略的一个组成部分,作者必须假定他所

---

[1] 艾柯.开放的作品[M].刘儒庭译.北京:新星出版社,2005:48.
[2] 艾柯.开放的作品[M].刘儒庭译.北京:新星出版社,2005:24.

依赖的全部代码与其可能的读者的代码一样。每一文本类型均选择一个可能的读者的一般模型,其方式是选择出:一个特定的语言代码、一定的文学风格、特殊规定的诸标志等等。① 这些由作者发动的文本策略在一定程度上也引导了读者的阐释方向。

(二)艾柯的标准读者和文本意图

虽然艾柯肯定了经验作者意图对文本阐释的约束所在,但是他也不得不承认"经验作者的私人生活在某种程度上说比作品文本更难以追寻"②。在艾柯看来,除了"作者意图"这个不太重要的约束因素外,一定还存在着某种更为重要的约束因素。

艾柯在《读者的作用》这一著作中提出"标准读者"这个概念,目的是区别于经验读者,其大意为原著所想定的读者,是作者假想"与他共享相同代码的一群可能性的读者"③。他这样写道:

> 文本被创造出来的目的是产生其"标准的读者"。我所说的这种标准读者并不是那种能作出"唯一正确"猜测的读者。隐含在文本中的标准读者能够进行各种各样的猜测。"经验读者"只是一个演员,他可以对文本所暗含的标准读者的类型进行推测。既然文本的意图主要是产生一个标准读者以对其自身进行推测,那么标准读者的能动作用就在于,他能够勾勒出一个标准的作者,此标准作者并非经验作者,它最终与文本的意图相吻合。因此,文本就不只是一个用以判断之阐释合法性的工具,而是阐释在论证自己合法性的过

---

① 李幼蒸.结构与意义——人文科学跨学科认识论研究[M].北京:中国社会科学出版社,1996:442.
② 李幼蒸.结构与意义——人文科学跨学科认识论研究[M].北京:中国社会科学出版社,1996:442.
③ Eco Umberto. *The Role of the Reader:Explorations in the Semiotics of Texts*[M]. Bloomington:Indiana University Press,1984:7.

第三章　创造与约束：开放有界的文本阐释观及其评价

程中逐渐建立起来的一个客体。这是一个循环的过程：被证明的东西已经成为证明的前提。①

标准读者只是艾柯的一个理论设定，是经验读者"按照文本应该阅读的方式去阅读"的理想参照模型，是对读者阐释主动性的一个制约，但艾柯并没有对标准读者进行明确的规定。

艾柯的"标准读者"概念是针对解构主义激进的阅读理论而提出的。解构主义试图在文本与读者之间寻找某种辩证关系，但是标准读者在阅读活动中具有怎样的规定性这一问题，在艾柯的论述中仍然缺乏明确的规定；加之，艾柯当时把研究的重心放在读者对文本阐释的创造性研究上，所以在某种程度上，他的标准读者概念当时只是某种理论设定。

在此后的丹纳讲座上，艾柯提出了文本意图这一概念。由于"文本中作者'潜意识'甚至'集体/个体无意识'的自然流露、阅读中读者主体意识的自由介入分别对作者意图和读者意向构成了干扰因素，而文本的稳定状态决定了文本意图的可靠性，使之成为给作品定性的唯一标准"②。可以看出，文本意图是文本本身所隐含的意图，是"根据文本的连贯性及其原初意义生成系统来判断，我们所发现的东西是否就是文本接受者根据自身的期待系统而发现的东西"③。文本意图既不同于前文本的作者意图，也不同于结构主义的文本深层结构，更不同于众口难调的读者意图，它是艾柯对标准读者概念的一个补丁。艾柯此时较为明确地指出了标准读者是对文本意图进行正确揣测的读者，是能够以

---

① Umberto Eco et al., *Interpretation and Overinterpretation* [C]. Cambridge：Cambridge University Press, 1992：64.

② 林斌. 文本"过度阐释"及其历史语境分析——从伤心咖啡馆之歌的"反犹倾向"谈起[J]. 四川外语学院学报, 2004(4).

③ 艾柯等. 诠释与过度诠释[M]. 王宇根译. 北京：生活、读书、新知三联书店, 1997：77.

"文本应该被阅读的方式去阅读文本"①的读者。可见,艾柯以更明确的方式提出了文本阐释的约束。

在艾柯看来"以文本应该阅读的方式去阅读文本"的体现之一就是对文化历史语境的参照,这是文本意图的一部分。虽然《开放的作品》是艾柯的第一阶段的作品,这一阶段主要突出了艾柯阐释思想中开放的一面,但是对这部作品进行评论的雷纳托·巴里利却曲折地看到了艾柯文本思想里光辉的另一面,即阐释不是毫无约束的自由之物,文化语境是阐释的参照物,这一点始终流淌在他思想的血液里。雷纳托·巴里利指出,"艾柯受到这样一种方法的影响……这种方法将其全部注意力集中在形式、材料的组织方式、结构模式和使材料具有秩序的方式上"②。

而且,艾柯在《诠释和过度诠释》中指出"阐释文本"与"使用文本"之间的区别时认为,虽然可以根据各种不同的目的,如戏仿,自由地根据不同的文化参照系统"使用"华兹华斯的诗歌文本,但倘若要"阐释"华兹华斯的诗歌文本,就必须尊重他那个时代的语言背景。例如,关于"a poet could not but be gay"中"gay"这个词的理解,敏锐而有责任心的读者并没有去猜测华兹华斯在写这句话时头脑中到底正在想些什么的义务,但他却有责任考虑华兹华斯时代语言系统的基本状况。在那个时代,gay 这个词还没有任何"性"的内涵。"承认这一点意味着认同从作品与其社会文化语境相互作用的角度去对作品进行分析。"③

文化语境限定阐释的范围是大部分的理论家公认的一个标准,这个标准是十分宽泛的,那么文本意图在具体的阐释中有着

---

① 艾柯等.诠释与过度诠释[M].王宇根译.北京:生活、读书、新知三联书店,1997:12.

② 艾柯.开放的作品[M].刘儒庭译.北京:新星出版社,2005:9.

③ 艾柯等.诠释与过度诠释[M].王宇根译.北京:生活、读书、新知三联书店,1997:83.

其他怎样的约束作用,艾柯并没有告诉我们。其实,艾柯认为文本意图的获得,只是通过"以文本应该被阅读的方式",这一认知方式还是很模糊的,因为任何人也不能断定自己掌握某种"恰如其分"的阐释。

艾柯为了给文本阐释设限提出文本意图之说,即根据文本的连贯性及其原初意义的生成系统来判断,从而在文本中发现文本所要表达的东西。艾柯的文本意图犹如"隔靴搔痒",他未能明确地描述文本意图,或者文本意图本身就是不能被描述的。但是艾柯并没有明确解决的一个最为根本的问题就是文本意图是如何获得的。这是认识论的问题。这一问题没有解决,随之而来的一个来自对方最为迅速的反驳就是:如果按照艾柯所说的,文本应该"按照文本应该被阅读的方式去阅读",则人人都可以声称自己按照了原文应该阅读的方式去阅读,人人声称自己发现了文本意图,成了标准读者。于是悖论产生了:个个是文本意图,就不存在文本意图;人人是标准读者,就无所谓标准读者。文本意图也好,标准读者也好,艾柯并没有对此作具体的说明,都是在阐释过程中的一个理想的模型和理论设定。对于艾柯来说,正是在文本意图、标准读者甚至还有标准作者的鼓舞下,阐释不是无水之源,无本之木了。为了防止意义过度,文本意图和标准读者就成了阐释当中读者应当孜孜以求的终极目标,在这一点上艾柯的文本意图有了"类神秘主义"的意味。

艾柯的文本意图虽然突破了作者意图的客观主义和读者意图的主观主义弊端,并且意识到文本意图存在于文本之内并是由语言共同体决定的,但是他并没有注意到文本意图只有阐释之中当下建构的,所以他的文本意图也只能是先于文本的固定的意义,从这一点来说,文本意图作为文本阐释的约束也具有本质主义的倾向。

三、艾柯与海德格尔阐释观之比较

大致说来,阐释学思想主要沿着两条相反的路径发展,可以分为理性主义阐释学派与非理性主义阐释学派,这两个学派的思想分歧集中表现在阐释是约束还是创造的二元对立之上。自上个世纪 40 年代以来,许多当代阐释学家都致力于消除这种二元对立。如海德格尔首次提出了"前理解结构":每一个阐释者都是带着时代烙印进入文本世界的,正是这一历史印记才使得阐释得以可能。为此,阐释并非一成不变的,而是因人而异的。在一个阐释约束性备受推崇的年代,这一概念的提出足以说明阐释不可能是一个只有约束的过程,而是一个既有约束又有创造的过程,这使海德格尔成为消解传统"二元对立"阐释观的划时代者。而时隔半个世纪,阐释学的发展似乎走向了历史的另一个极端,尤其是在后现代思想充斥的当代,阐释的创造性发挥到了极致。为此,艾柯于 1991 年在主题为"阐释与过度阐释"的辩论中提出阐释虽然是开放的,但也是有限度的,而非无限衍义,这一观点引起了学术界长时间的关注和讨论。

海德格尔与艾柯同为现当代伟大的阐释学家,尽管二者处于不同的历史时期,哲学观基础迥异,但二者皆为消解阐释思想中"二元对立"的关键人物,但在消除创造与约束的二元对立努力的方向上大相径庭。在二者的阐释学观点上,一个强调了阐释的创造性,而另一个则强调了阐释的约束性,似乎并无交集之处。海德格尔从存在主义阐释学角度论述了在世之在,从现象学角度去探讨艺术作品中的真理显现;艾柯则主要从符号学角度强调了文本阐释的创造性和约束性。然而,虽然二者的阐释学思想貌似异质,但是却有一定程度的同质性,即艾柯与海德格尔研究的目的和面临的局面却是相同的——皆为消解阐释中的二元对立,提倡阐释是既有约束又有创造的。他们在对阐释的创造性与约束性上有交集之处,即生活世界与文化世界是阐释创造性的根本原因;存在与文本意图体现了阐释的约束性。但是二者的阐释学却均未摆脱神秘主义的影响,未从根本上解决创造与约束的二元对立问题。因此,通过将二者的阐释哲学思想加以细致比较,了解二者在阐释的创造与约束思想上的共识与差异,能更加深刻地理解二者的阐释哲学观,把握阐释的意义与界限。通过对二者的阐释观的比较研究,由点及面,在此基础上探讨存在主义阐释学、现象学阐释学及结构主义符号学之间的区别与联系,从而对传统西方阐释学与西文现代阐释学的这一重要思想的形态与发展有更为全面的了解。

(一)阐释的创造性:生活世界与文化世界

如何阐释?阐释是否有界限?海德格尔要回答的是传统阐释学所面临的根本问题,即阐释的创造性与约束性问题,或者说是所谓的阐释的主观性与客观性、阐释的趋同性与创造性以及意义的多元性与确定性的"解释学冲突"难题。在海德格尔以前的阐释学思想中,由于受阐释学自身历史及自然科学的影响,强调的是阐释的客观性与确定性,否认阐释主体的创造性与能动性。而海德格尔继受以胡塞尔的现象学和狄尔泰的生命哲学为哲学基础的阐释学,从现象学的视角出发,从生活世界与此在的关系的基础上论证了阐释的创造性。

"此在"被海德格尔认为是阐释创造性的来源与本基。什么是此在呢?通俗地说,此在就是作为特殊的存在者的人。此在的特殊性表现在此在是其本身的意义和一切其他存在者意义通达的窗口。同时,此在表明了此时此地在世、自我显现等意思。[1]

---

[1] 郑涌.批判哲学与解释学[M].北京:中国社会科学出版社,1993:149.

海德格尔认为,此在以及其他的存在者皆为在世之在。此在和其他的存在者的意义并不是像胡塞尔所认为的那样,是通过先验主观性的构成性自我展露而进入先验主观性的,而是在此在的理解活动中被设置,即只有通过此在的理解活动,此在和其他存在者的意义才可通达,此在和其他存在者才真正存在。正是在这里,海德格尔的存在主义阐释学开启了本体论阐释学的维度。海德格尔的本体论阐释学认为理解是人的根本活动,理解不只是个认识论的问题,更是个本体论的问题——只要此在存在着,此在总是理解着,此在以理解的方式存在着。

海德格尔进一步认为,理解是意向性的。意向性结构不是像胡塞尔认为的那样是纯粹意识的结构,而是源于人的生存和生活结构,也就是说理解作为此在的本体活动是来源于人的生活世界。为此,海德格尔提出,此在永远是在世之在,"在世之在的事实性是比人类意识和人类知识更为根本的东西"[①]。这是因为"人们关注的以及如何关注的事物,从根本上说,是与他的生活和生存方式相关的事物。人的生活或生存状态是一切意义和形式的唯一的、最终的来源"[②]。不难看出,在世之在是一种一元性的关联,不同于一个存在者在另一个存在者之中的空间性关联,如水在杯子之中,衣服在柜子之中等等,正如海德格尔所说:"'在之中'不意味着现成的东西在空间上'一个在一个之中';就原始的意义而论,'之中'也根本不意味着上述方式的空间关系。……等于是在说,我居住于世界,我把世界作为如此这般熟悉之所而依寓之。"[③]

[①] 洪汉鼎.诠释学历史与当代发展[M].北京:人民出版社,2001:187-188.
[②] 章启群.意义本体论——哲学阐释学[M].上海:上海译文出版社,2001:27.
[③] 海德格尔.存在与时间[M].孙周兴译.北京:生活、读书、新知三联书店,1987:67.

总之,此在的根本活动是理解活动,这一活动植根于生活世界,换句话说,人们的一切理解现象以及一切意义的发生,都是根源于人的生活的。相反,此在的纯粹化、孤立化是不可能的,毕竟任何先验的自我、绝对精神等都预设了主体的存在,因为任何精神上的"绝对"理念都是以现实生活世界中的存在经历为理解前提的,所以此在的在世之在是更为原始性的存在,此在的根本活动——理解活动是根源于生活世界的。因此,正由于生活世界的多样性,从而也决定了阐释的多样性,决定了阐释主体在阐释活动中的创造性与能动性。

的确,作为此在的根本活动——文本的意义,并不是束之于高高精神殿堂之上的,而是来源于生活世界的,更确切地说,是来自于人们生活的文化世界。正像结构主义文化符号学的代表人物艾柯所持有的观点认为的那样,不拘一格、异类杂陈、兼收并蓄的文化世界才是文本意义的真正根源。上个世纪60年代,艾柯对以列维·斯特劳斯为首的结构主义的"固定文本观"发难,指出文本的信息是一个由不同层次信息组成的网络,各依存于不同的文化代码,在不同意指层次上起作用。[1] 为此,文本意义不可能是固定的、一成不变的,而是不断向外、向主体敞开、开放的,因而文本的阐释也必然体现着阐释的主体性,具有创造性的可能。

艾柯这一观点主要源于他的结构主义文化符号学观。虽然被称为与罗兰·巴特尔齐名的最伟大的结构主义文化符号学家之一,但是艾柯与结构主义的"文本之外无他物"的文本观还是相去甚远。自1964年罗兰·巴特尔的《符号学美学》一书发表以来,结构主义语言学和符号学得以扩展,引起了大部分人文科学中观察问题角度的深刻变化。首先,从这一角度出发,观察事物

---

[1] 李幼蒸.理论符号学导论[M].北京:中国社会科学出版社,1993:441-443.

就再也不是收集可以试验印证的资料问题,而是意味着把一切表达形式都看成是符号,而这些符号的意义取决于惯例、关系和系统,而不取决于任何内在的特性。① 其次,罗兰·巴特尔明确地指出,语言与文化一样,总是由符号组成的,其结构和组织形式与文化本身的结构和组织形式是一样的。为此,文本与任何其他形式的社会和文化活动一样,可以用符号学的原理来进行分析。艾柯作为结构主义文化符号学的代表人物之一,充分地享有这一观点。艾柯把整个文化世界看成是一个差异的符号世界,而语言与这一世界是同构的。为此,文本阐释必然与整个的文化世界是休戚相关的,或者说,文化世界是文本意义的来源。

除了对罗兰·巴特尔符号学的注重和借重之外,艾柯构筑和发展了自己的结构主义文化符号学理论王国。罗兰·巴特尔把工作的重点放在梳理结构主义文化符号学的各流派观点不同之上,艾柯则把研究的重点放在了符号的引申义上,这就意味着他的结构主义文化符号学把研究重点放在外部文化世界,而不是封闭的内部符号系统。确切地说,艾柯的结构主义文化符号学思想可以被称作文化惯约语义论,因为它强调了文化代码对语词意义的支配性,也就是说,一切符号包括语言符号的意义,都应归之于文化世界惯约。因此,语义的分析问题不得不越出语言的内部范围,诉诸文化环境。语词意义只是一种"文化单元",确定此文化单元的语义环境和系统是离不开社会文化本身的,例如记号载体"狗"的内容是某一意素"狗",它与某一文化语义学系统中的其他意素对立,正是在不同的文化语义系统中与不同的意素对立,记号"狗"意义得到相对确定,这些外部文化系统可以是动物系统,可以是生命系统,还可以是哺乳类系统,这就使语词意义确定问

---

① 巴尔特.符号学美学[M].董学文译.沈阳:辽宁人民出版社,1987:3.

题与外部文化世界相联系。① 记号的语义就是由这些位置构成的,艾柯称此为"百科全书式"的语义分析法,因为记号的意素单元是在整个文化世界中得到相对确定,这个文化世界是通过代码对某一记号进行多层次、多系统磁化、定位的。

在以上的论述中,可以看出艾柯强调整个文化世界为文本意义的动力因,文本意义是外部世界投射的结果。比较而言,虽然海德格尔与艾柯的哲学观基础不一样,但是在文本意义的本源和原动力等问题上持有类似的观点,即人类生活的外部文化世界是文本意义的根源。正像艾柯一样,海德格尔认为对文本阐释是此在在世之在的结果:此在及其他存在物者的意义是在此在的本体活动——理解活动中展现的,而这一活动根源于此在的文化生活世界。

(二)阐释的约束性:存在与文本意图

读者在阐释中的作用不能够被过度强调,阐释的约束性与边界性是不容忽视的,否则阐释中读者的主观能动性会被无限放大,甚至把阐释看成是读者独立的行为,以至于武断地认为文本是无依无傍的。把阐释的决策权交给读者,文本阐释的约束等于陷入虚无。"想怎么阐释都行"这一主观臆断的阐释行为与作者意图论者的独断专行相比有过之而无不及。实际上,阐释是有约束性的,也就是说阐释是有界限的,这种界限在海德格尔那里是"存在",在艾柯那里则是"文本意图"。

虽然海德格尔认为生活世界的多样性决定了阐释的创造性,但他同时也认为阐释是具有结构性与边界性的。什么决定了阐释的边界呢?海德格尔认为就是"存在"。前期的海德格尔主要研究此在的活动,后期的海德格尔转移了研究的重心。1936年,

---

① 李幼蒸.理论符号学导论[M].北京:中国社会科学出版社,1993:304.

海德格尔作了一个关于艺术作品起源的学术报告,从对人的生存的研究转向了对艺术作品的研究,提出作品的意义和真理就是在作品中展现的"存在"。① 存在是海德格尔哲学思想中的关键词。海德格尔认为,以往的形而上学更多关注的是存在者,而非存在。那存在是什么?海德格尔在《存在与时间》中指出:"存在问题不仅尚无答案,而且甚至这个问题本身还是模糊和没有方向的。"② 正像老子的"道可道,非常道"中的"道"一样,存在本身是不可说明的。存在是最一般的、不可定义的自明性定义。那么,存在栖居何处?海德格尔提出:语言是存在之家——存在居住于语词之中。

既然存在栖居在语词之中,存在又是不可定义的,那么存在如何在语词中显现呢?海德格尔从词源学上探究了"现象学"的哲学意蕴。"现象"就是"显示自身的东西,显现的东西或开启的东西";"逻各斯"在希腊文中本有多种意义,如理性、语言、规律等,海德格尔认为,"逻各斯"最重要的意义是语言活动。"逻各斯"作为讲话或言谈,其意义就是把讲话或言谈中所涉及的东西公布出来或昭示出来。因此,由"现象"和"逻各斯"所组成的"现象学"一词的意思就是让人从言谈中看到事物如其所是那样显示自身,昭示自身——言谈使真理得以被揭示。正如"农夫的鞋"这幅油画通过此在的欣赏活动才能向外部世界无限地敞开,否则它只是一双鞋,因此,每一部作品的存在是通过此在的理解活动而不断被揭示其本真状态,从而进入无蔽的敞开状态。同时,海德格尔指出,存在是存在物有限度的原因,因为存在是存在物相区别的根本原因。因此,阐释是存在的阐释。

---

① 郑涌. 批判哲学与解释学[M]. 北京:中国社会科学出版社,1993:142-143.

② 海德格尔. 存在与时间[M]. 孙周兴译. 北京:生活、读书、新知三联书店,1987:34.

第三章 创造与约束:开放有界的文本阐释观及其评价

艾柯认为阐释的边界在于"文本意图"。虽然艾柯没有像海德格尔一样把艺术作品存在的显现和探寻看作是林中路,但是他做了一个类似的比喻,把对作品的阐释看作是"悠游丛林",而把作品独一无二的存在作为文本意图。丛林是艾柯对叙事性文本的一个隐喻。艾柯对文本的丛林有着这样的解释:丛林是小径分岔的花园。即使其中没有一条是已经被人走出来的大路,每个人也可以按照自己的步子前进,可以自己决定是走树的左边还是右边,并且每次碰到树的时候,都拥有作出决定的自由。① 同样,在文本的丛林里,读者有着自己的阐释。在一些先锋派作者"恶意"编制的"文本丛林"里,往往打破读者的平常期待,读者有时很难逃出来;也有一些读者根本不想走出这个丛林,因为他们想尽情地在文本的丛林里畅游。

艾柯本人正是这样一位丛林的编制者。在其成名作《玫瑰之名》中,与其说是一部悬念迭起的侦探小说,不如说是一个充满张力的知识游戏丛林,因为在这篇小说里,被选择的读者在这里尽情地畅游,是需要一定智慧的。这不仅不是一部马上就能够读完的小说,而且还需要具有符号学、历史学、宗教、版本学、文艺学、自然科学等方面知识才能阅读下去,否则,即使读者筋疲力尽也不一定能够走出这个丛林。

诚然,在文本的丛林里,读者可以畅游——作出各种各样的,甚至是怪诞的阐释,因为"经验读者可以从任何角度去阅读,没有条例能规定他们怎么读,他们通常都拿文本作容器来储藏自己文本以外的情感,而阅读中又经常会因势利导地产生脱离文本的内容"②,然而,艾柯提醒读者,虽然我们无法断定哪一种阐释是最

---

① 艾柯.悠游小说林[M].俞冰夏译.北京:生活、读书、新知三联书店,2005:7.

② 艾柯.悠游小说林[M].俞冰夏译.北京:生活、读书、新知三联书店,2005:3.

佳的,唯一可以断定的是某一些阐释比另外一些阐释更加的合理,①这一点至少可以说明阐释是有限的。为了进一步论述他的观点,艾柯在丹纳讲座上提出了"文本意图"这一概念,指出文本阐释受到文本意图的约束。文本意图是文本本身所隐含的意图,它是"根据文本的连贯性及其原初意义生成系统来判断,我们所发现的东西是否就是文本接受者根据自身的期待系统而发现的东西"②。

(三)无法阐释:类神秘主义情结

到此为止,似乎海德格尔与艾柯均以自己的方式解决了阐释学的经典题。但是,由于阐释创造性与约束性本身的界限难以把握,以至于二者的阐释学思想在本质上均显现出类神秘主义的倾向。

海德格尔因"存在"之说被许多学者称为神秘主义者。海德格尔认为,语言是存在之家,存在是语言交谈的单一指涉,否则语言是无法交流的,因此存在必然是超乎语言之上的东西,海德格尔将其称为"恒常之物"、"永恒常存者"、"神址"等。为此,有些学者认为,海德格尔"这种现代神秘主义的根本态度在于:它不满足于'昙花一现'的'存在物',而要人们去'神思'那'恒常之物'——存在"③。《诠释与过度诠释》一书中,艾柯曾把所有的阐释路径分为理性主义和非理性主义两个派别,并且认为这两个阐释派别,尤其是非理性主义阐释派与神秘主义有着千丝万缕的联系。其中海德格尔的阐释思想也被艾柯归于非理性主义阐释派。

---

① 艾柯.悠游小说林[M].俞冰夏译.北京:生活、读书、新知三联书店,2005:9.

② 艾柯.诠释与过度诠释[M].王宇根译.北京:生活、读书、新知三联书店,1997:89.

③ 毛峰.神秘主义诗学[M].北京:生活、读书、新知三联书店,1998:303.

第三章 创造与约束:开放有界的文本阐释观及其评价

虽然艾柯把海德格尔称为神秘主义,但艾柯本人也难逃神秘主义的纠缠。与海德格尔的"大无边的神圣之物"的神秘主义相比,艾柯的神秘主义倾向显得与现实世界更为紧密。艾柯主张文本阐释具有创造性是以他的结构主义文化符号学思想为基础的,其中"无限的符号过程"这一点露出了艾柯的创造性阐释观的神秘主义尾巴。

艾柯的符号过程理论的基本内容是解释项和试推法,他主要通过解释项和试推法来反对实证主义和结构主义意义的确定论。解释项相当于整个记号载体的直接意指和引申意指的领域。[①]它是一种观念性意义,尤其是一种引申性意义。任何意义本身都可作为进一步意义的记号或推出另一个意义的基础。解释项的无限符号过程遵循的是试推法。艾柯的试推法"依据的是文化约定,是对意指规则系统的试探性和冒险性的追溯,此系统使符号获得意义"[②]。但李幼蒸指出,艾柯所指的"因果意指关系不过是按结果模式加以约定的结果"[③],这不是逻辑推理过程,所以试推法就是符号嬉戏的过程。因此,解释项通过试推法不断地增殖。正是由于解释项和试推法概念的存在,符号过程成了一个忽视逻辑推理的无限倒退的过程,艾柯的创造性阐释观也由此走向了无限、普遍联系的神秘主义。

虽然作为自己的有关著作的经验读者,也许艾柯害怕与神秘主义扯上什么关系,我们深感到艾柯在苦口婆心地阐释"标准读者"以及文本意图是什么,但是在阅读过程中,按照艾柯对文本意图的定义,谁又能够确信自己的阐释是符合文本意图的?难道仅凭"文本应该被阅读的方式去阅读文本"就能够通达文本意图吗?艾柯对此的论述始终让人有意犹未尽的感觉。如果文本意图是

[①] 李幼蒸.理论符号学导论[M].北京:中国社会科学出版社,1993:533.
[②] 李幼蒸.理论符号学导论[M].北京:中国社会科学出版社,1993:536.
[③] 李幼蒸.理论符号学导论[M].北京:中国社会科学出版社,1993:537.

如此定义的,那么人人都可以声称自己发现了文本意图,因为人人都可以说自己按照"文本应该被阅读的方式去阅读文本"。由此,人人都发现了文本意图,而文本意图又是千奇百怪的,它如何能保证文本意图的可靠性?正是在这里我们看到文本意图有了海德格尔的存在的意味。或许,海德格尔对此的做法更为高明一点,存在本身是不可说明的,说出的存在就不再是未被说出的真。为此,对此问题的回答只能是沉默,只有沉默才能显示存在的不可说性。作品的文本意图或者说存在其实是无法定义的,它是在阐释中自动显现的真理,说出的文本意图就不再是文本意图了。而且,艾柯也无法告知如何获得文本意图。尽管艾柯没有像海德格尔之于存在那样,阐明文本意图是在无限敞开的文本阐释中获得的,但是这一点可以清楚地从他对"丛林"的论述中体会到。

其实,神秘主义表现为对恒常之物的追寻和无穷联系的统一,因为这两者在根本上是一致的,都是无穷倒退的一个过程。因此,海德格尔对"存在"的追寻和艾柯的"无限符号过程"二者没有根本的不同,都是类神秘主义的表现。

虽然身处不同的历史情境,哲学观基础相异,主要研究领域迥异,但不管是在世之在与结构主义文化符号学观也好,还是作品存在之显现与悠游文本的丛林也好,还是神秘主义倾向也好,海德格尔与艾柯都表现出相类似的哲学思想高度和见解。正是借助这样一个平台,两位哲学大师隔着学科分界线喊话,犹如进行了一次跨时空、跨语言、跨文化、跨领域的对话,对阐释学的经典问题提供了重要的解决思路。

对于海德格尔的在世之在,可以进一步延伸到艾柯所提出的文化世界这个更为鲜活的背景;尽管艾柯在定义文本意图时采用了具体的方法,避免了海德格尔定义存在主义所遇到的麻烦,而艾柯在定义"文本意图"时,却经受着那种不可名状的痛楚,最后也未能达到目的,因此为减轻这种痛楚,借鉴海德格尔对于"存在"的巧妙定义也未尝不可。

　　阐释不是一个"原文传递"的复制过程,而是一个与生活世界,更确切地说,是与文化世界紧密联系的世界。文化世界对于阐释具有本源性的作用。带着来源于文化世界的"前理解结构"的此在的阐释活动,使艺术作品向外部世界不断敞开,存在在这一过程中展现自身。存在使艺术作品得到无限的生命力,同时使此部艺术作品区别于彼部作品,因为不同作品有不同的存在,有不同的文本意图,从而实现了无限和有限的统一。阐释是思维的建构活动,人的思维因复杂而神秘,但不管有多神秘,阐释活动的有效性应受到检验。

第四章
文本阐释的限度与界线：语义与语用维度的约束

大致说来，在 20 世纪 60 年代以前，西方文本阐释研究的基本范畴为"意义是否确定"（Determinacy or Indeterminacy），如客观主义阐释学所追求的作者意图、俄国形式主义和英美新批评主义所重视的"形式"都意味着意义是确定的；与之相对立的是，海德格尔、伽达默尔等相对主义阐释学认为文本意义是不确定的。之后的几十年间，由于后结构主义、解构主义、新实用主义等西方哲学思潮对传统理论范式的冲击，加之神秘主义思潮的回归，各种阐释甚至于荒诞的阐释都有了存在的"情理性"（而非合理性）。近些年来，经历了"去共识"的狂欢后，人们又开始反思：过分强调阐释的主观能动性是否会导致文化上的"消费主义"？但如果沟通、共识和知识是可能的，就意味着文本阐释并非没有约束。因此文本阐释研究的基本范畴应从"意义是否确定"转向"阐释的约束"这个更加实际的问题，即悬置意义的确定性问题来讨论文本阐释是否存在约束；如果存在，约束在哪里；文本阐释的约束与创造能否共存等等。本书认为文本阐释存在语义和语用两个维度上的约束。在语义维度上，理念意义允许无限的个别意义，但仍然规定了这些个别阐释的约束，约束之外的阐释为过度阐释。在语用维度上，可能的阐释是无数的，但人们接受的阐释却是一个或数个，阐释的有效性会受到语言交往共同体的检验。因此，文本阐释是约束下的创造与约束。

第一节　主要文本阐释观中约束思想之批判性分析

在新的分析框架下,文本阐释思想可以划分为"约束、创造、创造与约束并存"三种类型。在各种主要文本阐释思想的梳理过程中,我们看到,无论它们对文本阐释的约束或承认或不承认,但阐释的约束都以或明或暗的、不同的方式存在着。然而对这些约束的探讨还存在这样或那样的片面性。

在"约束的文本阐释观"中,传统阐释学的施莱尔马赫和狄尔泰虽然认为阐释是有约束的,但从未否认过阐释多样性的存在,因为正是由于他们认为作者和读者存在时空的间距,误读现象出现了,为此阐释的目标就是要获得作品原意。同样,作者意图论正是在承认"阐释的多样性"具有干扰作用、不胜的压力情况下,试图为作者的原意"正名"。不仅如此,文本自足论被认为开启了读者之维。例如俄国形式主义虽然在研究中只关注语言文字的排列组合,却从未否认文学作品具有哲学、政治学与社会学方面的内涵。也许俄国形式主义没有认识到它们的文本理论开启了读者接受美学的发展,至少说明它们对文本阐释的创造性的答案是肯定的:

在主题的选择中,读者的态度具有举足轻重的作用。"读者是相当泛指的对象,就连作家本人对自己的读者也常不甚了了。尽管如此,在作家的构思中,对读者的期望却总是占有一席之地的。这种对读者的期望,在古典作品的插言里已经沿袭成规。比如,在《叶甫盖尼·奥涅金》临近结尾的地方,我们可以读到:"哦,我的读者,无论你是谁,/是敌人,是朋友——/现在我要和你友好地分手。"[①]

---

① 托马舍夫斯基.主题:俄国形式主义论文选[M].方珊等译.北京:三联出版社,1989:107.

然而"不管是艾略特还是瑞恰慈,提出新批评的文本中心论观点时都留有一定余地,他们都谈到了作者如何在作品中实现自己的意图,也提到了作品在读者心中引起的反应"[1]。正像上文所提到的那样,结构主义虽然寻求的是文本的客观秩序,但结构主义者对于文本意义的解读也不是与社会绝缘的,至少他们会按照"主流社会价值观结构阐释文本,如美国文学中的美国梦模式、逃跑主义模式、英国文学中的绅士文学模式。[2] 总的来说,在传统阐释学、作者意图论和文本自足论的眼中,文本阐释的约束分别为文本原意、作者原意及文本的符号结构,其实这些所谓的、作者原意及文本的符号结构都可能只是文本本身意义约束下的个别阐释。正是由于持有"约束的文本阐释观"的理论家对文本原意、作者原意及文本的符号结构等没有正确的认识,没有认识到这些所谓的文本原意、文本的符号结构及作者原意都可能只是来自文本本身意义约束下的个别阐释,所以他们认识不到文本本身意义有着诸多的变形,从而也就否定了阐释的创造性。确切地说来,这些所谓的文本原意、文本的符号结构及作者原意只不过是语言共同体接受的有效阐释之一而已,但是这些持有"阐释约束观"的理论家却把他们看作是唯一正确的文本阐释,所以他们对文本阐释的语义和语用阐释都缺乏一个正确的认识。

在"创造的文本阐释观"中,后结构主义、解构主义及实用主义哲学家罗蒂都认为阐释是无限开放的、没有约束的创造活动。毫无疑问,文本阐释无约束是有失偏颇的,因为这样无疑否定了沟通、共识、主体间性及知识的可能。不管他们承认与否,意识到与否,他们的阐释思想中不禁流露出"阐释有约束"这一思想。如后结构主义虽然认为文本所具有的互文性让文本原意荡然无存,

---

[1] 傅延修.文本学——文本主义文论系统研究[M].北京:北京大学出版社,2004:22.

[2] 杨淑华.论新旧文本观的解释学基础[J].外语研究,2005(2).

第四章 文本阐释的限度与界线:语义与语用维度的约束

但是文本阐释至少要尊重文本的语言逻辑,要尊重文本的语言逻辑就是"回归"文本的意义本身,所以阐释是受到文本本身限制的。解构主义虽然最为激进,认为"爱怎么阐释都可以",但是他们的解构活动必须建立在意义理解的结果之上,才能宣传他们的解构策略、传达他们的解构理论,他人也才能理解这些解构理论。因此,虽然解构主义否认阐释有任何约束,但是他们的理论的实施又是以主体间性为前提的,而主体间性强调的是意义的可分享性,即意义的普遍性。因此,解构主义者在颠覆阐释约束的同时,颠覆了自己的解构理论。作为"阐释与过度阐释"的另一位主角,罗蒂的"阐释无约束"思想被看作是实用主义者"民主进程"的一部分,所以,一旦承认阐释是有约束的,意味着一些阐释较之另外一部分阐释有优先权,这是像罗蒂等实用主义者们所不想看到的。为此,罗蒂提倡阐释的优先权必须建立在"协同和赞同之上",但是,不可否认的是,协同和赞同是建立在意义被理解之上的,没有理解的成功,协同和赞同就无法进行下去。所以,罗蒂对阐释的约束有着与解构主义同样的误解,"协同和赞同"意味着主体间性的存在,而主体间性又必然意味着意义的可分享性和普遍性。

在"创造与约束并存的文本阐释观"中,其中约束的探讨对于研究文本阐释的约束理论研究有着重要的启示。作为把阐释学提升到本体论的两位功不可没的哲学家海德格尔和伽达默尔来说,语言具有无比重要的地位,他们把语言视为"存在之家",视为分享世界的媒介,所以他们对人类通过语言交往的形成的主体间性从来就没有怀疑过。然而,虽然海德格尔与伽达默尔意识到语言意义的分享性是人类交往成功的前提,但是同时他们又提出,由于主体的差异性,阐释的可能性必然是无限的。但是在阐释实践中,被特定群体接受的阐释只有一个或数个,而不是无数个,所以他们忽视另外一个更为具体的阐释约束的存在,这一点正是本文在重建文本约束理论过程中特别要强调的。

利科提出一种疏远和占有的阐释策略来论述他的开放有限的阐释思想。疏远利科又必须融入个人经验。但是如何才能证明自己恰如其分地回到文本自身呢？这就需要语言交往共同体的检验：利科没有充分认识到文本阐释还受到语用因素的约束。

费什的读者反应理论否定了文本意义的客观性，认为它仅仅是一个幻觉；而且文本、意义乃至整个文学都不是外在的客体，它们仅仅存在于读者的心目中，是读者的经验产物。费什提出人们之所以出现相似的阅读反应是因为读者接受了共同的阅读惯例，即"阐释团体"。"阐释团体"实际上是一个具有社会化的公众理解系统。在这一系统范围内，读者对文本的理解会受到限制，但它也适应读者、向读者提供理解范畴，而读者反过来使其理解范畴同其个人面对的文本相适应。可以看出，费什对于文本阐释的语用约束的重视远远大于语义约束。放弃了对客观意义的标准答案之后，费什必须把标准答案交给历史，可喜的是，费什看到阐释的语用约束。然而，同一个时代之中的某些个人判断为什么会形成共识？读者与批评家为什么会出现价值的共同体？哪些关系左右着读者与批评家之间的"阐释团体"的形成？可惜的是，费什都没有给出令人满意的答案。

读者接受理论的最大的理论优势在于彰显了读者的主观能动性，而这也是他们所面临的最大麻烦，就在于如何避免阐释的主观随意性。姚斯害怕主观主义形式走向极端，也不敢轻易放弃阅读中的约束因素，让读者的主动性自由驰骋，这些矛盾的情绪时不时地还是会悄悄地潜回姚斯的理论中。于是姚斯借助历史之维建立起一个"理解的超主体视野"，并且他的期待视野也包含了读者原有的视野，理解的超主体视野是文本对读者所施加的普遍约束。

第四章 文本阐释的限度与界线：语义与语用维度的约束

伊瑟尔"从一开始就坦率地承认自身是一种主观主义形式"①，因为他认为文本只有在主体的阅读活动中存在就意味着任何判断都是"非客观"的；而且伊瑟尔也坦然承认是"文本的'先定性'导致未定性，发动了整个理解过程"②，不仅如此他还表示："假如本文与读者间的交流是成功的，那么很清楚，读者的能动性将被本文控制在一定范围内。"③可以看出，伊瑟尔的"文本召唤结构"虽然强调了读者的主观能动性，但是伊瑟尔对主体性的发挥还是心有余悸，因此他提出这一主体性必须从属于文本本身的范围，也就是说，文本本身就是主体性的一个普遍约束。

需要提出的是，姚斯的"期待视野"和伊瑟尔的"文本召唤结构"与海德格尔的"主体先结构"和伽达默尔的"偏见"一样，对阐释的创造性的发挥只具有理论上的意义，而像"文本召唤结构"只侧重于隐含读者或理想的而非实际读者，只侧重于静态作者而非动态的、历史的、社会的作者，这就把自己的研究停留在抽象的读者和抽象的阅读过程之中，这是它的局限性所在，因为在阐释实践中，有效的阐释却不是无限可能的，语言交往共同体接受的阐释只有一个或数个而已，所以姚斯和伊瑟尔也没有认识到正是语言共同体构成了阻止过度阐释的最后防线。

英伽登认为阐释的约束在于文本的图示化结构，并且他认为这一图示化结构是作者原意的体现，然而作者原意是无法确定、难以追寻的，正像上文所提到的那样，所谓的作者原意很可能只不过是下文所述的文本本身意义的一种体现而已，不过是语言共

---

① 伊瑟尔.阅读活动：审美反应理论[M].金元浦,周宁译.北京：中国社会科学出版社,1991:31-32.

② 伊瑟尔.阅读活动：审美反应理论[M].金元浦,周宁译.北京：中国社会科学出版社,1991:128.

③ 伊瑟尔.阅读活动：审美反应理论[M].金元浦,周宁译.北京：中国社会科学出版社,1991:196.

同体可以接受的可能性阐释之一。所以,英伽登既没有对语言共同体有着全面的认识,也没有认识到文本本身的意义所在。

艾柯又提出了"读者群"与"特定接受者"即"特定读者"的区别,同时提出了一个人的阅读与阐释行为要受到"多种因素"的限制,包括语言本身、语言生发的"文化成规"及"诠释"的历史等因素,综合为"文本意图"。① 同时,艾柯看到了语言交往共同体对文本阐释自由的限制作用,他指出:

> 当本文不是面对某一特定的接受者而是面对一个读者群时,作者会明白,其本文诠释的标准将不是他或她本人的意图,而是相互作用的许多标准的复杂综合体,包括读者以及读者掌握(作为社会宝库的)语言的能力。我所说的作为社会宝库的语言不仅指具有一套完整的语法规则的约定俗成的语言本身,同时还包括这种语言所生发、所产生的整个话语系统,即这种语言所产生的"文化成规"以及从读者的角度出发对本文进行诠释的全部历史。②

但艾柯认为"文本意图"的获得是由语言共同体的语言宝库决定的,在这一点上艾柯混淆了"文本阐释的限度"与"文本阐释的界线"这两个问题,把"可能阐释"等同于"有效的阐释"。因为艾柯在某处指出"文本意图"的约束下的阐释是开放的,说明艾柯眼中的"文本意图"是阐释的限度,这一限度下的"可能阐释"是无限开放的,但是艾柯又称"文本阐释"是由语言共同体决定的,但是在阐释实践中语言共同体接受的"有效的阐释"只有一个或数个,语言共同体决定的不是"可能阐释",而是"有效的阐释",所以"文本阐释的限度"与文本"有效阐释的界线"是不同的问题,艾柯的"文本意图"却混淆了这两个问题。

---

① 许钧.简论理解和阐释的空间与限度[J].外国语,2004(1).
② 艾柯等.诠释与过度诠释[M].王宇根译.北京:生活、读书、新知三联书店,1997:82.

在批判性分析当中,我们得知文本阐释约束的探讨或主要偏重于文本本身所施加的语义层面上的约束,或混淆了语义层面和语用层面上的约束。本书主张阐释有界,但对于约束的论证不能基于语义或语用的单一维度。不管是主张"阐释有约束"的作者意图、文本意图、文化政治意图,还是主张"阐释无约束"的功能意图观的文本逻辑和主体协商性都是基于文本的原初语义系统,即从语义维度上论及阐释的约束;而读者接受论的"期待视野"和"召唤性结构"、读者反应论的"阐释惯例"都与历史语境相联系,因此是从语用维度上论述文本阐释的约束。然而所有的意义活动兼语义与语用的双面性,文本阐释的约束也不例外,受到了语义和语用两个维度的约束,而这些约束体现了文本阐释是约束下的创造与开放。

正是出于这个原因,本书希望在艾柯的阐释约束思想的基础上重构文本阐释的约束理论,从而抛弃原有的约束理论,包括作品原意论、作者意图说、文本自足论等,提出了文本阐释受到双重约束的观点。其一,是文本阐释的语义约束。本章主要是从现象学的理念意义角度出发,说明这一约束来自文本理念意义,它限定了文本无数可能阐释的范围,这一范围被称为文本阐释的限度。其二,是文本阐释的语用约束。在阐释的实践当中,遵守语言游戏规则的语言交往共同体不仅拒斥过度阐释,而且对文本理念意义约束下的可能阐释也不是全盘接受,而是只接受其中的某一个或数个而已,所以语言交往共同体的检验成了文本阐释的语用约束,这一约束确定了文本阐释的界线。因此,本书的文本阐释约束理论可以解析为两个需要说明的问题:首先,文本理念意义为文本阐释设定限度,它仍然允许无数个可能阐释,但会排除错误的或过度的阐释,这是语义层面上的约束;其次,语言交往共同体的检验是文本阐释的语用约束,在阐释实践中,语言交往共同体只接受一个或数个阐释,我们称之为有效阐释,也就是说,语言交往共同体设定了有效阐释的界线。

第二节 文本阐释约束的理论研究资源

在研究文本阐释的约束理论之前,有必要交代一下本书研究文本阐释约束理论的理论资源。重建文本阐释的约束理论是从语义和语用两个维度进行的:借用和改造胡塞尔现象学中理念意义和个别意义的概念,提出文本理念意义这一概念并认为文本理念意义构成了文本阐释的语义约束;结合阿佩尔的语言交往共同体观念及维特根斯坦的语言游戏思想,提出文本阐释除了受到语义层面的约束外,还受到语用层面的约束。

一、胡塞尔的现象学

诞生于上个世纪的现象学,以其"纯粹"的思维穿透力,深刻地影响了欧陆哲学。现象学思想中融合了本体论、认识论、美学、宗教等思想的精华。作为现象学思想的创始人,胡塞尔反对形而上学式的思辨,主张"直观"事物本身。他从"认识何以可能"的角度出发,试图为认识的可能提供最为客观、科学、纯粹的明证性基础和看待问题更原初的视野。

对于"建立一门严格的纯粹的科学"这一目标,胡塞尔认为,哲学家如苏格拉底、柏拉图、笛卡尔和康德都努力寻找过,但都功败垂成,究其原因,主要是因为他们都未能摆脱"自然主义"的思想方式。胡塞尔指出,"采取这种思想态度的人将我们认识的对象和认识的可能性视为现成的和不成问题的"①。这种自然主义的思维方式预设了思维的前提,缺少彻底性的体验和反思,它所依据的经验不是一个真正的认识起点。为此,胡塞尔的现象学就是旨在建立一个"无现成前提的开端"的纯粹哲学。

(一)意义的意向性分析

"胡塞尔用'意向性'这个居于主体和(感觉经验)对象之间的更本原的思路来理解意义的纯构成,并以此为基点,论述了现象学的一些基本思想和方法。"②胡塞尔的现象学经历了描述心理学、描述现象学和先验现象学三个阶段,但"意向性"这个概念涵盖了现象学这三个阶段的全部问题。③ 正如上文所述,胡塞尔试图建立的一门哲学必须是一门无现成前提的哲学,而在他之前的所有哲学都包含了某种外在的前提,所以"胡塞尔去获得这种最终的严格性的策略是:找到一个无可怀疑、无所预设的绝对确定性,并且在此确定性中发现某种可以构成客观性的机制"④。在胡塞尔看来,布伦塔诺提出的"意向性"就具有这种生成确定性、客观性机制的功能,尽管这种思想在布伦塔诺的意向性中表现还是很微弱的。

胡塞尔关于"意向性分析"的灵感就是来源于他的老师布伦塔诺的意向性思想。布伦塔诺关于意向性的分析主要是为了区分物理现象和心理现象。物理现象仅是被表象的东西,包括某种

---

① 张祥龙,杜小真,黄应全.现象学思潮在中国——20世纪西方哲学东渐史[M].北京:首都师范大学出版社,2002:4.
② 张祥龙,杜小真,黄应全.现象学思潮在中国——20世纪西方哲学东渐史[M].北京:首都师范大学出版社,2002:4.
③ 泰奥多·德布尔.胡塞尔思想的发展[M].李河译.北京:生活、读书、新知三联书店,1994:5.
④ 张祥龙,杜小真,黄应全.现象学思潮在中国——20世纪西方哲学东渐史[M].北京:首都师范大学出版社,2002:7.

颜色、形状和某种景观,听到的某种声音或音乐,感觉到的冷、热和气味,以及在想象中显现的类似现象。而心理现象(也称表象活动)则是研究表象活动本身。布伦塔诺写道:"每一个呈现在感觉和想象中的表象都是心理现象的一个实例"[①];听一种声音,看一个有色的对象,感到冷或暖,想象这些感受,乃至思考、判断、回忆、期望、怀疑、相信等,都是心理想象的实例;每一种感情,如高兴、愤怒、失望、喜爱、厌恶等,也是心理现象。相比之下,布伦塔诺认为"心理现象是将物理现象包含于自身之内的更复杂的一种现象,因为表象活动包括表象过程和表象的东西,以及二者的关系。布伦塔诺指出,任何现象都是一种意向性活动,即对某个内在对象的指向和呈现,即知觉总是对某物的知觉、判断是对某物的判断,爱、恨、怀疑和相信总是对某物的爱、恨、怀疑和相信。

张祥龙对意向活动的过程做了一个非常恰当而又生动的比喻:放电影。[②] 意向活动就像老式放电影的过程。以放映一个奔跑者的动作为例:电影胶带上是一张张隔开的关于运动员奔跑的分解动作,每一张都是静态的,是奔跑每一瞬间姿态的定格,感觉材料就是相当于胶带,把胶带放到放映机里放映,速度要不快不慢,这个过程就是意向活动。胶带投射到屏幕上是奔跑者连贯的奔跑动作,所以屏幕上的奔跑者就是意向对象,是连贯的,而不是片断的,是意向活动把感觉材料进行连贯,构建了一个完整的意识对象。"由于(意向)活动总是有指向的,因而有什么样的活动就意味着有什么样的所指、有什么样的所向。在这一意义上,意向就是意味,有所意向就是有所意味;而所意味就是意义;因而意

---

① 陈启伟.现代西方哲学论著选读[M].北京:北京大学出版社,1992:187.

② 张祥龙.朝向事情本身——现象学导论七讲[M].北京:团结出版社,2003:105.

向活动又产生意义,所意向的内容就是意义。"①如此看来,意向性活动也就是主体的赋意活动,用胡塞尔的话来说,就是意义的建构。意向活动就是从事意义的建构活动,意向活动是一切意义的建构之源。被意向就是被意识构造,即"被内在地——在我之内——建立起来……所知'作为意义'都在相应的意向活动中被建立,而每一种意向活动也都建构相应的意义;换言之,一切事物作为意义归根结底都是从意向性操作中发生的"②。

正像上文所提到的那样,"意向性"这个概念涵盖了现象学整个的发展阶段,现象学把一切问题都视为意义的建构问题,每一种方式都是一种建构意义的方式,没有什么是现成的、外来的。在现象学看来,意向性建构的意义是不容置疑的,具有最高、最普遍的性质。

(二)现象学中的理念意义与个别意义

从现象学的角度看来,主体的意向性活动建构了意义,这一活动被称为范畴活动,这一被建构的范畴内容具有明证性和原初性。胡塞尔把他的现象学研究直接指向现象经验中具有普遍性的范畴,范畴论是胡塞尔现象学中重要的内容。

范畴是对象和存在的规定性,它"涉及不同种类活动的综合活动,它针对的对象既不是单纯的感官活动也不是一般的物理活动,而是一种高层次的对象,一种理念对象"③。范畴问题是西方哲学史上自亚里士多德以来最重要的问题之一。亚里士多德是

---

① 刘永富.胡塞尔现象学·海德格尔本是学引论——从所知学的角度重新解读胡塞尔与海德格尔[M].西安:西北大学出版社,2000:110.

② 刘永富.胡塞尔现象学·海德格尔本是学引论——从所知学的角度重新解读胡塞尔与海德格尔[M].西安:西北大学出版社,2000:111.

③ 陈维振,吴世雄.范畴与模糊语义研究[M].福州:福建人民出版社,2002:7.

第一个对范畴进行系统论述的哲学家。为了理清诡辩派对概念的混淆和扰乱,亚里士多德从形式逻辑语法的角度论述了范畴。他提出:"当若干事物虽然有一个共同的名称,但与这个名称相应的定义却各不相同时,则这些事物乃是同名异义的东西。"①亚里士多德以希腊语"zwov"的"动物"一词意义为例说明范畴的属性。"zwov"有两个意义:普通的动物以及图画、刺绣或雕刻中的人像。虽然动物和图画里的人物都可以称为"zwov",但是它们的定义和属性不同,属于不同的范畴。亚里士多德的范畴说深深影响了西方哲学家,如洛克、康德、黑格尔、胡塞尔、海德格尔等。而胡塞尔是在黑格尔之后的哲学家中对范畴进行过最有影响研究的哲学家,他在《逻辑研究》这本著作中重点研究了范畴活动。"胡塞尔范畴的研究提升到一个更为重要的水平上,把它视为整个现象学的最为基本的概念的'知性'的唯一来源。在胡塞尔看来,主体的任何知性活动都是建立在范畴化的基础上的,范畴构成了人类认知活动的基础。"②

胡塞尔把范畴意义分为理念意义和个别意义。一个指号在心里唤起了心理体验,而这个心理体验本身就会在意识里构成一个"意指",意指内容就是这个指号的理念意义;虽然意向经验所指的对象即理念意义是相同的,但是对象显示的方式不同,因而对象显示出不同的个别意义。理念意义与个别意义的区别在于理念意义不完全限于内心的主观体验,例如,虽然心情好与心情不好所体会到的事物的色彩是不一样的,但是在所有个别的体验里,都存在一个在不同的时间都可以分享的基本意义。

弗雷格的"通过望远镜看月亮"的例子形象地解释了理念意

---

① 陈维振,吴世雄.范畴与模糊语义研究[M].福州:福建人民出版社,2002:8.

② 陈维振,吴世雄.范畴与模糊语义研究[M].福州:福建人民出版社,2002:91.

义与个别意义的关系。① 月亮通过望远镜落在眼睛上,在心理意识里头造成了一个映像,这就是个别意义;天上的那个月亮是被称呼的对象。在这个望远镜里头,还能知觉到一个比较客观的"影像"。这个东西虽然与主观有关系,但是没有一个观察者的话,这个东西不会出现,但又不像影像那样是完全在观察者心里头的主观的东西,而是可以被其他很多人分享的。假设换一个人,这个人也站在同一角度、位置,那么这个人也就可以同时看到这同一个影像,或者这个人离开了,再换一个人来看,他看到的还是这个影像,这个可以分享的东西就是理念意义。

在现象学中,胡塞尔是通过无限的"侧显"理论深刻地阐述了理念意义和个别意义的辩证关系,从而对文本阐释的约束与创造关系的研究以及语义约束的研究提供了理论依据。"侧显"这一概念表明被感官所感知到的意向对象总是部分地、单面的被给予我们。换言之,呈现在我们面前的事物,实际上只是该事物的某一角度、某一层次,而不可能是它的整体或全貌。胡塞尔描述了他对于面前书桌上一张白纸的知觉。他对于这张纸的每一个清楚的知觉都只能是从一个特定的角度来观看,知觉到的也只是关于这张纸的一个特殊侧面。于是胡塞尔指出,"如果人们观察一下现象,那么很快就发现,实际上同一现象并不会两次出现,而是根本不同的现象,它们只是具有一些共同的东西"②。这种"共同的东西"就是它们之间的"同一性",也就是理念意义,而在不同角度、不同时间、地点呈现的则是个别意义。

理念意义正是在无数次的个别意义的侧显活动中所展现出来的同一性。胡塞尔指出,"理念意义延伸到一切变形的个别意

---

① 张祥龙.朝向事情本身——现象学导论七讲[M].北京:团结出版社,2003:118.

② 胡塞尔.现象学的观念[M].倪梁康译.上海:上海译文出版社,1987:52.

义之中,遍及由这些变形意义所构成的开放的、不确定的领域。理念意义并不事先设定个别意义以及一切个别意义都是我们亲身体验到的,它是指这些变形意义只是作为尚未实现但又可能实现的可能性来预期的、来回顾的。他们都可以成为现实、可以成为我们的亲身体验"①。因此,个别意义的发现和揭示是永远不完备、不充分的,因此是永远开放的。理念意义永远等待着被充实、被完善。胡塞尔用"地平线"的概念生动地描述了这一现象:"一个理念意义的体验过程就好像朝着地平线迈进的过程,隐藏在地平线后面的东西会不断地出现在视野之中。"②

正如刘永富所言,地平线是现象学的一个重要的概念。他指出:

> 正是通过当下的意识地平线,才建立起或把握到一切地平线,即不仅意识是连续的,不仅意识带着自己的地平线,而且所被意识的也带有自己的地平线,因而也是连续的。每一个所意识的地平线都参与决定每一个"所意识"之所是,参与决定"所意识"的意义。就意识是流动的、连续的而言,意识又是综合的,胡塞尔认为,综合是意识的首要形式,整个意识的生活以及每一种生活都是综合地统一在一起的,意识与所意识的综合统一,意识的全部样式的综合统一,所意识全部样式的综合统一,每一个样式的全部可能的变形的综合统一等等。正是通过这种综合,现在作为自身被给与或亲知的东西正是过去曾经作为的可能性、潜在性被预期的。正是在这种综合中,我们才建立起自我与所意识、所知的统一性。通过综合,我们知道我们某些不能同时出现的"所意识"是同一样东西;连续变动的我和意识是同一我、同一意识;知道连续

---

① 陈维振,吴世雄. 范畴与模糊语义研究[M]. 福州:福建人民出版社,2002:119.

② 陈维振,吴世雄. 范畴与模糊语义研究[M]. 福州:福建人民出版社,2002:119.

变动中的某一对象是同一对象等等。①

在胡塞尔的现象学中,一切都是现象,一切现象又都是意义,而且意义总是在自我意识中建构的,这一"意义建构"理论是全新的理论。② 胡塞尔区别了意向活动(noesis,即解释或理解活动)、意向对象(对意识显现的东西)即作为解释性的意向活动的关联项(noema)。意向对象指的是意义的统一体,"它是一种其存在意义尚待揭示的存在物自身"③,而 noema 与对象的关系恰如如是所指的对象与所指对象的关系。当如是所指的对象发生变化时,所指的对象仍然保持着同一性。树本身与如是所指的被知觉的树是不同的,后者是知觉的意义,不可分割地从属于意识。树本身可以被燃烧或分解,而知觉意义的树是不能被燃烧和分解的。多个 noema 指向那个把它们当作属性而承载起来的同一对象,这个同一对象同时又把这些多个 noema 联结起来作为同一对象的属性,因此对象并非隐匿在 noema 的背后,而是在多个 noema 之中展现自身的。既然一个事物总是在多个 noema 中被给出的,那么由此引出的一个问题就是,这些 noema 是否彼此契合从而使对象呈现出来? 显然,只有当同一对象能够在一系列活动中保持不变时,意识才切中对象,亦即正确认识或理解对象的断言才是有根据的,否则各个 noema 就会彼此勾销,而对象也因此崩溃而消失在各种互相冲突的现象中。④ 例如,可以从正面、侧面和背面对一个人进行描绘,可是只有当人们能够从这三个描

---

① 刘永富.胡塞尔现象学·海德格尔本是学引论——从所知学的角度重新解读胡塞尔与海德格尔[M].西安:西北大学出版社,2000:200.

② 陈维振,吴世雄.范畴与模糊语义研究[M].福州:福建人民出版社,2002:141.

③ 泰奥多·德布尔.胡塞尔思想的发展[M].李河译.北京:生活、读书、新知三联书店,1994:420.

④ 泰奥多·德布尔.胡塞尔思想的发展[M].李河译.北京:生活、读书、新知三联书店,1994:422-423.

绘中认出这是同一个人时,我们才能说三个描绘是统一的、和谐的,因此是正确的,也才能说,这个人在这三种描绘中展现出自身。因此,胡塞尔并不否定客观性的存在,恰恰相反,他认为,客观性是存在的,只不过这种客观性是以和谐、统一的意识体验或经验的方式存在的。胡塞尔的这一观点强调的是意识在意义构成中的重要性,强调的是同一对象以无限多样方式呈现给意识的可能性。

二、阿佩尔的语言交往共同体

(一)语用约束与文本阐释

虽然现象学对理念意义与个别意义关系的论述,尤其是对理念意义的论述,对文本阐释的语义约束研究中的一系列问题显示了很强的解释力度,但问题还是存在的。首先,对于读者是否采用自然的态度、非对象化、整体的、模糊的方式来阐释文本,这是阐释主体的内在心理过程,是无法衡量的。

胡塞尔认为,在范畴活动中达到对意向对象的认识只能在一个"有边缘的意向境域"中进行,[①]它总已在暗中匿名地、非主题地准备好了下一步的显示可能性。胡塞尔以对白纸的知觉为例,认为对白纸的知觉总是有书、钢笔和墨水瓶作为背景的,它们在潜在的意义上被知觉或直观体验到了,所以对于任何物的知觉总是带有这么一个背景直观的晕圈。因此在胡塞尔看来,对某物的意识与体验的构成域密切相关,因为它使一个个的知觉经验从一开头就以某种隐蔽的、边缘的、前伸后拉的方式融为一气,不仅与

---

① 张祥龙,杜小真,黄应全. 现象学思潮在中国——20世纪西方哲学东渐史[M]. 北京:首都师范大学出版社,2002:10-11.

刚过去的经验保持着相互构成的关系,而且为可能有的知觉"准备下了"与已有知觉的意义上的联系。这种边缘域构成结构发生在一切意向活动中。正如胡塞尔描绘的那样:

> 知觉存在的任何时刻都有一种境界,这一境界随着知觉联系的改变而改变,随着它的发展阶段的改变而改变……比如,在任何外部感知中,感知客体的恰当地被感知到的因素包含着仍然只是在论断中处于次要地位的侧面所构成的一种迹象,这些侧面尚未被感知,只是在期待之中提前出现的一些侧面,而不是任何直观的缺失——它们是感知中'将要到来的'一些侧面。这是一种连续不断的扩展,它在感知的任何一个阶段都会获得新的意义。不仅如此,感知还有另外一些境界,这些境界包含有其他感知的可能,这些可能我们将能够掌握,如果我们将目光不是转向这一方式,而是转向另一种方式,如果我们继续向前,或者转向侧面,如此等等。①

按照胡塞尔所持有的观点,读者是以边缘域的意向性活动方式参与到文本阐释中来的,文本意义因为处于非对象化状态,每一个词语、每一句话的阐释都处于整篇文章的边缘域中,意义呈现整体性和模糊性,而不是重点突出某个词,所以这是一种自然的、非对象化、整体性的、模糊的阐释方式,这也说明阐释为什么是开放的。在这种态度引导下的阐释活动中:

> 接受者不可能只完成任何一种只具有纯粹传达意义的交流容许他所完成的活动:撇开表达语句的很多构件只去辨认它的单独的传达意义……接收者不能将语音孤立起来,片面地将语音同它的外延的语义相联系,而是必须了解它的总体外延。每一个符号都同另一个符号相联系,都同其他符号相联系才能形成它的完整面貌,它自己的语义是含糊的。每

---

① 艾柯.开放的作品[M].刘儒庭译.北京:新星出版社,2005:21.

一项语义都不能不是在同其他语义相联系时才可以被理解,它应该被看作是一种含糊的东西。①

不可否认的是,胡塞尔所提倡的以"非对象化"的态度进行阐释实践的理论有一定的道理,但是依靠个人"自觉意识"进行阐释的说法是可以质疑的。首先,谁也无法断定自己或他人是否真实可靠的运用了这一"自然"的态度,谁也拿不出自己是否真正运用了"非对象化、整体的、模糊的"阐释态度的内部证据,因此,必须存在一个外在检验的手段,而且这一检验手段必须有着公共的参照标准,只有这样,各种阐释才是可比较和可衡量的,也只有这样,才符合阐释的实践。

其次,在阐释实践中,我们所需要的检验手段和标准应该不仅能够检验出阐释是否采用了"自然、非对象化"的态度,而且这一检验手段还应该能够检验出过度阐释并确认有效阐释,因为在日常生活中,特定的人群往往接受的只是可能阐释中的一个或数个,所以必然存在一个语用的约束,它不仅可以检验出阐释是否过度,而且还能确定有效阐释。

而且,正像上文所提到的那样,虽然胡塞尔的理念意义是意义论方向的,但是他对理念意义的偏爱不免使理念意义背负本质主义的嫌疑。理念意义具有客观性和普遍性,它的抽象含义不仅不以语句指称的对象为转移,反而以某种有意义的方式规定所指对象。所以胡塞尔的理念意义具有不可撼动的尊贵地位,它丝毫不受个别意义的影响。

但是把个别意义从属于理念意义的这种做法导致了理念意义不充分、"半概念"的状态。如"这里、那里、上、下、现在、我"等表示地点、时间及人称的表达式,它们的个别意义随不同环境和个人的变化而变化,离开具体的使用,这些表达式就会陷入空洞

---

① 艾柯.开放的作品[M].刘儒庭译.北京:新星出版社,2005:50.

的境地。为此,胡塞尔不得不在一定程度上偏离自己原来的观点,承认有些表达式的意义依赖于具体的语言环境,必须在具体使用过程中才能充分表现出来,这是胡塞尔现象学哲学生涯的一个重要的而且似乎是前后矛盾的修改。所以,表达式的意义充分性必须体现在理念意义和个别意义这两个同等重要的方面,即表达式的语义性和语用性是同等重要的,只有在这双层意义的结合中意义才能得到真正实现。

不仅如此,源于纯粹自我的理念意义孤立无援,它遭遇到的最大的困难就是主体间性问题,也就是说,理念意义会陷入唯我论的困境中:谁能声称自己的阐释是恰如其分的阐释?这一唯我论困境源于胡塞尔的主体间性不是以语言的交往性为出发点的,而是通过移情作用实现的。简单说来,移情作用就是"一个人看到别人的身体与自己的身体相似,别人的行为与自己的行为相似的时候,就会产生别人也有类似意识的想法"[①]。而这一通过自我知觉他我的过程是通过结对来进行的。"如果我们知觉甲有属性 a、b、c、d,乙有属性 a、b、c,但没有觉知 d;但如果我们发现 a 与 a、b 与 b、c 与 c,对称地相似,从而认定甲与乙是配对的,那么我们就会认为乙也有,并且甲的 d 与乙的 d,是相似的。"[②]因此一个人看到自己的形体与另一个人相似,自己的行为也与他人的行为相似,并且他知道他自己的身体的行为是受到他的意识支配的,于是他就把自己与他人相配对,认为他人的身体也是受到他人意识支配的。

通过纯粹自我和移情方式所实现的主体间性不可避免地被攻击为唯我论,而且这种攻击是不无道理的。你如何确认你对一

---

① 张庆熊.自我、主体际性与文化交流[M].上海:上海人民出版社,1999:13.

② 张庆熊.自我、主体际性与文化交流[M].上海:上海人民出版社,1999:15.

件事物的意识与他人对同一件事物是一致的？你如何知道你的配对就是正确的？因此，如果缺乏语用因素，理念意义如阿佩尔所比喻的那样就像一只困在瓶子里的苍蝇。从阿佩尔的先验语用学的观点来说，理念意义要走出困境，就必须诉诸语言交往共同体，诉诸语用因素，语用因素就是把这只苍蝇引出瓶子的力量。阿佩尔认为，"由于把语言交往共同体设定为认知主体（认知本身是一种以指号为中介的作用），这样一种先验哲学就克服了传统知识论的方法论唯我论"①。阿佩尔的先验语用学是基于皮尔士的实用主义语言指号学的语言共同体思想，并且对康德的知识论进行了彻底改造而提出的，对于阿佩尔来说，语言交往共同体是关于科学知识尤其是人文社会科学知识普遍有效性的基础。

（二）语言交往共同体的定义

阿佩尔的语言交往共同体概念建立在人类的交往理性之上，是对自亚里士多德以来哲学家所推崇的"理性"进行批判性思考的结果。这些哲学家注重理性，注重证明真理或理论，他们认为严密的逻辑证明意味着理性思维的进步。但阿佩尔认为，证明依赖于未经批判的前提，这种前提的证明又需自明的前提，因此从逻辑上说，对前提的回溯将导致无穷倒退。但这种理论上的无穷倒退要归因于唯我论者抽离掉了语用学维度。如果论辩是在一种主体间的情境中展开，就不必无限倒退以寻求明证性基础，并且还可以反思自身的合法性。因此，诉诸人的语言交往理性远比所谓的证明更为合理。② 也正因为如此，阿佩尔把主体间的沟通看作可能知识的先验条件。

---

① 阿佩尔.哲学的改造[M].孙周兴等译.上海：上海译文出版社，1997：136.

② 张今杰，林艳.阿佩尔先验语用学的特征及其理论后果[J].中南大学学报，2003(2).

阿佩尔指出,古典实证主义、施莱尔马赫、狄尔泰、康德和胡塞尔的知识论都是唯我论,因为在他们的知识论当中,语言作为某物之为某物的认知中介被忽视了,而这种对语言的忽视总是意味着忽视由语言交往达成的主体间性,①而试图在明确分离的主、客体关系的维度中思考和认识问题。然而,这些知识论未能认识到这样一个事实:通过观察主、客体关系而获得的知识总是已经把主体间的语言交往设为前提了。

语言交往共同体与语言共同体都是一种先验的视界,可以充当"制度的制度",语言交往共同体和语言共同体对于认知个体来说,虽然都具有一种先验的作用,但不同的是,语言交往共同体强调共同体共识是建立在人们的交往理性之上的。同时,语言交往共同体也与康德的先验理性不同。在康德那里,先验即先于经验,是理性主体的一种先天的、认识论上的先验,而阿佩尔语言交往共同体的先验性是在交往理性的基础上通过解释关系不断生成的,而非给定的。② 当然,语言交往共同体不同于皮尔士和狄尔泰的先验性概念,因为后者没有看到人类语言交往中的先验结构。

从阿佩尔的观点出发,理念意义要想不成为困在瓶子里的苍蝇,要想摆脱唯我论的困境,就必须诉诸语言交往共同体这一概念。那么建立在社会成员交往理性之上的语言交往共同体为什么并且是如何成为外在的检验手段并且帮助理念意义摆脱困境的呢?答案应该在维特根斯坦的语言游戏规则中去寻找。

---

① 张今杰,林艳.阿佩尔先验语用学的特征及其理论后果[J].中南大学学报,2003(2).

② Karl-Otto Apel. *Selected. Essays*, *Ethics and the Theory of Rationality*[M]. Ed. uardo Mendieta, Humanities Press, 1996:36.

三、语言游戏规则:语言交往共同体的行动规则

论述语言交往共同体及其语用性就必然要论及维特根斯坦的语言游戏说。因为正是在维特根斯坦那里,意义的语用维度才真正开启,而且维特根斯坦对语言游戏规则的深刻见解阐明了语言交往共同体如何在阐释中发挥作用。

胡塞尔对理念意义的重视主要体现在他试图通过对主体意向性的探索,为科学找到一个不可怀疑的、普遍的、绝对的基点,并且试图建立一个超越感觉材料和纷繁复杂的日常生活世界的理念世界。然而,维特根斯坦选择的是另外一条通向"真理"的道路。以《哲学研究》为标志的后期维特根斯坦思想为哲学的"语用学转向"奠立了基础,使语言分析从语形和语义层面拓展到语用分析的维度上。从这个意义上说,正是后期的维特根斯坦开启了语用学的维度。

后期维特根斯坦"语言游戏"的语用学思想改变了哲学发展的方向。维特根斯坦认为"哲学不应以任何方式干涉语言的实际使用;它最终只能是对语言的实际使用进行描述。因为,它也不可能给语言的实际使用提供任何基础。它没有改变任何东西"①。简而言之,哲学只是一种阐释性的活动,它的目的就是搞清楚日常语言在具体语境中的用法。② 维特根斯坦与传统的语言研究方式背道而驰,把研究的重心转向日常语言而非理想语言来寻找存在的真谛。

在后期的维特根斯坦思想中,意义问题成了他思想的出发点,他抛弃了前期的纯粹逻辑和理想语言的"狭隘"思想,把思想

---

① 维特根斯坦.哲学研究[M].李步楼译.北京:商务印书馆,1996:124.
② 殷杰.维特根斯坦"语言游戏"语用学的构造[J].江西社会科学,2005(2).

的眼睛投向了变幻多端、生动的生活世界,因为在维特根斯坦看来,人类的一切活动都只能发生在语言之中,使用一种语言就是进入一种文化,即一切生活实践都是使用语言的过程,都是进行语言游戏的过程。例如,儿童学习母语的行为、称呼某种东西、重复别人的字词、阐释文本等等行为都是语言游戏。在这些活动中,字词本身不是目的,而是活动的手段、工具。不仅如此,在人的活动中,人的活动、活动的工具以及其他东西都是语言游戏的一部分。

维特根斯坦指出,要想进入语言游戏,就必须遵守语言规则。语言游戏同其他所有的游戏一样,其真正的开始是规则的应用,否则,语言游戏就根本无法展开。维特根斯坦特别强调的是,语言游戏规则是一种"语用规则",它植根于语言游戏参与者的生活实践和形式中,它只相对于特定的语境,是主体间约定俗成的结果。

维特根斯坦的语言游戏规则是一切社会成员交往活动共同参与的前提,它取代了那种对他人的移情而达到理解的方法论唯我论,因此,这种规则是一种先在于社会成员的制度和约定。在这里我们可以看出维特根斯坦语言交往共同体思想的端倪。其实,语言交往共同体的思想在维特根斯坦思想中早已存在,他认为共同体成员只能接受被给予的一切,只有遵守语言游戏规则,共同体成员才能相互交流、理解和行动。维特根斯坦写道:

> 如果在向某人解释 A 这个词的意义时,向他指着说"这就是 A"。那么,这个表达式可以用两种不同的方式来理解。或者它本身已是一个命题了,在这种情况下,只有知道 A 的意义才能理解这个命题,也就是说,他是否如我们所意味的那样来理解它,我只能听其自然了。或者,这句子是一个定义。假定我已对某人说"A 病人",但他不知道我说的 A 是

指谁,于是我指着一个人,说"这就是 A",在这里,这个表达式是个定义,但只有他已通过他对"A 病了"这个命题的语法的理解推测出它是何种东西,这个表达式才能被理解。而这就意味着,对一种语言的任何一种解释都已预先设定了一种语言……我不能站到语言之外来使用语言。①

这段话充分体现了维特根斯坦的语言交往共同体思想,因为他肯定了在同一语言交往共同体中,人们只有使用同一语言游戏规则才能相互理解。语言游戏规则是约定的结果,它存在于人们的现实生活中,而"语言(交往)共同体正是通过语言的交往约定而建立起来的一种所有成员都遵守相同规则的团体"②。可以说,在语言交往共同体中,语言使用遵守一种社会规范,正是这种规范保障了在以言行事行为和以言取效行为中的说话者和听话者之间的交往可能性,这个规范就是维特根斯坦所言的语言游戏规则。从这一点来说,语言游戏规则是共同体性质的,它是语言交往共同体的行动规则。由此,我们可以说,在理论上,阐释作为一种语言游戏,是语言交往共同体成员遵循阐释的语言游戏规则的结果,而语言游戏规则是一种具有共同体性质的约定。因此从根本上说,阐释不是一种私人行为,而是一种必须遵守语言交往共同体规则的行为。

总而言之,维特根斯坦的语言游戏规则是语言交往共同体成员在交往理性的约定,对于语言交往共同体成员来说,它是一种社会制度,一种共同的行动规则,是他们得以顺利交往的基础和先验条件。同样,阐释这一语言游戏,对于语言交往共同体成员来说,遵守的也是语言游戏规则。

---

① 维特根斯坦.维特根斯坦全集 3:哲学评论[M].丁冬红等译.石家庄:河北教育出版社,2003:40-60.

② 江怡.维特根斯坦——一种后哲学的文化[M].北京:中国社会科学文献出版社,2002:76.

第三节 文本阐释的限度:语义维度的约束

从西方阐释学的发展来看,文本阐释的语义学维度也是首先被人们关注的,如圣经阐释学发展出了"阐释学循环原则"理论、施莱尔马赫所提出的"语法的解释"的方法以及贝蒂所提出的"意义融贯性原则"等。① 但这些论述都不是针对阐释中的约束问题而提出的,更没有论述阐释中意义约束与创造的辩证关系。在语义维度上,本书试图借用和改造现象学的理念意义和个别意义来论述阐释的限度,即阐释的语义约束;以及阐释是如何约束与创造并存,是开放而有界的。

一、文本理念意义与个别意义

胡塞尔的现象学,尤其是它对理念意义及其与个别意义的辩证关系的探讨对文本阐释的约束与创造关系的研究有着不同寻常的借鉴意义和解释力度,尤其是现象学中理念意义这一概念对文本阐释的语义约束的研究有着重要的启示作用。而且,正如利科所言,"现象学只有作为阐释学才能实现,现象学的发展方向是阐释学的"②。把现象学中的理念意义与个别意义的关系推及文本阐释,并无二置。文本也有其理念意义和个别意义。在胡塞尔的意向性分析当中,理念意义是"一",而个别意义是"多"。在阐释中,文本理念意义是"一",文本个别意义为"多"。每一次的阐释都是对文本意义不完全的展示,文本理念意义体现在每一次的文本

---

① 彭启福.文本诠释中的限度与超越——兼论马克思文本诠释的方法论问题[J].哲学研究,2007(2).

② 尚杰.语言,心灵与意义分析[M].沈阳:辽宁教育出版社,1989:219.

阐释中,由于理解主体的阅历总是不断变化的,不同理解主体的阅历也总是不同,因此对个别意义的构成活动总是有差异的,这就使得他们所体验的个别意义因时因地的变化而各具独特性。例如:

亚里士多德是
(1)柏拉图的学生
(2)亚历山大的老师
(3)《形而上学》的作者
……

对"亚里士多德"可以有多种表述或阐释,这些表述或阐释都是对"亚里士多德"其人不完全的、某一个侧面的展示,并且指向同一个"亚里士多德"。

文本意义是开放的,不同的读者对同一文本有着不尽相同的阐释,但每一种个别的阐释都是文本理念意义的变形,文本理念意义在每一个变形的个别意义中呈现,规定着文本意义的方向,限制了文本阐释的范围和读者阐释的随意性。"当这些个别意义能够形成一个连贯的复合体时,我们就说理念意义得到了实现和充实;而当这些个别意义彼此冲突,意识又无法把它们综合成一个连续的复合体时,理念意义无法得到实现,出现错误的理解,出现了违背由理念意义所规定的可能个别意义的框架或结构的现象。"①于是文本理念意义成了文本阐释的约束因素之一,在本篇文章中我们称之为文本阐释的限度。

为形象地说明文本理念意义对个别意义的约束机制,让我们以奇数列 1,3,5,7,9,11……为例。对于以下这个数列,我们可以提出各种各样的阐释:

(1)这个数列的任何前后两项之差为 2,即 $a_n - a_{n-1} = 2$;
(2)这个数列的任何一项可以用 $a_n = 2n - 1$ 来表示;

---

① 陈维振,吴世雄.范畴与模糊语义研究[M].福州:福建人民出版社,2002:122.

(3)这个数列的前 n 项之和为 n2,即 Sn＝n2
(4)这个数列用二进制可以表示成 1,11,101,111,1001……
(5)这个数列用三进制可以表示成 1,10,12,101,……
(6)这个数列用四进制可以表示成 1,3,11……
……

从中我们可以得出以下一些结论,帮助我们理解本文中所阐述的有关文本阐释的约束理论:第一,在这个数列理念意义的限度下,可能的阐释是无数个,如(2)、(3)、(4)、(5)、(6)。理念意义控制着这些个别意义的变型,而这些个别意义也都能还原到这个数列的理念意义,因此都是约束内的阐释。否则,过度阐释便出现了,例如该数列的前 n 项之和说成 2n 而不是 n^2,就属于过度阐释。正是从这一角度上说,文本的阐释是开放有限的。与此相似的是,阐释学家利科从现象学理想体的概念出发,把篇章意义分为含义和指义,而含义和指义之间的辩证关系也体现了阅读中的创造与约束的关系。按照前文利科的观点,所谓含义,指的是理想体,类似于我们通常所说的本义,它是与作为抽象系统的语言相关联的,它不是某人脑中的某种观念,也并非一种精神内容,而是一种理想物,可以被不同时期不同个人作为一种并且是同一种存在物而识别和再识别。作为理想体的含义具有以下三个方面的特征:第一,意义在各种不同情景中保持一种同一性;第二,意义必须可以由某一个人和另一个人进行交流;第三,在各种言语行为和各种情景中,同一发言者或不同发言者总是能够不断地回到同一意义上来。理想体这一概念试图抓住的正是意义的这种客观性,即它的同一性、交流性和可重复性。

所以,作为理想体,含义具有其客观性。指义与含义不同,它并不是内在于语言的东西,而是超越了语言与世界联系起来的东西。篇章语词的含义,再打个比方,犹如展现在读者面前的客观存在的一尊塑像,不同阅历、不同欣赏水平的读者如同站在不同角度欣赏这尊塑像的观众。由于所处的角度不同,他们所看到的是塑像的不同侧面,因此,情况似乎是,展现在他们面前的塑像是不同的。然而关键的是,他们看到侧面的依据是这同一尊塑像。他们看到的是同一尊塑像。指义则是含义向外辐射的产物,越靠近中心的指义就越接近于含义,它所依赖的读者的想象力和创造性水平也就越低。水平愈高的读者,他所领略到的指义,就离含义愈远,就越处于辐射结构的外层。可以想象,由于含义的辐射力度有限,越外层的指义就显得越模糊,越难领会,因此所需读者的想象力就愈强。这就是说,意义的圈层结构是有限的,不同的指义是受含义制约和限定的。关于含义与指义的关系,利科说,所谓篇章的意义"乃是从含义到指义的运动",而这一运动原动力就是读者的想象力。① 所以,总的说来,篇章的指义是建立在纯粹的、客观的理想体即含义之上的,并通过含义这一中介而实现的。

综上所述,理念意义涵盖了一切变形的个别意义,在一切变形中呈现。正如一切对象总是以无穷无尽的方式向意识呈现一样,个别意义也不能被穷尽,但是个别意义却有一定的方向,他们总是朝向某个方向或某个方面改变。"这些确定的方向或确定的方向构成了变化着的个别意义的稳定结构,而确定着这些稳定的方向或方面并从而确立诸变形意义的稳定结构正是理念意义的本身。"②尽管文本理念意义允许无数个可能阐释,但它约束了文本阐释的范围,成为文本阐释的限度。

---

① Paul Ricoeur. *From Text to Action*: *Essay in Hermeneutics* [M]. Evanston:Northwestern University Press,1986:97.
② 陈维振,吴世雄. 范畴与模糊语义研究[M]. 福州:福建人民出版社,2002:122.

二、文本理念意义的建构性、创造性和约束性

需要特别指出的是,文本理念意义是意义论方向的,因此它也是由意识建构的。因为胡塞尔认为在流变的个别意义之中体现同一性的理念意义不是经验自我的实在心理感受,不是"内在知觉"或心灵的回忆。胡塞尔指出,对于理念意义至少有着两种实存论的误解。其一是把理念意义误解为形而上学的实在,如柏拉图的理念论。这种理念论主张理念意义存在于思维之外。胡塞尔认为,符号可以有各种不同的外部再现或出现方式,但却可以表达同一不变的理念意义。因此理念意义也就是在种种表达再现现象中保持不变的因素,这个因素就是"观念"。胡塞尔这个"观念"往往被人们批评为唯心主义的"观念",然而这个观念并非指有关现实存在物的存在样式,而是指在不同环境中被把握的同一性本身,因而是一个认识论的概念。其二是把理念意义误解为心理实在,如洛克的心理实在论。这种实在论认为,理念意义存在于思维之内。胡塞尔的"观念"与"洛克"的根本不同。洛克按照经验心理学立场将"观念"视为内在知觉客体的呈现,从而将观念等同于被呈现者。胡塞尔则认为应严格区别具体经验客体的规定性和此规定性的一般抽象,只有后者才是观念,即物知觉的客体规定性不是此规定性本身。

因此,文本理念意义不是实在的对象,也不是实在地存在于人的心理之外或是心理之内,它并非个别物之存在。作为"观念",它是阐释意向活动的结果,而且一切显示和表象,即一切个别意义都随着这一结果的方向和方式的转变而变化。那么,具体地说,作为文本阐释限度的文本理念意义究竟是什么?它又是如何被建构的?

首先,我们应该指出,文本理念意义与范畴的理念意义还是

有区别的。范畴理念意义是可以由意识瞬间把握的。正是在对范畴个别成员的知觉活动中,意识已经有了对于范畴普遍性的通达,而不是像传统观点所认为的那样,普遍通达的是隐藏在一系列的活动之后的物自体,因此本质与现象是分离的。在现象学中,一般与个别事物现象是直接融合在一起的,所谓理念意义、一般性、普遍性就是在一切可想象到的、一切自由变换或自由调整中保持着不变的同一性。然而,不同于范畴理念意义的是,文本理念意义的建构不可能由意识瞬间完成。它必须由连续的意识通过综合活动构成,因此,文本理念意义的构成具有一种历时性。我们从上述的数列例子中可以看出,文本理念意义是由文本的语词与语词之间的关系决定的,但是由于这些关系是非线性的,因此文本理念意义是无法用数学或逻辑的方法进行描述的。此外,就像范畴的理念意义是在意识个别意义的活动中展现自身那样,文本理念意义的建构,或宁可说,文本理念意义的展现是在文本个别意义的意识过程中进行的。在这里,我们用萨特的说法也许更能说明问题。萨特认为,文本所做的就是为读者设置路标,而连接路标向前迈进的则是读者本人。[①] 文本理念意义就像路标,为读者的意义阐释活动规定了方向。例如,文本的题目就是第一个路标,他为整个文本阐释确立了方向。从一个路标出发,读者可以看见无数条岔道,他所选择的岔道也许可以通向下一个路标,也许不能。如果不能,读者只能另选一条岔道,直到他找到下一个路标为止。正是由于阅读是这样的一种寻找和连接文本所设置的路标的活动,因此,古德曼才把阅读看成一种"猜测游戏",一种读者不断猜测、不断纠错的游戏。正是在这种探寻文本个别意义的"猜测游戏"中,文本理念意义才展现出自身,特别是,它扮

---

① 今道友信.存在主义美学[M].崔相录等译.沈阳:辽宁人民出版社,1987:197.

演了"纠错"的角色,即把握方向的角色。

这就是说,我们不是先建构起文本理念意义,然后再用它来约束个别意义的建构。恰恰相反,文本理念意义的建构是阅读主体在对个别意义的意识建构中展现自身的。与传统的本质主义、与胡塞尔前期的本质观念不同,胡塞尔后期的本质、理念意义等概念也是在意识中建构和呈现的,它不是独立于意识的"物自体",从而使它区别于其他哲学中的实存论的理念意义。在许多人看来,意义建构理论的提出,具有划时代的意义,它强调了主体意识的作用,突出了理解和阐释的主动性和创造性。当然,我们也看到,胡塞尔的理念意义还存在着约束个别意义的作用,这一点,我们在上文中已经作了系统的论述,而且在下文中还将对它作进一步的强调。

胡塞尔指出,世界依靠主体的意向性活动而获得意义:

> 在个别意义自由调整、自由变换过程中把握到的理念意义与经验性的概括与抽象是根本不同的。经验性的概念与抽象是对实际存在的个别的经验事实的抽象与概括,因而已经预设了个别经验事实的实际存在……但理念意义并不需预设所有个别意义的实际存在。在意识体验的自由变换、自由调整把握到的理念意义,只设定虚拟的诸种可能变形,正因为如此,它具有了普遍性和必然性。也就是说,它只规定它的变形应该如何如何,而不说它的变形实际上是怎样怎样。①

让我们以对桌子的直观活动为例来说明。当绕着桌子走动时,对桌子的意识是不断的,而且是不断变化的,到那时我们的知觉和记忆仍把这些意识体验为同一张桌子,即使我们闭上眼睛后

---

① 陈维振,吴世雄. 范畴与模糊语义研究[M]. 福州:福建人民出版社,2002:120.

又睁开眼睛,意识被打断,仍可以把这张桌子知觉为同一张桌子。所以,我们在桌子的直观活动中以无法描述的方式洞见了桌子范畴的本质,使得对桌子不同侧面的意向活动,仍然指向这同一张桌子。所以总的说来,胡塞尔的范畴直观活动具有两个特点。首先是直接性,现象直接给予认识主体的感觉是真实可信的,在个别中直接通达范畴的理念意义;其次是自明性,现象清楚明白地显现自身,无须客观世界的佐证,具有无疑的明证性。简而言之,范畴的理念意义不是实在的对象,它的属性即隐含的东西是在范畴直观中当下显现出来的。这两个特点都是现象学意向分析融入的结果。

同样,文本理念意义是在文本个别意义的意识活动中显现出来的,同时,它还决定了文本个别意义的一切可能的形式。虽然文本理念意义是什么我们无法说清,但正是文本理念意义区分了此文本和彼文本。当文本向我们的意识显现时,一种有关文本的个别意义向我们展现了。在不同的阐释主体意向活动中,个别意义不断展现出来,犹如"我们移动自己的位置从另一侧面对着这一张椅子时,另外一侧'椅子'的个别意义又向我们敞开了"[①]。文本理念意义在流变的体验中始终保持着同一,它是在文本个别意义中以一种无法描述的方式被"发现的"。

综上所述,借用胡塞尔理念意义这一概念,我们得知文本阐释的语义约束就是文本理念意义的约束,它允许无限可能阐释,但仍然规定了这些阐释的限度,使得这些可能阐释构成了一个开放有限的集合。

[①] 陈维振,吴世雄.范畴与模糊语义研究[M].福州:福建人民出版社,2002:122.

第四节　文本阐释的界线：语用维度的约束

正如上文所述，文本理念意义设定了文本阐释的限度，规定了无数可能性阐释的方向，但是在阐释实践中，语言交往共同体能够接受的阐释只有一个或数个，所以语言交往共同体的约束成为文本阐释的语用约束，我们称之为文本阐释的界线。不仅如此，我们知道，由于阐释作为一种语言游戏，遵守的是阐释的语言游戏规则，而语言游戏规则是语言交往共同体的行动规则，具有共同体性质，所以阐释在这一意义上是语言交往共同体遵循语言游戏规则的结果，阐释是否有效也应该由语言交往共同体来检验。

说明语言交往共同体检验是文本阐释的界线这一问题包含了两个步骤：首先，批判性地分析了艾柯提出的检验阐释的三大原则，即连贯性原则、互文性原则和经济原则。虽然这三大原则看似是检验阐释最低的标准，但经过仔细的考辨，这三大原则作为阐释的检验标准本身是存在问题的。不仅如此，本文还从语言游戏规则的盲目性出发，说明把检验阐释的标准归结为一些具体标准的做法本身是欠妥的。其次，我们从维特根斯坦对私人规则的批判出发，说明文本阐释作为一个内在的心理过程，必须参照语言交往共同体的语用规则才是有效的。

一、艾柯检验阐释三大标准之批判性分析

(一) 艾柯的连贯性原则之批判

作品的连贯性强调作品应该是一个有机联系的整体，如果任

何一部分的解释与其他部分的解释有矛盾,都必须修正。艾柯对于作品的连贯持有相同的观点。他认为连贯性是文本每一部分内部之间的联系,最后连贯性的圆满是基于前面每一部分的连贯性而达成的。

连贯不仅是文本所具有的客观特征,而且可以说,连贯能力是人脑产生意义的自动装置,是认知主体主观建构能力的体现。认知主体的连贯能力是极强的,甚至可以毫不夸张地说,人可以通过相似性和类比性把万事万物都连贯起来。正如巴雷特所说的那样:"希腊人发明了逻辑。他的'人是理性动物'的定义照字面意义讲,便是人是逻辑的动物。……人是能够进行连贯的合乎逻辑的谈话的动物。"①

一个有效的阐释绝对是连贯的,而一个过度的阐释有可能是连贯的,也有可能是不连贯的。然而,一个"妄想症式"的观点认为所有的阐释都是连贯的,因为人类的思维逻辑性可以逾越松散文本所带来的表面上的不连贯。的确,把两个不相关的事物联系起来并非难事,正如艾柯本人不得不承认的那样:"从理论上说,人们总是可以创造出某种体系使原本毫无联系的东西产生出合理的联系。"②正是在这个意义上,我们不能从连贯的与不连贯的角度来衡量阐释是否过度。

其实我们的生活中也不乏体现人的逻辑连贯能力的例子。笔者曾在口语课上让学生们把"水"和"女人"这两个词连贯起来以训练学生的口语能力和逻辑能力。学生的回答各种各样,都很好地发挥了逻辑连贯能力,但是最为精彩的一个"版本"就是:水由氢原子和氧原子组成,二者皆可燃烧;但是二者可结合成水,水又可以灭火,所以水是一个矛盾体,而女人经常被比喻

---

① 巴雷特.非理性的人[M].段德智译.上海:上海译文出版社,1992:80,81.
② 艾柯等.诠释与过度诠释[M].王宇根译.北京:生活、读书、新知三联书店,1997:74-75.

成一个矛盾体。所以"水"和"女人"在这一点上被完美地连贯起来了。再如,在2007年的世界田径锦标赛上,中国110米跨栏短跑运动员刘翔在第9跑道夺得110米跨栏金牌,中央电视台体育频道田径专栏记者冬日娜采访他时问道:"你的比赛服的号码是441,4+4+1是9,你的跑道又是9,你的幸运数字是不是9?"如此"巧妙"的提问使我们不得不感叹这位记者的逻辑连贯力。

艾柯把连贯性作为检验阐释的标准,其主要目的就是用来批判解构主义的"跳跃式、怪诞式"的非连贯的解构阅读方式。但恰恰相反,最以连贯能力见长的是解构主义。解构主义处理文本的方式是非常特别的:大量的比喻结构的使用、有意在细枝末节夸夸其谈、毫无必要的引述或交代或者大量使用拖沓的长句;而大量的跳跃、省略和隐瞒使话语的随意性和任意性更见突出,有时甚至标点符号也不能正确运用。解构主义者崇尚这种讽刺的模仿,其行文方式主要是针对传统文法只注重语言形式,而不注重内容阐释的倾向。以下是艾柯在《误读》中,模仿解构主义的解构风格对《大限将至》的解构阅读:

　　如果你的精神尚未完全萎靡,只要你任选一天走过古希腊集市,如果你起先还没有痛苦得快要窒息(剩下的人还有谁能感受到这种弥足珍贵的感情呢?)或是屈从于社会模仿的需求而加入一群围着新近冒出来、在广场上悠闲自得地踱步、同时大发哲学议论的人的欧福里翁们,你会看见那些曾经一度是希腊人的人:现在都成了制作完美的、得意洋洋的机器人,他们在气味混杂、喧闹不堪的环境里一起发着喜气洋洋的叫声,跟各行各业的人打成一片——有来自雅典的赶着牲畜的农民,有来自黑海的买金枪鱼的商人,有比雷埃夫斯的渔民,还有店铺里卖家的大声吆喝、叫卖,林林总总的小商贩:卖香肠,卖羊毛、水果、猪肉、鸟类、奶酪、糖果、香料、冯药、香薰和没药、羽毛、无花果、大蒜、家禽、书籍,奉为神物的里脊、针和煤——如同我们的喜剧作家那样,有时候津津乐道地一一列举。混迹在这些人中间,你会发现检查人员四处走动,换钱的,管理重量和其他度量的,抄写诗歌的,卖花环的,他们全都聚集在简陋的店铺和裁缝的摊位前;你还会看到制作诗琴和香水的人,卖海绵和蛾螺的货郎,买卖奴隶的贩子,还有在赫麦界柱附近为自己出售的东西大声叫卖的,有卖小饰物、面包、豌豆的妇女,还有鞋匠和拉皮条的。[1]

持有传统文本阐释观的读者很可能认为这段话逻辑不清、杂乱无章,甚至是一派胡言。但是某些持有解构主义阐释观的读者有可能很欣赏这种创作方式,他们用自己的方式在阐释着这段话,"偏执"地认为此段话具有连贯性。

和解构主义者一样,有一些哲学家如罗蒂持有的正是"连贯性普遍存在"的观点,虽然不免有些极端,但是我们从中也能发现一些深刻的道理。罗蒂认为连贯性是阐释车轮的最后一环,连贯性只不过是把阐释者感兴趣的点串联起来的魔法棒,因此可以按照自己的方式把点串联起来,即阐释者可以自由地使用文本。如果有连贯性存在的话,也是阐释者头脑中的连贯。所以,在罗蒂看来,连贯性与文本没有关系,而是由阐释者决定的。这个观点不免有些极端,用艾柯的话来说,罗蒂混淆了"阐释文本"和"使用文本"之间的区别。然而,罗蒂的观点也并非荒谬至极,比如文学逻辑和形式逻辑、数学逻辑就不同,它要求的不是精确和严谨,文学逻辑追求的是与众不同的词语组合,从而传神出对世界、对生活独特的观察和理解,尤其是一些现代作品,跳跃性的叙述处处可见,看似极不连贯,但实属"意料之外,情理之中"。

既然人可以把万事万物都联系起来,连贯无所不在,那么怎

---

[1] 艾柯.误读[M].吴燕莛译.北京:新星出版社,2006:79.

样的连贯才是有效的呢？连贯没有对错，或者没有好坏，那么评判标准是什么？而且，艾柯在把连贯性作为一个重要标准的时候，犯了一个倒果为因的逻辑错误。到底是我们先发现阐释过度了，或者通俗地说，到底是意义不通了，才发现不连贯了，还是先发现不连贯了才发现意义不通了？

(二)艾柯的互文性原则之批判

在艾略特看来，稚嫩的诗人依样画葫芦，成熟的诗人偷梁换柱，诗人的作品都具有相互指涉性，所谓个人的创新只不过是对他人作品的一种反映。互文性理论持有者认为文本是一个立体而又神奇的世界：在这个世界里共时的文本和历时的文本都悄然在这里相聚，而这种互文性关系是通过发挥读者主观能动性而发现的。法国当代文艺理论家、互文性理论提出者克里斯蒂娃就曾经指出："任何文本都是由引语的镶嵌品构成的，任何文本都是对另一文本的吸收和改编。"[1]文本被看作冰山一角，冰山海底下蕴藏着一个令人生畏的庞然大物。

互文性的思想传统早已有之。18 世纪初，英国作家亚历山大·蒲柏就曾在维吉尔的作品中发现了荷马。维吉尔当初开始创作时，就想以一部作品使罗马名垂千古，置任何批评戒律于不顾，除了自然，不屑汲取任何源泉；但当他有意推敲每一部分时，他发现荷马与自然原来还是不可分的。[2]

互文性理论认为文本是一个有着互相指涉关系的虚体，从而瓦解了文本的实空间。最为激进的互文性理论是哈罗德·布鲁姆的"误读"理论。施莱尔马赫的"正读"的目的是把"作者意图"呈现出来，与此相反，哈罗德·布鲁姆赋予"误读"积极的意义。

---

[1] Julia Kristeva. *Word, Dialogue and Novel* [M]. in The Kristeva Reader,Toril moied,Oxford:Blackwell Publisher Ltd.,1986,p.36.

[2] 王瑾.互文性[M].桂林：广西师范大学出版社，2005：52.

他认为任何诗歌都是对其亲本的误释,一首诗的产生是与另一首诗息息相关的,一首诗的意义总是指向另一首诗。

秉承这一思想,现代批评强调互文性,认为作品的意义从来不是孤立的、封闭的、自足的,而是存在于文本和其他的文本之间的相互作用和联系之中,好比"读一本书,可能想到的是所有的书"①。于是,将过去纳入现在,乃是互文性批评的主要任务之一。在互文性批评的积极推动下,作品空间是极为广阔的,文本本身的约束在不断拓展的阅读空间中逐渐丧尽。

然而,让我们来看看艾柯眼中的互文性原则是怎样的。仍旧以华兹华斯的诗句为例:a poet could not but be gay. 如果对此句的创作年代不清楚,尤其是碰到 gay 这个词,艾柯认为应该首先看一看文本的其他部分是否会支持所作的同性恋的解释,如果是的话,就可以尝试作出如下假设:"这个文本不可能是一位浪漫主义诗人的作品,而只能出自一位当代作家之手——也许,他是在刻意模仿某位浪漫主义作家的风格。"②正像夸张的修辞手法有夸大和缩小一样,艾柯创造性地逆向运用互文性:把文本的疆域通过求证文本的其他部分或其他文本缩小了,而不是扩大了,以防过度阐释了文本,这恰恰与互文性原则提出者的初衷相反。

从艾柯的互文性原则看来,文本的阐释不仅受到了文本本身的限制,而且受到了其他文本的限制。在这里,艾柯混淆了连贯性原则和互文性原则,因为阐释的连贯不仅受制于文本本身各部分之间的连贯,而且受制于文本之间的连贯。

虽然艾柯强调了文本的开放性和读者意图,但是他对互文性原则的过度运用有时大伤脑筋,在无奈之余还是表现出了对作者意图的一丝怀念。总的说来,虽然艾柯反对作者干预原文阐释,

---

① 郭宏安.重建阅读空间[M].北京:中国社会科学出版社,1989:6.
② 艾柯等.诠释与过度诠释[M].王宇根译.北京:生活、读书、新知三联书店,1997:83.

第四章 文本阐释的限度与界线:语义与语用维度的约束

但是他从来没有像后结构主义者和后现代解构主义者那么激烈。尽管如此,他对经验作者意图还是心有余悸的。在《阐释和过度阐释》中的"作者与文本之间"一文中,为了证明文本意图的重要性,艾柯指出,不要把经验作者的私人生活与文本的阐释联系起来。因为"经验作者的私人生活在某个程度上说比其作品文本更难以追寻。在神秘的创作过程与难以驾驭的阐释过程之间,作品文本的存在无异于一支舒心剂,它使我们的阐释活动不是漫无目的地到处漂泊,而是有所归依"[①]。所以,艾柯对作者意图在文本阐释中的作用是持小心谨慎态度的。

不过,艾柯还是隐约觉得,如果对作者意图完全置之不理也会造成某种尴尬。艾柯是多部文学作品的经验作者,一些批评家经常会运用互文性原则评论其文章。但是,艾柯指出,有些评论家在阐释他本人的代表作《以玫瑰的名义》时,过度使用了"互文性"这一原则。评论家海伦娜·盎赫瓦指出,爱弥尔的《布拉迪斯拉发的玫瑰》与艾柯的《以玫瑰的名义》有许多的相似之处,因为在《布拉迪斯拉发的玫瑰》一书中,也可以追寻到神秘手稿以及图书馆失火这样的情节,她就此认为艾柯肯定是受到了这本书的启发。艾柯顶着被人指责为"作者意图论者"的危险,忍无可忍地站出来抗议道:"他的故事发生在布拉格,而我在小说的开头也提到过布拉格。更有甚者,我的书中有一位图书馆员的名字是贝伦加·马赫。作为经验作者,说我从没有读过盎赫瓦的小说,甚至不知道有这样的一部小说,是完全没有用的。"[②]并且艾柯对此一再强调这一巧合的"无辜"和"无奈":"有些批评家在我们作品中发现我受到的一些影响,他们认为尽管我在写作时没有意识到这些影响

[①] 艾柯等.诠释与过度诠释[M].王宇根译.北京:生活、读书、新知三联书店,1997:108.

[②] 艾柯等.诠释与过度诠释[M].王宇根译.北京:生活、读书、新知三联书店,1997:108.

的存在,但在年轻时我肯定读到过这些书,并且在无意识中受到了它们的影响。"①

传统互文性理论是对"作者之死"的另一种表达,因为当作者消失以后,"文本的源头失去了依据和出处,也就不再有权威的、唯一的终极解释。这样一来,文本成为多维空间的组合,在这个空间中,各种写作相互交织、结合、对话、竞争,但没有一个是始源性的,没有一个是优先的,文本是各种引证的编织物,是充满零乱文化源头的混合物"②。但是艾柯的"互文性"独具特色,他认为互文性不仅要求证于其他文本还可以求证于作者,但是求证于作者的互文性是真正体现了互文性的精髓还是与互文性的精髓背道而驰呢?

(三)艾柯的经济性原则之批判

有关资料显示,在说英语的社群中,当一个人发出"Be careful"这样的惊叫时,其他人会自动地把它理解为"存在某些危险"。近年来,关于阐释的实证研究也证明了语言经济原则的重要性,表明读者至少会在一些关键信息上认知趋同,主要有:迈阿尔发现被试在篇章阐释中关注的句段方面是趋同的;③娜娜莉通过方差分析来考察被试在绘画、音乐等作品上的阐释趋同度,发现两组被试的测试结果高度趋同。④ 马丁代尔发现被试在文本的主体结构及其内在的连贯关系和情节的预测等方面的认知结

---

① 艾柯等.诠释与过度诠释[M].王宇根译.北京:生活、读书、新知三联书店,1997:91.

② 王瑾.互文性[M].桂林:广西师范大学出版社,2005:54.

③ Miall, David S. The Indeterminacy of Literary Texts: The View from the Reader[J], *Journal of Literary Semantics*, 1988, Vol. 17, pp. 155~171.

④ Nunnally, J. C. *Introduction to Psychological Measurement*. [M]. McGraw-Hill. 1990, p. 369.

果都趋同。① 法国语言学家马丁内指出人们之所以有着相似的认知反映,是因为人们会不自觉地对语言活动中力量的消耗作出合乎经济要求的安排,即语言经济原则。②

语言经济原则源于思维经济原则,即人在进行思维时,会运用最经济、费力最小、最简单的原则去说明一切问题,这一观点也深深地影响了对语言经济原则的研究。为了交际的顺畅与便捷,人们会不自觉地在语言活动中尽可能减少力量的消耗,使用省力的、已经熟悉的,或是比较习惯的,或者具有较大普遍性的语言单位,这是人类交际的一项基本准则。鲁宾斯坦也认为任何语言的特定含义和语言的连贯关系均是由某种语言演变的最优化过程而形成的,而种族成员在生活中自然而然习得这一意义和连贯方式,语言交际活动从而省力。③ 后来的格赖斯的合作原则、利奇的经济原则、齐普夫的最不费力原则和列文森的语言简约化原则等都表达了类似的观点。

语言经济原则与思维经济原则一样,是随着种族成员集体记忆的发展和经验积累而形成的,也就是说它不是某个个人所创造的,而是在种族发展中通过许多代的经验积累而形成的一个自然而然的生活实践,是从不自觉地、本能地追求理论知识的发展中产生的。④ 由于在语言活动中会不自觉地使用语言经济原则,种族成员在文本阐释中关键信息上的认知反应趋同,可以说是语言经济原则的使用,使文本阐释有了认知约束。

---

① C. Martindale. I. A. Richards Revisited: Do People Agree in Their Interpretations of Literature?[J], *Poetics*. Vol. 23,1995,p. 300,314.

② A. Martinet. *A Functional View of Language*[M]. Oxford:Clarendon Press,1962,p. 24.

③ Rubinstein. A. *Economics and Language*[M]. Cambridge:Cambridge University Press,2000,p. 98.

④ 董光璧. 马赫思想研究[M]. 成都:四川教育出版社,1997:34.

艾柯所定义的经济原则不同于人的思维的经济性原则。艾柯的经济性原则是阐释实践中的比较原则,也就是说通过比较,找出更为简洁的阐释,而把繁复的阐释认为是过度的阐释。那么阐释到底"经济"到什么程度才算是符合艾柯的经济性原则?难道不经济的阐释就一定不是有效的阐释吗?其实,从艾柯的思想出发,经济原则只能是一个相对的原则,充其量只能检测出是否某一个阐释比另外一个阐释更简约,而不能看成是一个稳定的检验阐释的标准。

不仅如此,一个简约的阐释是否是一个好的阐释是针对理解对象而言的,有时甚至是针对某个特定的阐释体系而言的。首先让我们仍以数列 1,3,5,7,9,11……为例来说明这一点。在这个数列当中,正像一条基本数学定理所表明的那样,我们可以创设无数个规则来与它相符合,即我们可以用无数种方法来阐释这一数列:

(1) $a_n - a_{n-1} = 2$(该数列的前后两项之差为 2)

(2) $a_n = 2n - 1$(该数列的通项公式为 $2n-1$)

(3) $S_n = n^2$(该数列的前 n 项之和为 n^2)

(4) 该数列还可以用二进制来表达成 1,11,101,111,1001……
该数列还可以用三进制,四进制等等来表达。

对于没有受过教育、没有任何数学知识的人来说,这个数列毫无意义,也就是说非数学共同体成员不可能理解和阐释这个数列。对于某些数学共同体的成员来说(比如对于由初中生构成的数学亚共同体成员来说),阐释(1)、(2)、(3)是好的、经济的阐释,而阐释(4)却是差的、或根本无法理解的阐释,因为他们还未学过二进制,更不用说三进制和四进制了。因此对于这些人而言,后面几种阐释都是无效的阐释。即便对于计算机专业的学生来说,三进制和四进制的阐释也是难以接受的。这一点说明,阐释的对与错,简单与复杂,好与不好,总是针对一个特定的共同体而言

第四章 文本阐释的限度与界线:语义与语用维度的约束

的,甚至是针对不同的阐释体系来说的。

虽然某些阐释表面上过于复杂,但是仔细品读,却有"意料之外、情理之中"的效果,这要归因于不同的阐释角度。我们知道,夏洛特的名作《简·爱》虽问世许久,但其影响力经久不衰,对其阐释的角度日趋多元,其中不少"繁复"的阐释,不失为新颖的阐释。例如,有些批评家借用心理分析的方法,认为简·爱对所谓"自由"的渴望后面,实际上是一种不自觉的青春的骚动,是一种"里比多"能量,一种生命能量在谋求释放。例如,"我向往自由、我渴望自由",英文是说:"For liberty, I gasp","gasp"的基本意义就是喘气,当然也有渴望的意思,从中我们可以感受到它的力量,也感受到其中的绝望。

女权主义兴起之后,简·爱的强烈抗争意识又得到了高度重视和充分阐发。很多人由此把简·爱和罗切斯特疯了的前妻伯莎联系起来,他们认为伯莎象征了简·爱以及所有女性在男权社会中受到压抑的处境,也代表了她们内心中某种狂躁地渴望改变、谋求出路的冲动。

有趣的是,对《简·爱》这部小说的分析甚至与"火"的象征和意象联系起来。"火"在英国生活中是非常重要的,因为火是生命和欢乐的象征。在这本书里,不论是描写简·爱在舅妈家、在学校还是后来在桑菲尔德,"火"都是一个中心意象。"火"代表爱情、代表人们的欲望,特别是情欲以及其他非理性情感。谈到火,就不得不谈到伯莎,因为伯莎放了两次大火。随着女性主义思潮在文学评论界的兴起,伯莎的地位日趋"显赫",几乎是"如日中天",对这个人物的热衷是违反艾柯的经济原则的,但是对此的分析却令人信服。

讨论还可以进一步深入,有人甚至提出了伯莎这个人的殖民地背景的问题。因为所谓的"后殖民主义"也是当前西方思想界的一个大思潮。在这部小说里,不但伯莎的形象即命运涉及宗主国和殖民地的关系,最后简的地位的提高和确立,也依靠她从在海外创业的叔叔那里继承的一笔钱,她叔叔的钱来自殖民地。因此可以说,简最后的幸福部分建立在殖民地的基础上。

有人还提出简·爱儿时的挚友海伦·彭斯是本部小说的灵魂人物。因为简·爱对她的尊敬和友情体现了简·爱人生追求中的宗教的或精神的层面。假设从经济原则来看,诸如此类的近乎"另类"的解读,都或多或少显得勉强,但这些解读中看问题的角度,不能不说给了我们许许多多的意外惊喜,很难用经济原则进行取舍。

从以上对《简·爱》阅读空间的探索来看,在主张阐释多维化的时代,艾柯的经济性原则可以说是对阐释创造性的一个摧残性的否定,把批评家们所孜孜以求的阐释角度和空间多维的努力和信心一扫而光,所以,认为不经济的阐释就是过度阐释与认为经济的阐释就是有效的阐释一样荒谬;一个过度的阐释不一定是繁复的,同样,一个繁复的阐释也不一定是过度的。

从上面的论述中可以看出,艾柯提出的检验阐释的三大标准本身是存在问题的。在接下来的部分,文章将论述语言交往共同体的行动规则——语言游戏规则的悖论性特征即盲目性,从而说明检验阐释是否有效不能寄托于这三个原则或类似的其他什么原则。

二、语言游戏规则悖论:语言游戏规则的盲目性

虽然语言游戏规则的灵感来源于一般的游戏,但是语言游戏规则与通常的游戏规则又有所不同。我们可能在不了解规则的情况下进入一般游戏;但是不了解规则,游戏又无从进行下去。在这里,维特根斯坦敏锐地看到了语言游戏中悖论的存在:没有任何行动的原因能够由规则加以确定,因为每种行动的原因都可以根据规则而得出。维特根斯坦解释道,我们可能在没有了解规

则的情况下进行语言游戏,但我们却在语言游戏中遵守着规则,这样语言游戏才能进行下去。

因此可以说,人类的一般行为包括语言行为是在没有明确规则的情况下展开的,但是我们可以对这些行为进行规则的解释。这说明遵守规则的过程是"盲目的",正如维特根斯坦所指出的那样:"当我遵守规则时,并不选择。我盲目地遵守规则。"[1]也正因为遵守规则的过程是盲目的,所以对于为什么要遵守如此这般的规则是没有理由的,因此维特根斯坦提出,由于遵守规则是无法确定的,所以"必须这样毫无理由地走下去,但这并不是因为不能掌握理由,而是因为不存在理由"[2]。据于此,我们不得不对艾柯把检验阐释的标准归结于一些具体的原则的做法表示质疑。

首先,艾柯犯了一个明显的逻辑错误——把无效阐释的原因解释过程置于检验之前,或者说,当对某一个阐释是否有效作出判断时,我们预设了检验已经完成这个前提,这些所谓的检验原则只不过是我们对已经被视为无效的阐释所作出的解释。对阐释的检验只能在阐释中进行,检验先于对阐释有效与否的解释。所以说,在进入阐释的语言游戏之后,检验自行产生;只有在阐释和检验之后,才能对阐释的有效与否作出解释。没有任何一个或几个规则可以在我们检验阐释是否合理前确定我们的行为,但是我们可以对我们的行为作出解释,所以只有在检验某个阐释无效之后,才可以对其不合理的阐释原因作出解释。这就是所谓的"没有任何行动的原因能够由规则加以确定,因为每种行动的原因都可以根据规则而得出"。

从某种绝对的意义上说,在判断一个阐释是否无效时,我们会极少明确地用一些现存的原则去作出判断,就像我们作出阐释

---

[1] 维特根斯坦.哲学研究[M].李步楼译.北京:商务印书馆,1996:128.

[2] 转引自江怡.维特根斯坦——一种后哲学的文化[M].北京:中国社会科学文献出版社,2002:41.

一样,这些过程都是一个自然而然的过程,这与用数学公式做数学题、按法律法规秉公办事有着本质的区别。此时我们根本不需考虑"语用学"当中的"合作原则"、"面子原则"等等。不难看出,艾柯在这里犯了一个"倒果为因"的错误。正因为有一个有效的阐释,我们才假设这个阐释是连贯性的、经济性的、互文性的、合体裁性的……,而不是经过无数个原则的"考验"之后,在这个阐释被"验收通过"后才被"评为"有效阐释的。所以,阐释和检验阐释的过程一样都是一个自然而然的过程。

其次,有效阐释的标准可能是无数个,而不是只有几个。维特根斯坦曾经指出:"我们应该怎样设想一个词的应用规则的一张完整的清单呢?——我们说象棋中一枚棋子的应用规则的一张完整的清单是什么意思呢?"[①]同样,一个有效的阐释是符合各种原则的阐释,一个无效的阐释却因为这样和那样的原因而无效。这好比合法是符合任何法律法规,而犯法是因为违反某一条法律法规一样。我们不能只用几个简单的原则就把阐释是否有效检验出来,就像我们不能只列出几条法律就能证明某人或某行为是否合法那样。有效的阐释是符合各个标准的阐释,无效的阐释会因为这样或那样的原因而无效,所以我们并不能像艾柯那样,把有效阐释的标准局限于连贯性、互文性和经济性或其他一些原则。例如,如果我们在进行翻译实践时,误读了原文的体裁,就会产生过度阐释,从而产生拙劣的译本。

语篇的体裁不同,交际功能就不同,并进而导致语言风格和语篇结构上的差异。所以正是特定的交际目的构成了特定的语篇体裁。作品只有在具有一定体裁形式时才实际存在。每个成分的结构意义只有与体裁联系起来才能理解。[②] 体裁是社会文化传统给

---

① 维特根斯坦.字条集[M].上海:上海人民出版社,1995:440.
② 马理.约束与体裁——试析巴赫金诗学元方法问题[J].四川大学学报,2003(3).

予文本合法身份的象征,所以对体裁的误读就是一种对文本的误读,就是一种过度阐释,从这个意义上说,体裁也要算作一个标准。

翻译属于文本阐释中的特例,因为翻译要协调沟通两个不同的世界,把他人的思想转化为自我的思想,再转化为文字,这就是对原文本进行阐释的过程。译者成功地翻译了一部作品,不仅表现在译者能否准确地阐释原文的内容,还包括准确地阐释原文的体裁风格,而后者在翻译当中显得尤为重要。"由于体裁的范例在结构、形式、内容和意向的读者等方面都展示大同小异的各种程式。特别是语篇体裁的惯例性使译文的生产有方法可依。在某种程度上当某一语言的社团的成员把某一文本当作某一体裁的范例,翻译者就会将该文本当作该体裁的范例。"[①]倘若传达不出原文的体裁,读者就感觉不到原文的风采,也体会不到源语读者所感受到的特有地域文化情感。如果把巴尔扎克的浑厚、雄健、博大又混杂着庞杂、粗疏、用字不够讲究的《人间喜剧》的小说体裁翻译成缥缈的诗歌风格,翻译就失败了,就成了过度阐释;再如诗歌需要的技巧性最大,行文含蓄、优美、充满意向、典故,因此纯粹运用直译或意译的翻译策略经常是不可取的;而如科普读物、产品说明书、使用手册、广告等各类文本,主要功能在于传递商品的信息,最好采用形式对等的直译法,这样才会显得客观,才能忠实传递原文信息。

让我们首先以诗歌的翻译为例。原诗是秦观的"鹊桥仙"的上阕:

纤云弄巧,/飞星传恨,/银汉迢迢暗度。/金风玉露一相逢,/便胜却人间无数。

许渊冲的译文是:

Clouds float like works of art; Stars shoot with grief at

---

① 王雪.体裁、语篇类型与翻译[J].外语与外语教学,2004(10).

heart. Across the Milky Way the cowherd meet the maid, when autumn's golden wind embraces the dew of the jade, all the love scene on earth, however, many, fade.①

这首诗保留了原文的简洁的风格,准确阐释了诗歌内容,而且体裁风格对等,淋漓尽致地传达了原文的意境。

又比如,家用电器说明书属于科技文章的范畴,语气正式,语言简单明了。在语法上,无人称句在科技文体中被广泛使用,这是因为"科技文章所描述和讨论的是科学发现或科技事实,尽管科技活动系人类所为,……但科技文章所报告的主要是这种科技的成果或自然规律,而不是报告这些结果或自然规律是由谁发现或完成的"②,而且条理清晰、逻辑性强这一特点在家电说明书的安装说明和操作要领部分尤为突出。英文家用电器说明书逻辑条理性强,主要体现在大量使用时间、条件状语从句以及表示行为先后的连词。

原文:Any time you note distortion, reduce the volume control on your amplifier to a lower sitting. Never allow your amplifier to be driven into "clipping". Otherwise the speaker may be damaged.

译文:无论在任何时间,如果留意到声音出现失真的情况,应把扩音机的音量控制减至较低的设定,不可让扩音机出现"消波"的情况,否则可能会损坏扬声器。③

但是有些译者在翻译过程当中,过于注重译者个人本身的风格,没有很好地展现原文的体裁风格。举例来说,法律语言的翻译与诗歌大不相同,较其他文体更具严肃性、准确性和逻辑性。请看以下一段法律语言的翻译:

---

① 高中生必背古诗词.许渊冲译.河北人民出版社,2003:76.
② 潘月.论家用电器说明书的翻译[J].中国科技翻译,2003(2).
③ 潘月.论家用电器说明书的翻译[J].中国科技翻译,2003(2).

原文: The law holds that the individual is responsible for his acts. The law also indicates what is good and right, and what may and should be done. It also indicates what is evil and wrong, and should not and may not be done. The law further holds that what is evil and wrong is a crime and may not be done, and if done, renders the doer liable to punishment. The law also recognizes the principle that man has free will and that, with certain exceptions, he exercises free will in commission of any crime that he may commit.

译文1:法律认为公民应对自己的行为负责。法律还规定什么是美好的和正确的,规范了哪些事是允许做或应该做的。同样,法律规范了什么是邪恶的和错误的,法律还进一步明确规定哪些邪恶的错误的事是不能做的犯罪行为,如果某人做了这样的事,那么该行为人就要受到惩罚。同样,法律还承认这样一个原则,每个公民除犯罪自由外都具有自由意志,如果某人在各种违法活动中实施其自由意志,那么他就可能触犯法律。[1]

译文2:法律规定人人应对自己的行为承担责任,分清善良和正义,规范了人们的行为准则;法律还认为,作孽枉法即是犯罪,法不可恕,谁要以身试法,必将受到严惩。法律所主张的原则是人人享有自由意志的权利,同时也认为,除特殊情况外,人们的自由往往表现在因滥施自由意志而受到惩罚的行为上。[2]

从上述两例译文可见,第一个译文语言显得松散,句法不够严谨,甚至有些口语化,与严密的法律条文不吻合;第二个译文用

---

[1] 赵春义.法律英语翻译的文体风格[J].湖北大学学报,2006(4).
[2] 赵春义.法律英语翻译的文体风格[J].湖北大学学报,2006(4).

词严谨,表述准确简练,的确能体现出法律的庄严。

再以 Moby Dick 的中译为例,北京燕山出版社 1999 年出版了姬旭升的"全译本",译者不但将很多地方删去,而且完全改变了原著的风格。例如:

Call me Ishmael. Some years ago—never mind how long precisely—having little or no money in my purse, and nothing particular to interest me on shore, I thought I should sail about a little and see the watery part of the world. It is a way I have of driving off the spleen and regulating the circulation. Whenever I find myself growing grim about the mouth; whenever it is a damp, drizzly November in my soul; whenever I find myself involuntarily pausing before the coffin warehouses and bring up the rear of very funeral I met; and especially whenever my hypos get such an upper hand of me that it requires a strong moral principle to prevent me from deliberately stepping into the street, and methodically knocking people's hats off—then I account it high time for me to go to the sea as soon as I can. This is my substitute for pistol and ball. With a philosophical flourish Cato threw himself upon his sword; I quietly take to the ship. There is nothing surprising in this. If they but knew it, almost all men in their degree, some time or other, cherish very nearly the same feelings towards the ocean with me.

译文如下:

很多年以前,那时我的钱包瘪瘪的,陆地上看来没什么好混的了,干脆下海吧,去在我们这个世界上占绝对面积的大海里逛逛吧!

这已是我唯一的去处了。

每当我心烦气躁、肝火直升脑门时;每当我心忧绪乱、眼前一片11月的愁云惨雾时;每当我身不由己,跟着不相干的送葬队伍走向墓地时;每当我忍无可忍,马上就要在街上像脱缰的野马一样横冲直撞时,我都得赶紧去出海!

只有出海能够阻止我对自己举起枪!

我没有伽图那一边吟诵诗歌一边拔剑自刎的勇气,只能悄悄地走上船去。

怎么样,朋友,你有类似的感情经历吗?我始终相信,不论是谁,在某一个特定的时刻,他都会对海洋产生类似的情绪的。

噢,我的姓名!其实这无关紧要,好了,你就叫我以实玛利吧。①

尽管这篇译文形象生动地刻画了一个浪子的形象,如"没什么好混的"、"干脆下海吧"、"逛逛吧"等等。但不可否认的是,译者似乎过度使用了动态对等的翻译态度,而把形式对等的必要性抛之脑后。原文和译文形式上的差别显而易见,原文由8个长短交错的句子组成,而译文却是7个独立的段落,一些语句也被省去不译。译文带来的是小说整体风格的转变,已不见麦尔维尔行文的古朴凝重,犹如阅读一部现代小说。②

因此,对体裁的正确把握和阐释,与连贯性、互文性、经济性等原则一样,在文本阐释中都很重要。体裁的对应阐释在翻译中尤为不可忽视,否则,原文本的身份被改变,翻译的目的也就没有完全达到,阐释也会无效。

不言而喻,对于语言游戏悖论,我们需要特别指出的是,把遵守规则的理由视为不可说的,非但不是对人类理性的怀疑,而是对人类理性的确定和自信。维特根斯坦认为,人类使用语言的能

---

① 麦尔维尔.白鲸[M].姬旭升译,北京燕山出版社,1999:1.
② 李静滢.论翻译中文本阐释与译者的取向作用[J].深圳大学学报,2001(6).

力是自然而然的,根本不需要寻找某种原因或理由来证明。使用语言是人类生活的一个部分,这一点是毋庸置疑的。诚如维特根斯坦所说:"如果你企图怀疑一切,你就达不到怀疑一切的程度。怀疑的游戏本身就预先假定了肯定。"[①]所以在维特根斯坦看来,没有终极的理由并不会产生怀疑,遵守规则不依赖于终极理由,只要有理由的存在,就会产生对理由的怀疑。反之,没有理由,就没有怀疑。而人们使用语言,遵守规则,投身语言游戏就是这样一种无须理由的活动。

三、语言交往共同体的检验——文本阐释的界线

(一)语言交往共同体

在上文中,我们论述了维特根斯坦悖论的盲目性特征,从而说明,阐释的标准可能是无限多的,因此,艾柯把检验阐释的标准归结为几个原则的做法是不适宜的。既然艾柯列举的三个原则或者其他的某项或某几项标准不能作为阐释的标准,那么谁应该担当检验阐释的重任呢?如何才能解释在文本理念意义的约束下,允许了无数可能的阐释,然而在阐释实践中,人们能够接受的有效阐释却只有一个或数个?可能的阐释是无数的。正像上文所提到的那样,文本有理念意义和个别意义之分:个别意义是不断开放的,但并不意味着没有约束,理念意义规定了个别意义的变型。理念意义限度下的个别意义则是文本可能的阐释。然而在阐释实践中,"特定的群体"能够接受的阐释却只有一个或数个,这些阐释成为有效的阐释。

让我们以奇数列 1,3,5,7,9,11……为例来说明可能的阐释

---

① 维特根斯坦.论确定性[M].桂林:广西师范大学出版社,2002:72.

第四章 文本阐释的限度与界线:语义与语用维度的约束

与有效的阐释的区别。在这个数列当中,正像任何一条基本数学定理所表明的那样,可以创设无数个规则来与它相符合,即可以用无数种方法来阐释这一数列:

(1) $a_n - a_{n-1} = 2$(该数列的前后两项之差为 2)

(2) $a_n = 2n - 1$(该数列的通项公式为 $2n-1$)

(3) $S_n = n^2$(该数列的前 n 项之和为 n^2)

(4) 该数列还可以用二进制来表达成 1,11,101,111,1001……

(5) 该数列用三进制可以表示成 1,10,12,101,……

数学家甚至还可以用四进制,五进制等等来表达。

以上所有的数列阐释方式,除了(5)是过度阐释之外,其余皆为可能的阐释,因为属于数列的理念意义约束之内的阐释,但有效的阐释却依赖于不同的特定群体而定。对于教育程度较低的群体来说,这个数列是没有意义的。对于某些学数学的特定群体来说,比如对于初中生来说,(1)、(2)、(3)是有效而且适度的阐释;而阐释(4)、(5)却是无效的,其中(4)是不被初中生接受但属约束之内的可能阐释,因为二进制、三进制等不属于他们的接受程度之内。可见,特定的群体可以检验阐释的有效性。

我们知道,阐释的检验作为一种语言游戏,必然遵守的也是语言游戏规则。遵守语言游戏规则是一种内部的心理过程,正如维特根斯坦所说的那样,这样的一种内部心理过程如果缺乏外部的核查标准,我们就无法断言一个人是否遵守了规则或遵守了什么规则。所以,阐释是否有效,必须有一个外部的判据,这一判据只能在语言交往共同体性质中去寻找,因为如上所述,有效阐释遵守的是语言游戏规则,而语言游戏规则是语言交往共同体的行动规则,所以语言交往共同体是检验阐释有效与否的最可靠同时也是最终的标准。正如阿佩尔所言,语言交往共同体概念建立在人类的交往理性之上,是对自亚里士多德以来哲学家所推崇的"理性"进行批判性思考的结果。这些哲学家注重理性,注重证明真理或理论,他们认为严密的逻辑证明意味着理性思维的进步。但阿佩尔认为,证明依赖于未经批判的前提,这种前提的证明又需自明的前提,因此从逻辑上说,对前提的回溯将导致无穷倒退。但这种理论上的无穷倒退要归因于唯我论者抽离掉了语用学维度。如果论辩是在一种主体间的情境中展开,把语言交往共同体的经验作为检验的标准,我们就不必无限倒退以寻求明证性基础,并且还可以反思自身的合法性。也正因为如此,阿佩尔把主体间的沟通看作可能知识的先验条件。

(二)语言交往共同体检验:私人规则的批判

"语言交往共同体是检验阐释的标准"这一结论还可以从维特根斯坦的"私人规则在没有参照共同体的情况下是无意义的"这一论题出发。首先,让我们来看维特根斯坦悖论的另一种表述:"这就是我们的自相矛盾之处:任何行为过程都不可能由一个规则来确定,因为可以使得每一个过程都与这个规则相符。"从悖论的第一句话,我们可提出如下问题:既然在任何行为过程中有无数条可供选择的规则,那么,我们能否知道我们服从的是否是同一条规则呢?而悖论的第二句话意味着选择规则完全是私人行为,我们甚至无法了解他人是否在行为过程中遵守了规则。从语言行为角度看,我们可以说,不论哪一个句子的生成过程,我们都可以发明一种规则与之相符。换言之,我们可以不遵守任何的规则,在需要作出解释的时候,根据私人意愿,发明出各种规则,从而使得任何一种行为过程都与一种解释相吻合。

我们还可以通过考察一下"Monkey likes sweet bananas."这个句子的生成情况来说明这一悖论。

这个句子可以由规则(1)、(2)、(3)、(4)、(5)生成:

(1)名词—动词—名词

(2)主语—谓语—宾语

(3)名词短语—动词短语

(4)主位—述位

(5)谓项—谓词—谓项

还可以有许多的规则生成"Monkey likes sweet bananas."这个句子。正像上文所提到的那样，阐释是开放的，确定一个语句生成过程的可以是多条规则，也就是说存在多种的阐释方式。但不可否认的是阐释也是有限的，必须受到语言交往共同体的检验，否则私人规则毫无意义。同样，让我们继续以"Monkey likes sweet bananas."为例，当括号为空时，它可以由规则(6)、(7)、(8)生成：

(6)名词—(副词)—动词—(副词)—名词

(7)名词短语—动词短语—(介词短语)

(8)谓项—谓词—谓项—(谓项)

很显然，当某人把例句的生成规则描写成(6)、(7)、(8)时，尽管他自己认为是正确的，但肯定被认为是错误的，因为这是他自己私自创设的，在句法学当中根本不存在，所以毫无意义。

维特根斯坦想说的是，说某个个体在服从一个规则是没有意义的，所以通过观察他过去如何做某件事，我们无法断定他在现在或将来也会以同样的方式做这件事，尽管我们孤立地考察一个人时，我们可以说，这个人可能获得了某个做事规则。如果我们把个体放在语言交往共同体来考察，那么，整个情况就全变了。只有在一个语言交往共同体中，我们才能有意义地说，某人在服从某个规则，因为在这一语言共同体中，他提供了公众认可的特定条件，使得人们可以相信他在服从一个规则。所以维特根斯坦对私人语言的批判，表明了所谓的私人语言是没有意义的，因为它脱离了语言交往共同体的参照。只有在语言交往共同体的参照框架下，诉诸语言交往共同体的历史、文化、风俗习惯等因素，阐释才是有价值的。

为此,维特根斯坦讲到,"遵守规则不可能是一个人的'私自'行为,我们称为'遵守一条规则'是仅仅一个人在他的一生中只能做一次的事情吗?——仅仅一个人只单独一次遵守规则是不可能的。同样,仅仅一个报道只单独一次被报告,仅仅一个命令只单独一次被下达,或被理解也是不可能的。——遵守规则,作报告,下命令,下棋都是习惯(习俗,制度)"①。可以看出,维特根斯坦关于不存在私人规则的著名论述意在表明,不存在诸如对语言和符号的个人理解这样的事情,所谓私人的理解即没有公共标准和检验的理解。

对此,阿佩尔也认为:"独自一个人——即与社会隔离的人——不能遵守一个规则,换言之,一种私人语言是不可能的……在社会情境之外,只基于逻辑,我们不能决定一个人的行为是否遵循了一个规则,即不能判定他的行为是否'有意义'。"②他在这里的意思是说,不可能存在仅属于私人的语言规则,或者反过来说,任何规则都不可能被私自遵守。"以为自己在遵从规则并不是遵从规则。因此不可能'私自'遵从规则,否则以为自己在遵从规则就同遵从规则成为一回事了。"③也就是说,如果脱离了公共标准,谈论规则是没有意义的。只有以一种语言游戏的存在为前提,即以一种出自"习惯"或社会"制度"的存在为前提,才有理解和可理解的行为。

正如上文所述,后期的维特根斯坦认为任何一种内在意识都需要外部的判据,而这一外部判据就是在语言交往共同体中产生的。维特根斯坦提出了三种不同的内在心理过程,而这三种内在

---

① 维特根斯坦.哲学研究[M].李步楼译.北京:商务印书馆,1996:199.

② Karl-Otto Apel. *Selected Essays: Towards a Transcendental Semiotics* [M]. New Jersey: Humanities Press, 1994, p. 89.

③ 维特根斯坦.哲学研究[M].陈嘉映译.上海:上海人民出版社,2005:123.

心理过程都需要语言交往共同体的参照。首先是对外在事物的知觉,如:

A. 我看见一面红的旗子。

B. 他看见一面红的旗子。

尽管"我"与"他"对红的知觉不同,但"我"与"他"都使用了"红"这个词。至于是否正确运用了"红"这个词,还需语言交往共同体的检验。

其二是"疼痛"等感觉之类的心理词汇意义的检验。虽然对于他者的疼痛我们不能亲自感受到,但"疼痛"、"兴奋"、"发怒"等,都是人类本质的特点,是流露在行为中的自然表现。我们用以谈论这些自然表现的语言手段是共同习得的对那些行为的取代。维特根斯坦指出,我们正是在学会语言的同时,才学会"疼痛"这一概念的。我们正是在与别人进行语言交流时,在具体的语境中学会"疼痛"这一概念的。由此说来,判断主观的东西需要有客观的标准,判断内部的过程需要有外部的标准,这标准存在于人的行为中,存在于人们的生活形式之中。

其三是涉及理解正确与否的检验。维特根斯坦认为,之所以有人认为理解过程是私人的,是因为错误的语词运用。比如说,我理解了这个数学公理。在这个句子中,"理解"似乎是一个内在的心理过程,与外在的语言交往共同体的参照无关,"但理解一词在日常的使用中常常不是在描述某一种内在心理过程,而是表示一个人经过一番思考后获得了解决某个问题的能力,而这能力要通过外在的行为表现出来的,是有外在判据的"[①]。因此,对数学定理的理解必须通过能够解决相关的数学问题作为判据。同理,一个阐释是否过度、是否有效,必须受到史料、历史语境等因素的

[①] 维特根斯坦.哲学研究[M].陈嘉映译.上海:上海人民出版社,2005:280.

检验,即语言交往共同体经验的检验,得不到语言交往共同体支持的阐释只能是过度阐释或无效阐释。

而且维特根斯坦认为,私人规则的产生是对意义活动的误解。[①] 例如,在"我明白了你的意思"这个句子中,或许有人认为这是一个内在的心理过程,事实如何,我们无法检验。但"明白"可以是在传递言外行为(illocutionary act),即"我听懂了,我理解了,你不用再重复了",如果对方不再重复,这就是一种语言共同体的检验;不仅如此,这句话同时也可以通过言后之果(perlocutionary act)来检验,例如,领会了对方的意思,并按照这一意思去实施行动。因此,作为意义活动的阐释不是一种私人规则行为,有效性必须参照语言交往共同体。

所以,只有在语言交往共同体的参照框架下,谈论语言的理解才是有意义的。维特根斯坦语言交往共同体的参照与遵守规则是紧密联系在一起的,要正确使用语词,人们就必须共同遵守一定的规则,利用语言交往共同体作为语言行为的参照就是利用语言共同体的行动规则作为评判行为的标准,因为用语言共同体的行动规则即语言游戏规则是外在的、公共的、可观察的,它是一种实践。所以,以为自己在遵守规则并不是遵守规则,规则不可能被私自遵守,否则以为自己在遵守规则就同遵守规则成为一回事了。

维特根斯坦对私人规则的批判,表明了所谓的私人规则是没有意义的,因为它脱离了语言交往共同体的参照。这进一步强调了语言交往共同体在检验人的行为包括文本阐释行为时的重要性。语言游戏规则的遵守与否,必须以语言交往共同体的经验为参照。就阐释实践而言,阐释是否连贯、是否经济、是否符合体

---

① 维特根斯坦.哲学研究[M].陈嘉映译.上海:上海人民出版社,2005:280.

裁、是否有效等等,都必须以语言交往共同体的经验作为判断标准,都必须诉诸语言交往共同体的历史、文化、风俗习惯等因素。一个有效的阐释必定是语言交往共同体可以接受的阐释。语言交往共同体检验是文本阐释语用约束,它为文本阐释设立了界线。

值得重提的是,可能阐释与过度阐释是相对应的两个概念,文本理念意义,作为语义约束,框定了可能阐释的范围或限度而把过度阐释排除在外。在文本理念意义设定的限度内,可能阐释的数量是无限的,但是,如果逾越了文本理念意义所设定的限度,过度阐释就产生了。有效阐释和无效阐释也是相对应的两个概念,语言交往共同体的经验,作为语用约束,能够检验出有效阐释与无效阐释。在阐释实践中,语言交往共同体并不会全盘接受文本理念意义所允许的各种可能阐释,而只会接受其中的一个或几个阐释,而这一个或数个阐释就是有效阐释。所以,对于语言交往共同体来说,无效的阐释不仅包括过度阐释,而且还包括不被语言交往共同体接受的可能阐释。

后现代社会彰显了多元文化平等、主体意识和人性自由等人类理想,但在追求这些理想的过程中,也引发了许多危机,阐释危机便是其中之一。由于过度强调阐释的主动权、异质性、功能性,导致了文化的"消费主义"和对"人类沟通理性"的信任危机。的确,文本阐释是不断开放的,但同时也是有约束的。文本阐释的约束分别来自语义和语用两个维度,具体表现为文本理念意义和语言交往共同体的检验。然而,不管是哪一个维度的阐释,都源于日常生活世界,来自日常生活的语言,都说明主体间性的"在场",人类沟通理性、主体间性的不可怀疑,从而也证明了"知识何以可能"。因此,应该回归具有原初意义的日常生活世界和日常生活语言,阐释才是可能的,才能体会人的意义和价值。

第五章
语义与语用维度下的文本阐释实证研究

第一节 文本阐释约束实证研究回顾

在艾柯与罗蒂关于阐释与过度阐释的争论之后,文本阐释的界限问题在阐释学发展的历程中俨然成为一个经典的论题,但结论至今仍未"趋同"。传统本体论阐释学认为"意义是确定的",进而文本阐释是有限的。然而当代许多西方文论家则认为,意义是不确定的,但文本阐释亦会受到这样或那样的约束。伽达默尔认为,作品自身中那种原本目的的规定痕迹不可能消失。① 姚斯提出"期待视野",认为读者共同体的阅读会受到特定的历史文化水平的制约;② 伊瑟尔的"文本召唤性结构"和英伽登的"图示化结构"亦认为读者反应受制于文本的内在结构;斯坦利·费什虽然否定了文本客观性的存在,但认为人们之所以会出现相似的阅读反应,是因为读者接受了共同的阅读惯例。③ 艾柯指出虽然作品

---

① 伽达默尔.真理与方法[M].洪汉鼎译.上海:上海译文出版社,1999:203.

② 尧斯.审美经验与文学解释学[M].顾建光译.沈阳:辽宁人民出版社,1997:46.

③ 斯坦利·费什.读者反应批评:理论与实践[M].文楚安译.北京:中国社会科学出版社,1998:8.

是开放的,但文本阐释受制于其原初意义,即文本意图;不仅如此,读者自然而然地遵循的连贯性原则、经济原则和互文性原则会排除过度阐释,阐释从而有限度。①

持相反观点的学者则认为阐释是无限的,反对与阐释趋同有关的"限度、约束、标准"等字眼。在丹纳讲座上,罗蒂、卡勒及罗斯3人站在了艾柯的对立阵营,他们的辩论汇集成册为《诠释与过度诠释》一书。在书中,罗蒂从新实用主义立场出发认为阐释仅仅听从此时此地的意图、目的或者需要,而意图、目的和需要皆因人因时因地而异,从而阐释是无限度的。卡勒也认同罗蒂的观点,强调由于语境是无限的,因此阐释不会受到约束;并且鼓励读者要保持对阐释的好奇心,认为只有极端的阐释才是有趣的,四平八稳的阐释像白开水一样。小说家兼批评家的罗斯认为阐释没有标准,提出读者应关心的是某些作品所具有的特殊性质和目的,反对任何试图恢复到那种单调、乏味的现实主义并将其作为阐释标准的做法。② 与"反对阐释"和"新感受力"紧密联系在一起的苏珊·桑格塔则认为阐释的标准好比政治压迫的象征化形式,反对那种通过把世界纳入既定的意义系统,从而导致真实世界日益贫瘠的阐释行为。③

纯粹理论上的争辩也许永远也达不到共识,因而有些学者试图转向阐释实践是否趋同的实证研究,即理论意义上的文本阐释约束研究,但结论也存在"趋异"的倾向。较早的实验是 I. A. Richards 让剑桥大学 100 多名的优等生阅读并写出对 13 首诗歌的评论,并抽出其中的评论片段进行对比。最后实验结果得出

---

① 艾柯等.诠释与过度诠释[M].王宇根译.北京:生活、读书、新知三联书店,1997:28.

② 艾柯等.诠释与过度诠释[M].王宇根译.北京:生活、读书、新知三联书店,1997:32.

③ 苏珊·桑格塔.反对阐释[M].程巍译.上海:上海译文出版社,2003:8.

"一百个学生有一百个论断"的观点。① Kintgen,Dias & Hayhoe, Benton 等人对被试口头回忆、读书笔记或读后感之类的实证研究发现,文本阐释的趋同性并不存在。② 之后 Funder & Colvin 和 March & Ball 等人又通过方差分析考察数组被试(每组为 5 人)在阅读诗歌方面的趋同性,结果显示读者的反应并不趋同。③ 然而,实证研究结果趋同的也相当丰富。如 Miall 通过实证研究发现,被试在文本阐释中关注的句段方面是趋同的;Martindale 改进了 I. A. Richards 的实验,得出了读者在情节的预测方面趋同的重要结果。④

目前文本阐释实证研究的结果"趋异"既有理论层面的因素,也需考虑其实际操作层面的因素。其一,是对基本问题理解的偏误,把"阐释的异/同性问题"等同于"意义的确定性与否问题"。实际上,它们是相互联系但又不能等而视之的两个问题。即使意义不确定,阐释趋同仍有可能——尽管某些阐释可能是荒诞的,但是它们仍有可能呈现趋同,例如不管关于《哈姆雷特》的阐释多么的荒诞不稽,但至少在一些关键的情节上还

---

① I. A. Richards. *Practical Criticism:A Study of Literary Judgment* [M]. New York:Harcourt Brace Jovanovich. 1929,p. 167.

② E. R. Kintgen, *The Perception of Poetry* [M]. Bloomington. IN: Indiana University Press, 1983, p. 23. P. Dias and M. Hayhoe. *Developing Response to Poetry*[M]. UK:Open University Press,1988,p. 56. M. Benton. et. al. *Young Readers Responding to Poems* [M]. London:Rutledge,1988,p. 367.

③ D. C. Funder and C. R. Colvin. Friends and Strangers:Acquaintanceship, Agreement and the Accuracy of Personality Judgment[J]. *Journal of Personality and Social Psychology*,No. 52,1988.

④ David S. Miall. The Indeterminacy of Literary Texts:The View from the Reader[J]. *Journal of Literary Semantics*. No. 13,1988. Colin. Martindale. I. A. Richards' Revisited:Do People Agree in Their Interpretations of Literature?[J]. *Poetics*,No. 23,1995.

是会趋同的。① 其二,虽然 Miall 和 Martindale 得出了文本阐释趋同的这一实验结果,但是他们的实验仅限于文本之内的单个语义因素的探讨。文本阐释不仅体现符号形式语义关系,同时还体现符号和符号解释者之间的关系,所以文本阐释的实证必须把语义和语用两个因素结合起来系统性地验证。其三,读者阅读反应的实验设计过于笼统。如 I. A. Richards, Kintgen, Dias & Hayhoe, Benton 等人在实验中对被试口头或读书笔记和读后感之类的材料进行简单的调查和对比,缺乏细化的定量统计方法。其四,被试的人数也是实验趋同或趋异的关键。较小的被试群体的实证数据往往显示阐释趋异,如 March & Ball, Fauder & Colvin 等人的实证方法。在 Nunnally 实验中,被试人数被增加为两组,每组为 25 人,并通过方差分析来考察被试在绘画、音乐等作品上的阐释趋同度,发现两组被试的测试结果高度趋同。② 这个实验说明被试参与的人数足够大时研究结果会发生变化,简而言之,被试阐释趋同度随着被试人数的增加而提高。

　　基于以上分析,本研究试图以英文诗歌和英译汉小说为研究材料,通过改进上述实验的方法来研究文本阐释的几个最基本的问题:文本阐释是否趋同?如果趋同,在哪些方面趋同?什么是决定阐释趋同的关键因素?本项研究的实施情况概述如下。

---

① 南帆. 理论的紧张[M]. 上海:上海三联书店,2003:170.
② Nunnally, J. C. *Introduction to Psychological Measurement*[M]. New York: McGraw-Hill, 1990, p. 269.

第二节 实验研究方法

一、研究设计

(一)语义和语用维度

本研究的基本命题是:影响阐释的因素可分为文本内外两个维度,即语义和语用维度。在语义维度上,由于文本的理念意义,阐释表现为在文体特征、内在关系、主体结构等方面的趋同;在语用维度上,由于权威话语,阐释表现对权威话语的认可和顾全他人的面子等方面趋同。为此,本实验从文本内外——语义和语用两个因素出发,系统地考证文本阐释的趋同。

为了验证以上两个维度对文本阐释影响的理论命题,本研究设立了以下两个基本假设:

假设 1:不论读者的性别、专业成绩、教育程度、总体评价如何,文本阐释在文体特征、内在关系、主体结构等方面趋同;

假设 2:不论读者的性别、专业成绩、教育程度、总体评价如何,文本阐释在对权威话语的认可和顾全他人面子等方面趋同。

(二)研究材料

实证材料分别为未被收录教材的 13 首英文诗歌和艾柯的畅销悬疑小说《玫瑰的名字》开篇选段。13 首英文诗歌皆来自于英美著名诗人之手,如 P. J. Bailey、C. Rossetti、J. Donne 等。但这些作品未进入本科教材,以防被试受到其他权威评论话语的影响。

定量和定性研究相结合部分的实验材料为《玫瑰的名字》。这篇小说的魅力在于推理涉猎学科之广令人难以想象,如符号学、逻辑学、语义学、版权学、神学等,是符号学与侦探小说的完美结合。阅读它好比是读者的探路游戏,是读者与作者的智力角逐:读者在为自己落入作者设置的推理陷阱感到沮丧的同时,不禁对作者高超的情节建构敬佩不已。① 正因为如此,本实验选取了这一充满了众多阅读可能的材料,来考察读者阐释的趋向问题,这样的实验数据才具有科学性和说服力。

二、研究的对象

参加测试的对象分别来自于集美大学外国语学院2008年入校的全日制本科生和2011年入校的自考大专生。全日制本科生的4个自然班,共122名学生,平均年龄为22.1岁,男生为49人(39%),女生为73人(61%)。自考大专生的2个班,共76名学生,平均年龄为18.7岁,男生为40人(52%),女生为36人(48%)。在性别维度测试中,随机抽取全日制本科生40位男生和40位女生;在专业成绩维度测试中,在全日制本科生中选取了20位成功的英语学习者和20位不成功的英语学习者。成功的英语学习者在"专四"考试和校内的期末专业考试时平均分在82分以上;不成功的英语学习者未通过"专四"考试并且期末的专业考试为所在班级倒数几名。在教育程度的测试维度中,随机抽取全日制本科生70位和自考大专生70位。

---

① P. Trifonas. The Aesthetics of Textual Production: Reading and Writing[J]. *Stud Philos Educ*, No.7, 2002.

三、实验数据收集

(一)定量研究数据收集

被试阅读13首英文诗歌,每首诗的阅读时间为10分钟,然后根据语义差异量表对诗歌的文体特征打分,满分为7分。同时,根据对诗歌赏析的总体评价,实验分为喜欢(3分)、一般(2分)和不喜欢(1分)的态度,然后打分。在性别维度测试中,随机选取了80位被试的打分,男、女生各40份,统计了打分情况。在专业成绩维度测试中,统计了20位成功的英语学习者和20位不成功的英语学习者打分情况。

(二)定量与定性研究相结合数据收集

在这部分的研究中,采用半开放式的问卷调查,根据性别、专业成绩、受教育程度三个维度(同上),进行数据统计。实验包括两部分的材料:7个句段的悬疑部分和5个句段的解答部分。在实验的第一阶段中,悬疑部分为顺序被打乱的7个句段,被试被告知写出呈现句段的正确顺序并且解释这种编排的原因,然后根据情节自由地用汉语进行有声推理;第二阶段先对作者在当今文艺理论界的地位作一简单介绍之后,把作者的原文释疑部分呈现给被试,同样告知被试可对释疑部分的精彩与否用汉语进行有声评论;实验的最后阶段则是用汉语对文章内容进行概述。整个过程历时20分钟,被试的阅读反应全程录制下来。实验结束后对有声汉语的自由推理、评论和内容概括进行文字的转录。根据测试的目的,两位中国老师(他们的评分具有相当高的相关性,经测试,学生英语作文评分信度值为0.78)分别对排序和开放式测试的文字转录部分进行了整理和统分。计分具体情况为:悬疑部分包括7个句段,排序满分为7分,一个句段1分;解答部分被试(而非计分老师)认为原文合理的为3分,一般的为3分,不合理的为1分;在内容概括方面,根据参考3个要点给分,每点为2分。

四、结果与讨论

(一)定量研究

本研究通过Spss统计软件中的独立样本均值检验来统计数据。数据显示,在20个语义差异层级中除了少数几个,不论是男生组与女生组,还是成功英语学习者组和不成功英语学习者组,在诗歌文体特征赏析方面总体而言差异不显著(参见表1)。而对诗歌的总体评价上差异均显著(参见表2)。这两项定量研究结果表明,由于性别、专业成绩或其他原因的存在,普通读者在诗歌的总体评价上存在显著的差异,但都没有影响文体特征赏析方面的趋同。简而言之,读者诗歌语言的赏析有着高度的趋同,这与性别、专业成绩等因素没有明显的关系。

(二)定量研究与定性研究相结合

在以往关于读者反应的开放式实证中,读者的反应各式各样,甚至有些阐释截然相反。这是因为开放式的评论对被试来讲可能是一个发挥个人鉴赏力和想象力的空间,有些被试会有意识地忽视文本一些显而易见的、普遍认可的、关键的点,而过度关注一些边缘细节,从而使实证得出相反的结果。为此,开放式的实证方法必须与科学的统计方法如评级、量表、自由度结合,实证结果才有意义,而不是通过简单的调查和对比分析,匆匆得出结论。

根据转录的文字,被试的排序理由不尽相同,但实验结果显示差异均不显著(参见表3),说明被试在文本内部关系的阐释上是趋同的。

关于内容的概括上,被试被告知对选段作出概括。被试的表述各有不同,如:

被试1:师生二人在去修道院的路上,帮助他人寻马,最后找到了马。

被试2:导师是一个很有智慧的人,他帮助修士们找马,经过推理,其中他运用了哲学、心理学、符号学等知识,终于找到了马。

被试3:这个故事有点自圆其说,故弄玄虚的推测过程,其实只不过是我们古代找骆驼的故事翻版而已,其实只不过是把骆驼换成马而已:马丢了—推理—马找到了。

被试4:……

可以看出,不管对故事情节作何评价,被试的概括几乎不可避免地在以下三个参考要点上达成一致:(1)推理;(2)找马;(3)马找到了。实验结果表明被试在文本主体结构上有着高度的一致(参见表3)。

同样,根据转录的文字,被试对原文释疑部分合理性的认可的数据差异均不显著(参见表3),表现出对于原文释疑高度认可。值得一提的是,据统计86.3%的被试均"谦虚"地评价自己的推理不如艾柯的精彩。

从这部分的实验可以看出,虽然读者对这部小说的喜爱程度不一(参见表4),但是在文本内在关系、主体结构和释疑部分的认可上差异均不显著,表现出高度的趋同。

(三)讨论

1. 文本之内的语义因素对文本阐释趋同的作用

实验数据表明,被试在文本文体特征、内在关系、主体结构等三个方面的反应趋同,说明文本语言符号形成的抽象形式对阐释的趋同有重要作用。在纯语义学的意义上,文本的抽象形式形成了文本的理念意义。① 正是理念意义使文本具有了自身的、区别性的独特价值,从而为文本阐释设置了限度,使可能阐释构成了一个开放有限的集合,而超出理念意义设定范围的文本阐释可称为过度阐释。理念意义是不同的个别意义所分享、共有的东西;它来自于词本身、词与词、句与句之间的语法关系构成的抽象形式,在面向读者、指向世界之前暂时封闭于文本之内,而在无数次的个别意义的侧显活动中所展现出来的同一性。② 每一个文本由于其独特的语言符号组合关系,具有了自己的理念意义;虽然不同的读者有着不尽相同的阐释,但理念意义表现为这些个别的阐释中同一性的东西。正是由于理念意义的影响,文本阐释在文体特征、内在关系、主体结构等方面表现为趋同。

虽然俄国形式主义、英美新批评派、结构主义等形式主义派别的"文本不及物"、"文本自律性"、"文本之外无他物"等观点受到了批判,但它们对于文本抽象形式的重视值得关注,这一思想导源于索绪尔语言哲学思想。索绪尔强调语言是一个自足的、分层次的形式系统,语言符号可以依靠其自身的规则关系进行组合、运行,而意义来自于这种语言符号的组成的关系网络。③ 这一论述无疑说明了文本抽象形式对于阐释的重要性。

让我们把文本的外延大大地扩展开来,不仅小说、诗歌可以称之为文本,所有艺术作品如音乐、绘画、建筑等都可以称为文本,它们都具有其自身的抽象形式。例如,音乐中的单个音符,没

---

① 利科.解释学与人文科学[M].陶远华译.石家庄:河北人民出版社,1987:36.
② 陈维振,吴世雄.范畴与模糊语义研究[M].福州:福建人民出版社,2002:119.
③ 索绪尔.普通语言学教程[M].高名凯译.北京:商务印书馆,1980:76.

有意义,只有当它们组成句子即乐句时,遵从着某些我们现在还难以作出确切抽象的规则,才具有了意义,对这些形式的任意变动则会破坏乐曲的美感。人们之所以能够直觉地判断哪些是音乐,哪些不是,是因为人们把握了音乐的某种抽象结构。同样,如果我们随意更改语言符号文本,即使是一首诗中的一个重音,这首诗的韵味和魅力就有可能被破坏的危险。正如 Martindale 所指出的那样,文本的限定或约束来自于文本本身所固有的结构,这种结构来自于创造者对艺术本质和艺术模式的把握,这种把握基本上是内在的,是由我们生理结构决定的,它构成了人性的一部分。[①] 从欣赏者的角度来看,他的任务首先是揭示文本的结构并在此基础上挖掘文本的内涵,暴露其特异之处,这就是创造,但这种创造无疑是建立在文本抽象结构形式的基础之上并受其制约的,创造与约束构成了创造和理解的两面,相依相存,没有约束,创作就不成其为创作,理解也不成其为理解。

　　Chomsky 也曾经指出了价值性(理念意义)即对语言创造性的重要意义。他认为语言的创造性与一般创造性在本质上基本相同。一般创造性除了具有语言创造性所具有的创新性、合宜性和不可预料性外,还具有价值性。[②] 这里的价值性就包括了文学艺术作品中的美学性质。据此,我们可能天生地具有创造科学理论和具有美学意义作品的能力,而且这种能力实际上预设了它只能发生在一套管辖和约束系统之内,这就是说,所谓创造,就是有约束、有限制的创造。为此,每一个文本都具有其独特的理念意义,是其成为此文本而非彼文本的约束,这成了文本阐释趋同的一个重要因素。

---

① Colin Martindale. *The Clockwork Muse:The Predictability of Artistic Change*[M]. New York:Basic Books,1990,p. 163.
② Noam. Chomsky. *Knowledge of Language:Its Nature, Origin and Use* [M]. 北京:外语教学与研究出版社,2001:23.

2. 文本之外的语用因素对文本阐释趋同的作用

从语义因素出发,文本的抽象形式规定了文本阐释的限度,但限度之内的阐释不计其数,因为理念意义可以还原为限度之内无数个个别意义。事实上,在日常实践中语言交往共同体接受的阐释却是一个或数个,为此文本阐释必然受到语用因素的制约。

实验数据表明,虽然被试在原文的释疑公布之前有着不尽相同的推理,但之后对原文的认可度很高,并且差异不显著,这说明权威话语对被试的认知活动有着重要的影响和指引作用。在小说中,对作者艾柯的介绍对被试起着重要的指引作用。艾柯是西方文艺理论界公认的著名的哲学家、符号学家、小说家、历史批评家、文学评论家,他的权威地位无可厚非,他的推理小说堪称经典。

把"权威话语"作为阐释的趋同因素很可能会招致许多方面的诟病。在许多人看来,权威话语是某一特定的社会阶层的文化理想,表达的是这个阶级特定的伦理模式、审美旨趣和权力意志,却偏偏要以普世主义的神话出现,为此,要搁置一切价值评判,保持价值中立。艾柯的话语不是意识形态、普世主义意义上的权威话语。艾柯的多部小说曾获得当年最畅销小说排行榜首位,实现了学术与娱乐的完美统一。尤其是小说《玫瑰的名字》自1980年出版后,荣获意大利2个最高文学奖和法国的文学奖,并被翻译成35种文字,受到读者和评论界的一致称赞。可以看出艾柯的受众群体广泛,包括专家,也包括普通读者,他的权威地位是语言交往共同体赋予的,与政治、权力意志无关。这样的权威话语是建立在语言共同体的交往理性之上的,基于平等的、充分的辩论空间,通过不断商讨、争辩、解释,从而确立的最基本、共同的概念和规则才是我们需要的权威话语,而不是建立在二元对立、你死我活的基础之上一元论基础之上的独断。[①] 我们需要权威话语

---

① 李楯.一代知识分子的使命[J].南风窗,2011(8).

的指引,因为社会的多元性、不同利益主张的人的共生共存是一种难以改变的事实,不同人群的利益、主张、生存方式和愿望是不同的,必须在不同利益和主张的人群中形成共识,否则人们相互不可理喻,争辩甚至斗争不择手段,生存就会因此失去基本秩序而无安全可言。

不仅如此,有相当一部分被试除了"认可"原文的释疑,还为了顾全他人的面子,"贬低"自己的推理,期望与原文"一致",体现了语用交际中的礼貌原则——其中的"赞誉、谦逊、一致"原则使得读者向"权威话语"看齐。在实验中,86.3%的被试均"谦虚"地评价自己的阐释不如艾柯的精彩,这表明了语用交际中的礼貌原则的广泛运用。礼貌原则的运用不是一种虚假或者是勉为其难的行为,而是一种潜在的礼貌指向。① 在长期的交往活动中,语言交往共同体逐步形成了普遍的社交规范,认为只有在交际中运用礼貌原则,讲好话,顾全他人的"面子",才能保全自己的"面子",保证交际顺利、有效地进行,减少交际的障碍。②

阐释是一种创造性、开放性的过程。海德格尔曾经说道,阐释是一个沿着路标探路的游戏,直至终点的到达;在这场探路的游戏中,连接路标向前迈进的是读者。③ 理解因而成为读者的一种探索性行为,这就使理解有了不确定性,而正是由于这种不确定性,理解的创造性和创造性的理解才是可能的。

但事实不仅仅如此。本书通过数据的量化取证和理论的质化分析发现,尽管存在性别、专业成绩和受教育程度等差别,有着无数的阐释可能性,但被试在文本文体特征、文本内在关系、主体结构、权威话语影响及礼貌原则的运用等方面的阐释趋同。这一调查结果对于阐释学问题研究具有重要的启示作用。阐释这种

---

① G. N. Leech. *Principles of Pragmatics*. London:Longman,1983,p.58.
② 何自然.语用学概论[C].长沙:湖南教育出版社,1988:67.
③ 海德格尔.林中路[M].孙周兴译.北京:商务印书馆,1997:102.

创造性的行为就是一种不可预料但同时其可能性范围又受到限制的行为,读者的思想活动始终围绕文本的抽象形式即理念意义展开自己的想象意识。因此,萨特认为如果说作家是沿着心理想象——物质类似物的过程进行创作的,那么读者则在沿着物质类似物——心理想象的反向进行的。① 这就是说,从某个角度上看,阐释是读者在规定方向上的创造性活动,是在物质类似物引导下的自我创作。不仅如此,读者的阐释总会受到语言交往共同体的权威话语的影响;加之,读者自身在语言共同体的交际中形成的礼貌潜势都是阐释趋同的重要因素。

　　本实验的局限性在于它研究的只是中国语境下的被试的阐释趋同问题,调查样本数量有限,且为英语专业的学生,所以对调查结果的解释仍需慎重,在以后的调查研究中应扩大被试的数量、专业面,甚至是国籍。另外,文本阐释还会在哪些方面的趋同,趋同还会受到哪些因素的影响,语义和语用趋同又是如何相互契合的仍是探索性的。

---

① 　萨特.萨特文论选[M].施康强译.北京:人民文学出版社,1991:97.

第六章 讨论与结论

第一节 文本阐释双重约束的契合性

文本阐释具有双重约束,即语义约束和语用约束。语义约束来自于文本理念意义,它设定了文本阐释的限度和可能阐释的方向,在这个限度内,文本仍然有着无限多的可能阐释。语用约束出自语言交往共同体的经验,它规定了文本阐释的界线,区分了有效阐释与无效阐释。本书从不同的角度分别论证了这两个层次的约束:从胡塞尔现象学的理念意义论证了文本阐释的语义约束;从阿佩尔的语言共同体和维特根斯坦的语言游戏规则的角度论证了文本阐释的语用约束。然而,注重普遍性的理念意义与注重情境性、语用性的语言游戏规则似乎有着不可调和的矛盾,融合理念意义和语言游戏规则似乎是不可能的,因为意义先验性和意义语用性是两个看似相互矛盾的范畴,前者属于先验的范畴,而后者是经验性的。然而,阿佩尔认为,要克服先验语义学的"抽象谬误",必须把语用学结合进来。①

胡塞尔和后期维特根斯坦对文本阐释约束有着不一样的认

---

① 阿佩尔.哲学的改造[M].孙周兴,陆星华译.上海:上海译文出版社,1997:3.

识,胡塞尔认为是理念意义约束了文本阐释,而维特根斯坦认为是语言游戏规则约束了文本阐释。二者思想之所以会有各自的偏重,主要是因为他们从各自的哲学思想出发:胡塞尔从现象学的角度出发,主张为科学建立普遍的、纯粹的基础;而后期维特根斯坦抛弃了前期维特根斯坦逻辑图像论观,走向单个、有限的语言游戏。于是,两位哲学巨人产生了不同文本阐释约束思想:胡塞尔的现象学偏向语义,追溯意义的始源,主张理念意义具有普遍性和先验性,拒绝情境性,而个别意义只是理念意义在情境中的不同展现;而后期维特根斯坦却试图在日常语言世界中寻找意义,所以其哲学偏向语言的日常语用性,注重的是在各个不同的语言游戏中意义的自动显现——并不企图超越语言,到语言的背后寻找什么。虽然二者的观点看似水火不容,但其实是刚柔相济、互为补充的,二者的融合是有哲学基础的。胡塞尔和维特根斯坦的哲学思想的共同点就是他们都对意义作了分析。虽然他们研究的角度不同,研究的层面也不一样,但是在一些关于意义分析的核心概念中,两位哲学大家还是表现出"英雄所见略同"的思想碰撞。所以,尽管他们的思想中存在着语义和语用方向上的偏重,二者还是有着坚实的融合基础,如胡塞尔的"生活世界"、"意向性理论"、"本质直观"等一些核心概念与维特根斯坦的"生活形式"、"行为对象"、"不要去想,而是去看"等思想就有着深刻的契合性,而且所谓的理念意义,从某个重要角度上讲,与维特根斯坦的语言游戏规则一样,也具有共同体性质。

一、生活世界与生活形式

胡塞尔的现象学和后期维特根斯坦两种哲学都试图分析人类的生活世界,认为这是科学活动和哲学反思的基础,是语言意义的真谛所在。二者的区别仅在于,维特根斯坦闭口不谈日常语言谈到的那个世界自身,而胡塞尔却绕开了生活世界中活生生的语言。

生活世界是胡塞尔晚年提出的一个概念。他深深意识到自然科学的进步导致了人类精神危机,所以不仅要回到人的存在这个问题上寻找人的意义和价值,从而恢复已经丧失的人性和人的意义,而且还要回到生活世界,因为它是一切科学和理论的前提和来源。"生活世界是人所体验到的、前给定的经验世界,这个世界为现象学提供了最原始的意义质料。"[①]但是在胡塞尔此时的理论中,有一个自相矛盾之处。胡塞尔强调生活世界的先在性,这实际上等于放弃纯粹意识结构分析的意义理论。因为,如果生活世界是先于意向经验的,给现象学提供最原始的质料的一个世界,那么这与现象学初衷的"纯粹的"科学起点的原则是相违背的。但是,胡塞尔又不愿意放弃先验现象学方面,所以只有改造生活世界,"他讲的生活世界不是唯物主义的客观实在,而是经过加括号方法处理的生活世界的现象(一切物质的、经验的、文化的、历史的现象),并且他讲的人不是生活在世界之中现实的人而是对世界的存在不感兴趣的旁观者或先验主观性"[②]。

所以说,在胡塞尔那里,"生活世界"在很大程度上仍是一个先验可能性的原初经验描述问题而不是一个事实性的历史和现实关注问题。"生活世界"的描述只是通往先验现象学的通道,在《欧洲科学的危机和先验现象学》的第三部分中,胡塞尔提出,生活世界是在其先验现象学意义上的生活世界,是其先验意识描述意义上的生活世界,因此是其先验现象学理论的延伸与丰富。"一方面生活世界是相对于客观科学世界的理论逻辑而言的原初

---

① 陈嘉明.实在、心灵与信念——当代美国哲学概论[M].北京:人民出版社,2005:171.

② 高秉江.胡塞尔"生活世界"的先验性[J].华中科技大学学报,2002(5).

直观经验世界,而另一方面生活世界又是相对于个体事实经验的偶然相对性的具体普遍性以及直观经验的历史变化中整体稳定性结构。"①因此,在胡塞尔那里,"生活世界"在很大程度上仍是一个先验可能性的原初经验描述问题而不是一个事实性的历史和现实关注问题。

"生活形式"是维特根斯坦后期哲学中的一个重要概念,它与"语言游戏"一起构成维特跟斯坦后期哲学的灵魂。从其后期的哲学思想来看,"生活形式"是一条主线。胡塞尔的生活世界和维特根斯坦的生活形式的提出都基于这样一个相同的出发点:唯一真实的是日常语言,生活世界中的语言,都强调日常生活实践活动在概念形成中的重要地位。但不同的是,胡塞尔侧重于从社会的角度考察生活世界与科学和哲学观念世界的关系,而维特根斯坦认为"真理是在生活实际中经验到的,生活实际是互相交谈的人与世界之间的关系;一切真理都根源于生活的真理逻辑仍然存在,但只具体化在日常语言中"②。由于语言是直接融入人类活动的,语言犹如吃饭、喝水和睡觉一样就是一种生活方式,所以维特根斯坦试图在日常语言中找到语言的真理,侧重于从语言的角度考察形形色色的生活形式如何成为语言游戏的基础。正像无法在维特根斯坦的著作中找到关于"语言游戏"的明确定义那样,人们从中也无法觅得对于"生活形式"的明晰界定。实际上他根本不认为这类概念具有传统意义上的定义性特征。但一些学者经过对维特根斯坦有关"生活形式"的使用进行考察后认为,这一概念指的是"在特定的历史背景下通行的,以特定的、历史地继承下来的风俗、习惯、制度、传统等为基础的人们的思维方式和行为

---

① Husserl. *The Crisis of European Science and Transcendental Phenomenology*[M]. Evanston:Northwestern University Press,1970,p.354.
② 尚杰.语言,心灵与意义分析[M].沈阳:辽宁教育出版社,1989:196.

方式的总体或局部"①。"生活形式"是各种概念形成的基础。把一种语言与作为它基础的生活形式隔离开来,就无法对这种语言作出正确的理解。

胡塞尔的现象学和后期维特根斯坦两种哲学都试图把研究的视角转向人类的生活世界,认为这才是科学活动和哲学反思的基础,是语言意义的真谛所在。二者的区别仅在于维特根斯坦闭口不谈日常语言谈到的那个世界自身,而胡塞尔却绕开了生活世界中活生生的语言,可以说,虽然胡塞尔和维特根斯坦各自寻找真理的终极目的地是不同的,但是他们寻找真理的始源地是共同的。

二、意向性与行为对象

胡塞尔试图在意义意向中寻找意义的根源。他认为,如果一个表达式产生不了意义意向,就是没有意义的,即产生意义意向是判断表达式有无意义的标准。② 所以,语言对于胡塞尔来说,不是意义的本原,意义的本原在于使语言充满活力的意向性活动。虽然,维特根斯坦在意义的使用中即个别意义中寻找意义,认为"意义就在词中,不必在词背后寻找意识根源"③。但是从后期的维特根斯坦的某些语用学思想的阐述中,我们可以感受到很强的意向性。在维特根斯坦看来,思想与感觉是不能分开的,思考是对某件事情的思考,命题是对思想的表达,理解是对某个问题的回答,对某个规则的服从,对某个命令的执行等等。

后期的维特根斯坦的"语言游戏"的思想开启了语用学的维

---

① 韩林舍.维特根斯坦论"语言游戏"和"生活形式"[J].北京大学学报,1996(1).

② 尚杰.语言,心灵与意义分析[M].沈阳:辽宁教育出版社,1989:197.

③ 尚杰.语言,心灵与意义分析[M].沈阳:辽宁教育出版社,1989:198.

度,与之相映成趣的是,胡塞尔的意向性理论也蕴含了语用学的意味。因为"语用学话语不仅仅是一种言语行为,更重要的是它表达了说话者的心声,这种心声构成了话语的意义,在意向状态中,我们在说话的同时也把自己的意向转移到本身并无意义可言的声音和符号中去了,正是意向性这种精神状态的特征,使得语用行为成为可能。意向性和行为之间是一种因果关系的解释结构"①。

三、直观与"只看不想"

在某些人看来,胡塞尔的本质思想和后期的维特根斯坦的语言游戏的自然态度是两种对立矛盾的态度。因为维特根斯坦崇尚的是自然而然的"游戏"态度,一切想当然;而对一切想当然的态度正是胡塞尔的纯粹科学起点的现象学所要杜绝、悬置的。胡塞尔认为,现象学不是事实的科学,而是本质的科学,是"埃多斯"的科学。这门本质科学所要确定的绝不是事实而仅仅是本质认识。而维特根斯坦对"本质"一类的字眼有着天生的敏感。但实际上,二者的对立并没有如此剧烈,维特根斯坦的语言游戏思想中含有深刻的本质直观思想。

虽然后期维特根斯坦的思想中未出现如"本质"、"艾多斯"、"纯粹"等敏感字眼,但是类似于范畴本质的思想也是时有出现的。胡塞尔在谈到关于颜色的问题时,他强调颜色是独立于具体的事物而存在的。你可以毁灭一个具体的红色的东西,但是你不可能毁灭红这种颜色。胡塞尔说:"红的种或颜色的类就是一个纯粹的埃多斯,一个本质普遍性;但只有当它们被理解为纯粹的

---

① 张今杰,林艳.卡尔-奥托·阿佩尔先验语用学研究[J].科学技术与辩证法,2005(6):55.

普遍性,从而摆脱了对任何一个事实性此在、任何一个事实上的红,或者说,任何一个颜色性的事实现实性的一切预先设定时才是如此。因此,一个纯粹本质性的一般性判断,如几何学的判断或关于理想上可能的颜色、声音等等的判断,在其普遍性中便不会受到任何预先设定的现实性的束缚。"①让人惊叹的是,维特根斯坦曾经的一段关于颜色的表述与此有着惊人的相似。维特根斯坦认为:"'红'的东西可以毁灭,但是红却不可能毁灭,这就是'红'这个词的意义之所以独立于红的东西之存在的道理。"②与此相似的是,维特根斯坦认为名称和具体的事物不同,名称是不可毁灭的,对名称的理解和认识是超时间空间的。虽然维特根斯坦在这里没有使用任何现象学的专有术语,但却表达了相同的思想。在这里,我们同样看到了理念意义的影子。对于我们在谈论颜色时意识所具有的直观性,维特根斯坦用这样的语言进行了概括"'一个名称只表示实在的一个要素,那不可毁灭的东西,那在一切变化中保持同一的东西。'——可是,那到底是什么呢?——当我们说出这个语句的时候,它就已浮现在我们的眼前了!这正是一种特殊的意向的表达:对我们想要使用的一种特殊的图像的表达"③。维特根斯坦认为对本质的通达是怎样的一种方式呢?它与胡塞尔的范畴本质观究竟是不同的还是有异曲同工之效?

我们知道关于直观,现象学有句著名的口号,那就是"面向事物本身"。它强调的是直接面对事物,摆脱一切前经验的东西,让纯粹的事物直接呈现在你面前。通过这种方法,现象学意义上的纯粹的事物就呈现在我们面前了。胡塞尔认为人类的意识在了

---

① 胡塞尔.经验与判断[M].邓晓芒译.北京:生活、读书、新知三联书店,1999:407.
② 维特根斯坦.哲学研究[M].李步楼译.北京:商务印书馆,1996:41.
③ 维特根斯坦.哲学研究[M].李步楼译.北京:商务印书馆,1996:41.

解具体事物时,具有超越具体的事实,而面对本质的能力。作为了解本质的现象学,它不关心具体事物的存在,而是要找到其中相同的东西。例如在看到一朵玫瑰的黄色或白色时,它所关注的不是这朵玫瑰花具体是什么颜色,而是要从中直观到颜色这一本质类型。

让我们来看一下在维特根斯坦眼中,语言游戏的主体是如何通达一般的。维特根斯坦在《哲学研究》中谈到游戏的家族相似性时所讲的一段话"如果你观察它们,你将看不到什么全体所共同的东西,而只看到相似之处,看到亲缘关系,甚至一整套相类似之处和亲缘关系。再说一遍,不要去想,而是要去看"[1]。许多研究现象学的学者都把"不要去想,而是要去看"同现象学的直观联系在一起。"看"就是通过实际行动"面对事情本身",它所强调的是直接面对,而不应只局限于与视觉有关的感官领域。这样直接面对事物,就是对事物的直观。例如,在《哲学研究》中,维特根斯坦以建筑工地上一个人对自己的助手说"石板"这个词来说明这个问题。按照我们的理解,在通常的情况下,"石板"这个词是一个名词。但在这两个人的对话之间,这个词其实是"给我拿一块石板"这个句子的缩写形式。维特根斯坦主要是想要通过这个例子来说明,对语言意义的把握,必须直接面对语言本身,也就是说通过"语言游戏"直接面对语言本身。因为在语言游戏中,语言和行动是紧密联系在一起的;要掌握语言游戏的真谛,必须以实际行动参与到语言游戏中去。而实际行动就是语言游戏规则的自动使用过程。

---

[1] 维特根斯坦.哲学研究[M].李步楼译.北京:商务印书馆,1996:47.

四、两种共同体意识

虽然为了重建文本阐释的约束理论并说明可能阐释、过度阐释、有效阐释、限度和界线这几种概念之间的区别及其产生的不同机制,我们引进了理念意义这一概念,并像利科那样,把理念意义说成是面向读者、指向世界之前的一种暂时封闭于文本之内的意义,但是理念意义中的语词意义及其间的关系结构即语法具有主体间性的性质。因此,从根本上说,胡塞尔的理念意义和维特根斯坦的语言游戏规则一样都具有语言交往共同体的性质,只不过二者是不同层面的东西:胡塞尔的理念意义由语义维度上的语言交往共同体意识构成,而维特根斯坦的语言游戏规则由语用维度上的语言交往共同体意识构成。

毫无疑问,维特根斯坦的语言游戏规则具有语言交往共同体的性质。如维特根斯坦所言,语言游戏规则具有公共性的特征,所谓不具共同体性质的私人规则是不存在的。同时,语言游戏规则来源于生活形式,而"生活形式"与言语活动或语言游戏紧密相连,它是被给予的、人们不得不接受的东西,是人类继承下来的共同文化背景,共同行为,社会规范以及宗教等等。

从晚年的胡塞尔主体间性这个向度上来说,胡塞尔其实也不否认理念意义是有着语言共同体共识意味的。胡塞尔认为,先验的生活世界是浸透在语言交往共同体中的,因为"人们意识到文明从一开始就是作为一个直接的或间接的语言共同体,世界的客观存在,是以有其公共语言的人为前提的……因此一方面作为人、同类的人、世界——人们和我们总是在谈论和能谈论一种具体的普遍性,它是具体的,因为它是一种原初经验的直观;但同时它又是普遍的,因为它是先验意识的直观。意识的直观自明性和普遍必然性在这种具体普遍性中得到一种理想的调和"①。

当然,与维特根斯坦相比,要把胡塞尔的理念意义看成由语言共同体意识建构的,并非那么容易。尽管胡塞尔的理念意义是语言共同体成员可以分享的观念,然而,胡塞尔的先验现象学的理念意义的主体间性是从纯粹自我出发然后达到他我,而纯粹的先验自我带有几分上帝的色彩,它是优越于世界上一切绝对无疑的终极存在者,因此会面临诸多的困境,比如难免会陷入唯我论的窠臼。

同时,如阿佩尔所言,胡塞尔的主体意向性只有通过指号解释而享有了公共意义,或者说,主体意向性通过意义的指号解释而融入了主体间的沟通,因而作为主体的"我"的个体意向性以蕴含于语言指号中的主体间性的公共意义为前提。如上文已经提到的那样,理念意义由语词意义及语词之间的关系即语法构成,而语词意义和语法规则具有共同体性质,这一点胡塞尔是不会不同意的,虽然胡塞尔在如何实现这一主体间性的问题上,具有唯我论的倾向。而且,我们还可以把阿佩尔的先验语用学的专业术语用我们熟悉的词语去置换。把"主体意向性"置换成"主体活动",把"公共意义"置换成"理念意义",把"指号解释"置换成"语言游戏规则"。可以说,主体活动都是在语言游戏中,在语言游戏规则的参与下被理解的,而文本理念意义是在不断的语言游戏中在语言游戏规则的参与下而实现其普遍性的。从这个意义上说,理念意义的实现过程也是具有共同体性质的。

综上所述,胡塞尔的现象学思想与维特根斯坦的"语言游戏"思想并不是绝缘的。尽管两人在关于意义的哲学思想上有不同的偏重:胡塞尔偏重于语义方向,而维特根斯坦偏重于语用方向,

---

① Edmund Husserl. *The Crisis of European Science and Transcendental Phenomenology*[M]. Evanston: Northwestern University Press, 1970, pp. 358~359.

但二者的哲学思想却是"你中有我,我中有你"。虽然维特根斯坦的"语言游戏说"开辟了从语用的角度来研究语言理解的新途径,但是其语言游戏中的"不要去看,只要去想"却蕴含了现象学的"直观"思想。维特根斯坦的"那不可毁灭的东西,那在一切变化中保持同一的东西"不正是胡塞尔的理念意义吗?在讨论人称表达式的意义时,胡塞尔也注意到,它们的意义离不开具体的使用,否则,这些表达式就会陷入空洞的境地。为此,胡塞尔不得不在一定程度上偏离自己原来的观点,承认有些表达式的意义依赖于具体的语言环境,必须在具体使用过程中才能充分表现出来,这是胡塞尔现象学哲学生涯的一个重要的修改。所以,表达式的意义充分性必须体现在理念意义和个别意义这两个同等重要的方面。虽然胡塞尔的主体间性是通过"自我"走向"他我"的,但是承认主体间性也就意味着承认语言交往的共同体性质。他本人关于"先验的生活世界是浸透在语言共同体中"的思想,同样表明,胡塞尔的"生活世界"虽然是"先验"的,但是其根基仍然是语言交往共同体。不仅如此,维特根斯坦的"语言游戏说"中也蕴含了现象学的"意向性"思想,因为维特根斯坦认为正是因为行为主体的意向性才使语言游戏进行下去成为可能。"思考是对某件事情的思考,命题是对思想的表达,理解是对某个问题的回答,对某个规则的服从,对某个命令的执行等等。"总之,胡塞尔的现象学思想中,也不乏语用思想,维特根斯坦的语用思想中也不乏"直观"、"理念意义"和"意向性"的思想。两人都看到了事物的两面,但强调的却是不同的方面。胡塞尔强调的是普遍性,维特根斯坦强调的是个别性。而实际上这二者是相互补充、可以调和的。维特根斯坦从来没有否认过规则性、普遍性,也不否认对规则性和普遍性进行描述的可能,他真正想表明的是,这种做法会导致误解,而且实际上已经导致了误解。它使人们"忘记了使语言规则起作用的真正东西"。维特根斯坦认为:"为了理解'理解'与'学习',为检验理解和使用语言规则的正确性,我们必须转向外部,而不是内部,因为正如维特根斯坦所不断表明的那样,语言意义总是与语言游戏这个大场景联系在一起的,如果离开了日常生活,离开了人类生活的语言交往共同体,离开了具体和特定的语言实践,关于规则的讨论是没有多大意义的。"①因此,从原则上讲,维特根斯坦的批判实际上是一种研究范式对另一种研究范式的批判。

然而,我们却看到,不管是强调普遍性的理念意义,还是强调个别性的语用意义的共同体语言游戏规则,它们都对文本阐释施加了约束作用。在重建文本阐释的约束理论时,理念意义的作用在于它说明了为什么文本阐释既是创造性的又是受约束的,即它说明了为什么文本阐释是开放有限的。语言游戏规则和语言交往共同体概念的作用在于,它说明了语言交往共同体的实践、历史、文化、习俗等是如何使文本阐释趋于一致的,从而保证了理解和交往的可能性与合理性。正因为如此,我们才借用和扩展了现象学的理念意义同时结合阿佩尔语言交往共同体和维特根斯坦的语言游戏过则,建构了在我们看来似乎是比较完整的文本阐释的约束理论。

第二节 当代西方文本阐释理论研究的走向与局限

在多元西方哲学思潮的影响下,当代西方文本阐释的理论研究进入了一个新阶段,使阐释学发展第三次转向的意义更加明确。它的理论研究现状表现为三个方面:研究视野从"形式主义"走向"多元视野"共存;研究范畴从"意义确定与否"走向"阐释本体";元理论分析范式从"文本意义的生产者"走向"文本意义的生

---

① 陈维振.维特根斯坦的"私人语言"悖论及其怀疑论解决方案[J].外语学刊,2008(1).

产方式"。这三个走向表现出文本阐释理论研究与当代语境的互动,但仍存在一定的理论和实践限度。

文本阐释作为一门语文学伊始,追求的是文本意义和形式的确定性。自 20 世纪 60 年代以来,西方哲学面貌发生了巨大而又深刻的变化,文本阐释理论研究也不可避免地受到了一些多元西方哲学思潮的挑战。这些理论涉及后结构主义、解构主义、多元文化主义、现象学、新实用主义等思潮,它们不同程度地影响了西方文本阐释理论研究。同时,发端于德国的语言学转向在海德格尔、伽达默尔、阿佩尔和哈贝马斯等人的推动下,影响了整个西方世界,也影响了阐释学的发展。阐释学因此走出了纯理论研究的范畴,以理论与实践的双重任务为宗旨,从而成为阐释学第三次转向的重要组成部分。在此过程中,当代西方文本阐释理论研究主要表现为数个走向,如研究视野从"形式主义"走向"多视野"融合,研究范畴从"意义的确定与否"走向"阐释本体",元理论研究范式则从"文本意义的生产者"走向"文本意义的生产方式"等。

一、当代西方文本阐释理论研究的走向

(一)研究的视野:从"形式主义"走向"多元视野"

兴起于 20 世纪 20 年代的英美新批评是最有影响力的西方文学思潮之一,它致力于文本形式的"本体批评",提出文学批评所要研究的是独立于作家个人背景,立足于文本的语义分析。艾略特曾提出"诗无个性说"这一观点,他写道:"诗歌不是个性的放纵,而是感情的脱离,不是个性的表现,而是个性的脱离。"[1]艾略

---

[1] T. S. Eliot, Tradition and Individual Talent & the Metaphysical Poets. In Vincent B. Leitch, (Ed.). *The Norton Anthology of Theory and Criticism*, Vol. 24, No. 3, 2001, pp. 1092~1104.

特认为诗人没有个性,所以讨论诗人本身没有什么意思。作为英美新批评的另外一位代表人物,瑞恰兹强调词义分析,提出文学批评必须以语义学为依据,要明确词语的意义从何而来,"在于清楚认识记号赖以施加这种力量的方式,在于清楚认识记号据以被认为是具有意义的各种各样的意念"①。因此,主张对文学作品作文字的"细读"。由于艾略特和瑞恰兹等学者的影响,英美新批评文本阐释理论在西方阐释学研究中一度保持着支配地位。

但由于英美新批评"一味强调文学的内部因素,而对文学的外部因素完全弃之不顾,割裂了文学与作者、与社会历史、与现实生活的联系,从而具有明显的狭隘性"②。而且,20 世纪 60 年代以来,由于多元西方哲学思潮,尤其是后结构主义、现象学理论对实在主义、表象主义、本质主义和基础主义的冲击,英美新批评的影响力逐渐衰退。同时,西方哲学界发生的语言学转向把阐释学推上了一个前所未有的重要地位,不同的学科纷纷从自己的视野出发论述文本阐释的观点。在此影响下,文本阐释理论研究视野发生了转变,表现为从"形式主义"走向为"多元视野"的研究。

如果归纳这些多元视野的研究,可以看出主要是认知与语言哲学两大取向。

1. 认知取向的研究主要有:雷诺兹通过实验发现,文化图式影响文本阐释。③ 洛克摩尔认为,阐释学与认识论不是截然对立的,而是兼容的,因为认识论是阐释学的一部分。④ 理查森

---

① C. K. Ogden & I. A. Richard. *the Meaning of Meaning* [M]. London: Routledge and Kegan PAUL,1923,p. 40.

② 朱立元. 当代西方文艺理论[M].华东师范大学出版社,1997:93.

③ Ralph E. Reynolds. Cultural Schemata and Reading Comprehension[J]. *Reading Research Quarterly*,Vol. 17,No. 3,1982,pp. 353~382.

④ Tom Rockmore, Gadamer, Rorty and Epistymology as Hermeneutics [J]. *Laval Théologique Et Philo-sophique*,Vol. 53,No. 1,1997,pp. 119~130.

和席安认为,隐喻的使用和机制都离不开"前见",从而隐喻与阐释不可分割。① 盖勒则认为阐释学就是一门认知科学,因为不论是人类理解的本质,还是获得、组织知识的方法、语言和记忆在阐释中所起的作用,抑或是与他人的主体间性都说明二者的同一性。②

2. 语言哲学取向的研究主要有:自语言学转向以来,阐释学的研究大大偏重于从语言哲学视角的研究。

海德格尔、伽达默尔、利科、英伽登等从哲学视野出发论述了文本阐释。海德格尔反思阐释者自身的历史性,提出了"前理解",认为此在是带着自身的历史规定性参与意义的建构的。伽达默尔提出,虽然恰当的阐释来自于文本本身的内部条件,但阐释是隶属于"效果历史"的。英伽登则把文本看成是意向性事态的表述,认为文本描述的不是客体,而是通过名词和动词显现的"再现客体"③。利科认为阐释就是克服间距:一方面,作者的指向意义与读者的视域存在着间距;另一方面,虽然阐释作为本体活动,是日常生活熟知的部分,但是对于绝大多数普通读者来说,又是陌生的——当被问及阐释是如何发生时,却是无法用言语确切表达的,因此熟知与陌生的部分存在间距。④

巴尔特、德里达、艾柯、霍尔等则从语言符号的视野论述了文本阐释。巴尔特的后结构主义认为文本是没有中心的能指场,不

---

① Richardson & D. Johnson. Sheehan, Metaphor as Hermeneutic [J]. *Rhetoric Society Quarterly*, Vol. 29, No. 2, 1999, pp. 47~83.

② Shaun Gallagher. Hermeneutics and the Cognitive Sciences[J]. *Journal of Consciousness Studies*, Vol. 11, No. 10-11, 2004, pp. 1~14.

③ Roman Ingarden. The literary Work of Art: An Investigation on the Borderlines of Ontology, *Logic, and Theory of Literature*, Evanston: Northwestern University Press, 1980. p. 139.

④ Barry D. Smith. Distanciation and Textual Interpretation, *Laval Théologique Et Philosophique*, Vol. 43, No. 2, 1987, pp. 332~347.

存在确定文本意义的深层结构,注重文本差异性的阅读;在德里达的解构主义里,能指不断漂移和互指,意义不断后退和播撒,从把文本的可能性推向极端,以至于将意义从文本中驱逐出去。艾柯应用"解释项"和"试推法"来阐述能指和所指的关系,认为所指没有必要存在,强调能指到所指的无限衍义过程,并且指出这一过程是由文化所决定的。① 霍尔则指出,文本的意义并非对客观实体的反映,也非作者的意向性的投射,而是被建构的符号系统的表述行为。②

福柯、伊格尔顿、罗蒂、桑塔格、阿灵顿等则从文化政治的视野论述了文本阐释。福柯的"权力—话语"把任何时代的任何话语视作权力的产物——权力控制、选择、组织和传播作为话语形式的知识,阐释则是要把这种权力揭示出来。伊格尔顿的"意识形态理论"认为文本阐释受到社会政治制度的制约,一切文学批评都是政治性的。罗蒂从新实用主义出发,提倡阐释没有限度,因为承认阐释有约束,就意味着存在更优越的阐释。桑塔格的"新感受力"(new sensibility)故意以叛逆、极端和夸张的姿态反对唯一的一元论式阐释,并且批判当代的某些阐释是一些别有用心的行为,认为它们只不过是一些转换工作:"阐释者说,瞧,你没看见 X 其实是——或其实意味着——A? Y 其实是 B? Z 其实是 C?"③阿灵顿通过课堂调查研究发现,虽然现存文本阐释研究中,文本语义分析和读者经验是两个非常重要的影响因素,但是制度性的权威如教师的指导性阅读对文本阐

---

① 艾柯.符号学理论[M].卢德平译.北京中国人民大学出版社,1990:75.
② 斯图亚特·霍尔.表征:文化表象与意指实践[M].北京:商务印书馆,2005:21.
③ 苏珊·桑格塔.反对阐释[M].程巍译.上海:上海译文出版社,2003:6.

引导作用。①

伊瑟尔、费什则从读者接受和反应的视野论述了文本阐释。在伊瑟尔看来,文学的根本价值在于使读者的多样性和可能性生活在文本中得以呈现,为此伊瑟尔反对本质主义、先验主义,倡导以"文本意义生产"为基础的文学人类学研究新范式。② 费什的"读者反应论"否定了文本客观性的存在,认为阐释出现的趋同只不过是读者共同体遵守阐释惯例的结果,意义根本不存在客观性的一面。③

格尔茨、格林斯、苏马拉等人则从人类学的视角出发论述了文本阐释。格尔茨认为人类学的研究本身就是阐释行为,不要企图去问这是否客观、是否是社会实在,只要我们对陌生文化的研究即阐释能基于科学方法之上,这种阐释就是有说服力的。④ 格林斯通过马来西亚、印度尼西亚两国的不同民族的田野调查,指出文化是个体行为(包括阐释行为)的不可替代的前提。⑤ 苏马拉则认为阐释是一种联系历史、记忆、语言和地理的互动。⑥

---

① Daniel Allington, Private Experience, Textual Analysis, and Institutional Authority: The Discursive Practice of Critical Interpretation and Its Enactment in Literary Training[J]. *Language and Literature*, Vol. 21, No. 2, 2012, pp. 211~225.

② 孟红梅.伊瑟尔的文学本质观及其方法论启示[J].国外社会科学,2010(6).

③ Stanley Fish. *Is There a Text in This Class? The Authority of Interpretive Communities*[J], Cambridge: Harvard University Press, 1980.

④ Clifford Geertz. *The Interpretation of Cultures*[M]. Basic Books, 1973.

⑤ C. D. Grijns. *Cultural Contact and Textual Interpretation: Papers from the Fourth European Colloquium on Malay and Indonesian Studies* [M]. Michigan: Foris Publications, 1983.

⑥ D. J. Sumara. Creating Commonplaces for Interpretation: Literary Anthropology and Literacy Education Research[J]. *Journal of Literacy Research*, Vol. 34, No. 2, 2002, pp. 237~260.

伯道夫[①]、梅洛克斯[②]、柏汉[③]等则从修辞的视角出发,认为修辞是对美和真理的探讨和追寻,并且是以语言为媒介来进行的,在这个意义上,修辞与文本阐释是"同出一源"的。

(二)研究的范畴:从"意义确定与否"走向"阐释本体"

在20世纪60年代以前,西方文本阐释理论研究范畴为"意义是否确定",如客观主义阐释学所追求的作者意图、英美新批评主义所重视的"形式"都认为意义是确定的,而海德格尔、伽达默尔及德里达等哲学家则认为文本意义是不确定的。但这种"确定—不确定"的二元对立思想正如"鸡生蛋、蛋生鸡"的悖论一样也许永远无法有最终的答案,因此越来越多的学者不再纠缠于此,转而探讨更加实际的问题,由此引发了西方文本阐释研究范畴从"意义确定与否"走向"阐释的本体"。

"阐释的本体"研究较之于"意义是否确定"这个研究范畴有着更大的理论启发与实践意义。在多元文化历史话语情境下,文学作品的阐释该何去何从?各种阐释甚至是过度阐释、误读能够登堂入室还是仍然要受到某些力量的约束?这种种问题都有赖于对"阐释的本体"研究的继续深化与延伸。具体说来,当代的阐释学的研究范畴——"阐释的本体"的研究经历了两个转型:

1. 阐释的历时问题:先在与当下的融合。客观主义者认为文本意义是确定的,不需要考虑它的历史性。海德格尔指出,阐释绝不是对呈现于眼前之物的无条件的领悟,它是植根于理解的

[①] Ann. E. Berthoff. Rhetoric Hermeneutics[J]. *College Composition and Communication*. Vol. 42, No. 3, 1991, pp. 279~293.

[②] Steven Mailloux. Rhetoric Hermeneutics Revisited [J]. *Text and Performance Quarterly*, No. 11, 1991, pp. 233~248.

[③] Jerffery L. Bineham. The Hermeneutic Medium [J]. *Rhetoric and Philosophy*. Vol. 42, No. 1, 1995, pp. 1~7.

"前结构"。对这一问题更加深入的探讨以伽达默尔与哈贝马斯的阐释学辩论为标志。虽然伽达默尔承认文本阐释有客观标准存在,必须依赖于来自文本本身的恰当的证据,但同时他认为阐释是受到"效果历史"的制约的。在阐释中,由于先在视野与当下视野之间的相互作用,视野融合产生了,一个新的世界在读者面前展现开来,伽达默尔称这一阐释中发生的活动为"视野融合"。霍埃也认为,由于当代阐释学发端于海德格尔的存在主义哲学,"那我们应当原则上不再认为我们自己是纯理性的存在、独立的自我,或者是站在世界之对立面或世界之外的独立意志。我们发现自己已经在世界之内了"[①]。

哈贝马斯对伽达默尔的批判主要有两个:哈贝马斯早期担心的是伽达默尔的相对主义会导致读者的武断,文本的消失直至虚无主义。而上个世纪 90 年代后,哈贝马斯对伽达默尔的批判转向了对立面,认为其对于先在的传统和权威的注重隐藏着深深的保守主义。

2. 阐释的共时问题:有效与过度的界限。上个世纪 80 年代以来,由于后结构主义、解构主义、多元文化主义、现象学、新实用主义等思潮不断给予文本阐释研究新的理论刺激。在西方文本阐释研究中,人们对理性主义追求内容、意义和秩序的做法提出了挑战,似乎更愿意沉浸于形式和风格的愉悦,把艺术的"性感"放到比阐释更重要的位置。于是阐释的潘多拉的盒子打开了,各种甚至是怪诞的阐释都有了存在的"情理性"(而非合理性),阐释的多元化取代了共性。经历了去共识的狂欢后,人们不得不反思:即使意义是不确定的,阐释是否仍然有界限?过分强调读者接受的一面是否会导致文化上的"消费主义"?因此,人们开始讨论阐释的界限问题。

---

① 大卫・C.霍埃.批评的循环[M].兰金仁译.辽宁人民出版社,1987:3.

第六章　讨论与结论

对阐释界限问题的探讨集中表现为艾柯与罗蒂于1997年在丹纳讲座上的辩论。艾柯批判了"过度阐释"这种趋势,认为它混淆了"文本阐释与文本使用"。由于"文本意图"的存在,文本阐释一定是有界限的。然而文本使用就不一样,可以根据不同的目的、参照不同的文化系统自由使用文本,使文本得到不同的解读。① 为了防止过度阐释,艾柯提出了连贯、互文和经济三个检验阐释是否合格的原则。罗蒂针锋相对,从实用主义立场出发认为文本阐释没有界限,"文本阐释"等于"文本使用",区分二者,不过是认为文本有着某种本质,并就此认为应该以一种合法的方式把这一本质挖掘出来。不仅如此,罗蒂还批判"所谓的连贯性只是有人在一大堆符号或噪音里面发现了某种有趣的东西,通过对这些符号或噪音进行描述使它与感兴趣的其他东西联系起来"②。可以看出,在罗蒂眼中,连贯性只是文本的偶然性的特征,因人因地而变,与文本的内在逻辑无关。

针对这一主题,卡勒、罗斯、桑格塔等当代著名学者从不同的角度提出了与罗蒂类似的观点。卡勒认为阐释只有走向极端才有趣;罗斯认为小说的任务是将我们心智的、精神的以及想象的视野拓展到极致。③ 桑格塔则认为"阐释是一种解放行为,它是改写和重估死去的过去的一种手段,是从死去的过去逃脱的一种手段"④。这些观点都鲜明地表达了阐释的无限开放,尤其是对富有创造力、奇异阐释的鼓励。

---

　① 艾柯等.诠释与过度诠释[M].王宇根译.北京:生活、读书、新知三联书店,1997:36.
　② 艾柯等.诠释与过度诠释[M].王宇根译.北京:生活、读书、新知三联书店,1997:120.
　③ 艾柯等.诠释与过度诠释[M].王宇根译.北京:生活、读书、新知三联书店,1997:168.
　④ 苏珊·桑格塔.反对阐释[M].程巍译.上海:上海译文出版社,2003:9.

(三) 元理论分析的范式:从"文本意义的生产者"走向"文本意义的生产方式"

长期以来,传统文本阐释元理论分析范式主要以"文本意义的生产者"为取向来阐述思想发展脉络,艾布拉姆斯对这一传统范式进行了概括,表述为"作者—文本—读者"的"文本意义的生产者"范式。[①] 这一分析范式准确地反映了传统文本阐释理论分析范式中"文本意义的生产者"的不同和"意义确定与否"这个研究主题。

然而元理论分析范式隶属于历史范畴,因此是相对的,而非超时空的、绝对的。当前阐释界反思和热议的主题已由"意义确定与否"转向为"阐释的本体"。阐释的本体研究所关联的是"文本意义的生产方式"问题,因为它讨论的是文本阐释是创造的还是约束的。为此,以"文本意义生产方式"为取向的理论分析范式可以表述为"创造—约束"。"文本意义的生产者"与"文本意义的生产方式"是不能等而视之的两个问题。即使意义不确定,阐释的约束仍有可能——虽然某些阐释可能是荒诞的,但是它们仍有可能呈现趋同;反言之,即使意义有确定性的一面,阐释的创造也仍有可能。

而且,传统"作者—文本—读者"的"文本意义生产者"理论分析范式未能从当前的研究主题出发去廓清和提炼纷繁复杂的文本阐释观中有限与开放、创造与约束的显著对立。而且,它也没能反映文本阐释理论研究的全貌——在这一理论框架下,诸如福柯的权力话语观、伊格尔顿的意识形态话语观、桑格塔的"新感受力"等重要文本阐释思想被忽略了。随着新的西方文本阐释理论

---

① M. H. Abrams. *A Glossary of Literary Terms*. Wadsworth: Cengage Learning, 2005, p. 139.

研究主题的深入和转变以及研究视野的多元化，传统的"文本意义生产者"的理论分析范式也需要转变。

引出文本阐释元理论分析范式从"文本意义的生产者"到"文本意义的生产方式"的这一走向仍需提及艾柯。艾柯指出现代阐释学思想发展的路径可以分为非理性主义和理性主义阐释思想两种，而且它们都与神秘主义有着密切的关系。我们知道，非理性主义的文本阐释思想认为文本是一个开放的宇宙，阐释者尽可能地通过无穷的符号联系来享受愉悦；理性主义阐释思想则通过无尽后退追求深层的意义或形式。这两种文本阐释思想与神秘主义精髓如出一辙：神秘主义蕴含着"无穷联系"和"无尽后退"这两个对立而统一的特征。艾柯的论述为当前西方文本阐释的理论分析范式指明了方向，揭示了不同文本阐释观在"文本意义的生产方式"上具有创造和约束的不同观点。根据"文本意义的生产方式"这一理论分析范式，以巴特、德里达、罗蒂等为代表人物的后结构主义、解构主义、新实用主义等文本阐释观皆与非理性神秘主义相关，因为它们都主张符号享有充分的自主权，文本阐释是创造的、无限开放的。相反，客观主义阐释学、作者中心论、俄国形式主义、英美新批评、结构主义等文本阐释思想皆与理性神秘主义阐释观有着某种紧密联系，在它们看来文本阐释有一个不断追求的终极目标——作者意图抑或是文本形式是文本阐释的界限，阐释是一个约束、理想、封闭的过程。福柯在文本意义的生产方式上有着与此类似的观点，他通过解构主体试图揭露话语文本的深层结构——权力关系。对于福柯来说，揭示话语文本中的权力关系是阐释文本的终极纯目标，限制了文本的无限衍义。伊格尔顿的意识形态文本阐释观也与此有着异曲同工之效。

以"文本意义的生产方式"即"创造—约束"为文本阐释思想的元理论分析范式反映了在"文本阐释界限"这一新的研究主题

下当代文本阐释思想的基本差异:文本阐释思想研究的范式已不再以作者、文本或是读者为立足点,而试图去剥离这些思想中对于文本意义以何方式被生产的——创造还是约束、趋同还是趋异、有限还是无限。

二、当代西方文本阐释理论研究的局限

阐释学从诞生至今经历了三次重大的转向:第一次是从局部阐释学到一般阐释学的转向,第二次是从方法论到本体论阐释学的转向,第三次是从纯理论到以理论和实践双重任务为宗旨的阐释学的转向。[①] 在多元西方哲学思潮的影响下,当代西方文本阐释的研究兼容并蓄,形成了新的观点、方法和立场,成为阐释学研究第三个转向的重要组成部分。但需要指出的是,它还存在一定的理论和实践局限。

(一)当代西方文本阐释研究的理论局限

1. 在研究范畴上,仍有一些"界限"的基本问题需要澄清。首先,在"界限"的论述上,艾柯虽然指出阐释的界限在于文本意图,但没有从理论上论述文本意图的约束机制,进而没有论述清楚文本阐释的创造与约束是如何统一的。其次,在"界限"的认识上,罗蒂的观点比较明确,认为阐释没有界限,但其新实用主义文本阐释观太过激进。罗蒂提倡阐释的优先权必须建立在"协同和赞同"之上。不可否认的是,协同和赞同是建立在普遍的、可分享的沟通理性和主体间性之上的,否则协同和赞同就无法达成,承认这一点等于是间接承认阐释是有界限、受到一定约束的。再

---

① 洪汉鼎.理解与解释——诠释学经典文选[M].北京:东方出版社,2001:23.

次,在"界限"的检验上,艾柯还试图用连贯原则、互文性原则和经济原则来检验有效阐释,但这些检验原则本身是主观、内在的,谁也无法证明自己运用了连贯、互文和经济这些原则,也就说明了"谁也可以说自己运用了这些原则来检验阐释"[①],这与用数学公式做数学题、按法律法规秉公办事有着本质的区别。形式与功能不可分割,作为一种维特根斯坦的"不可说"(inexpressible)内在功能描述,不管是文本界限还是阐释检验原则还需要外在形式的存在,否则就成为维特根斯坦的"私人语言"。

2. 在元理论分析范式上,不够完整。基于文本阐释的界限问题,根据文本意义的生产方式的不同,把当代西方阐释思想视为非理性主义与理性主义的创造与约束的二元对立,这是有失偏颇的。从根本上来说,文本阐释的创造与约束是辩证统一的,创造是在规定方向上有约束的创造,阐释就是一定约束引导下的创造行为:一方面,读者或植根于不同的文化语境,有着独特的感受力,或有自己的特定教育背景、爱好或者"偏见",因此文本阐释则呈现创造性;另一方面,作者创造的文本当然希望此文本按照他假想的一套代码来阐释这个文本,加之文本本身结构、语言共同体的阐释习惯、历史语境诸因素都对文本阐释形成一定的约束性。

从这个意义上说,当代许多著名的阐释学思想是主张文本阐释创造与约束和谐共存的。海德格尔和伽达默尔虽然认为阐释是相对的、历史的,但从来都没有否定过阐释中普遍性、规定性的存在。海德格尔认为在阐释中显现的自身"存在"就是此文本区别于彼文本的规定性。伽达默尔也指出,艺术作品自身那种原本

---

① 陈维振.维特根斯坦的"私人语言"悖论及其怀疑论解决方案[J].外语学刊,2008(1).

的、目的的、规定的痕迹也不可能消失。① 在姚斯看来,读者的阅读会受到特定的历史文化水平的制约,但这种"期待视野"在共时的层面,体现了一种约束性。英伽登的图式化理论也很好地说明了在阐释中的创造性与约束问题,例如图式结构是规定性纲要,但又同时具有各种不确定的、潜在的因素,有待于审美主体在阐释的过程中充实。

在当代语境下,对于文本阐释的创造性似乎都没有异议,但对于约束问题,大家的观点莫衷一是。实际上,文本阐释理论的内在约束性并未缺席。文本阐释的约束或明或暗、自觉或不自觉地存在于西方文本阐释观中,姑且不谈客观主义阐释学、作者中心论、俄国形式主义、英美新批评、结构主义等开宗明义地提出阐释的约束在哪里,即便是费什也不可否认读者的阐释因遵守共同的阐释惯例而趋同;而且巴尔特也始终认为不管是作者还是读者,一旦进入了语言游戏,不但不能控制意义,反而被语言逻辑所控制,语言操纵着主体、消解着主体。同样在德里达的解构活动中,意义理解是先行于解构的活动,没有阐释,则没有解构;没有可循的语言阐释逻辑,解构活动何以进行?

3. 在研究方法上,实证研究的探索不够。当代西方文本阐释研究主要局限于纯理论视野,这不得不说是一个缺憾。虽然早在1929年瑞恰兹就对文本阐释问题进行了实证研究,显示读者反应"趋异",并且之后也有些类似的实验显示读者反应"趋异"或"趋同"。但这些研究并没有得到广泛的关注与后续的探讨。近二三十年以来,随着实验条件的提高,实验控制因素的增强,尤其是理论研究的深入,也有为数不多的实验说明读者的阅读反应有趋同性,如迈阿尔通过实证研究发现,被试在篇章阐释中关注的

---

① 伽达默尔.真理与方法[M].洪汉鼎译.上海:上海译文出版社,1999:203.

句段方面是趋同的;①马丁代尔改进了瑞恰兹的实验,得出了读者在情节的预测方面趋同的重要结果。②尽管如此,实证研究还是相对缺乏,特别是在强调用"证据"说话的主流社会科学研究范式中,通过对文本阐释的实证研究从而揭示意义的生产方式,应该是阐释学研究的努力方向之一。

(二)当代西方文本阐释理论研究的实践局限

阐释学是一门理论的哲学,也是一门关于人的实践的哲学,"它研讨的问题就是所有那些决定人类存在和活动的问题"③。综观西方文本阐释理论研究,其关注的焦点在于"人",主要围绕此在的在场或不在场展开论述,如作者意图、读者反应、标准读者、主体间性、主体意向、沟通理性、主体解构等,可以说阐释学的最大理想和最终目的是通过阐释理解、尊重多元的文化,从而为人类多元文化服务。在这个意义上说,文本阐释学是一门理论"人学",同时也是一门实践"人学"。可惜的是,当代阐释学从"人"出发的研究主要囿于理论视野,理论和实践结合虽有所涉猎,但还远远不够。在阐释学研究的第三次转向中,亚里士多德的"实践智慧"被提高到前所未有的地位,这是为了应对当代科学技术和全球经济一体化对社会进行全面统治从而造成的人文精神相对而言日益衰退的局面。

那么如何把抽象的阐释学理论描述付诸具体的为"人"服务

---

① David. S. Miall. The Indeterminacy of Literary Texts: The View from the Reader[J]. *Journal of Literary Semantics*, Vol. 52, No. 17, 1988, pp. 155~171.

② C. Martindale. I. A. Rihcards Revisited: Do People Agree in Their Interpretations of Literature?[J]. *Poetics*, Vol. 12, No. 23, 1995, pp. 300~314.

③ 洪汉鼎. 理解与解释——诠释学经典文选[M]. 北京:东方出版社,2001:27.

的实践呢？我们需要从文化人类学"从广泛的意义上讨论阐释"中得到一些启示。正像人类文化学精神所昭示的那样，为人类服务就是尊重、阐释和理解一个民族的文化，即在不削弱其特殊性的情况下，昭示出其常态，按照其生活模式以及发生的变化揭示出其行为的意义；把他们置于他们自己的日常系统中，就会使他们变得可以理解，对某种文化的描述必须以他们经历的解释的语词来表达，必须以他们用来界说发生在他们身上的那些语词来表达，即"从本地人观点来看本地文化的境界"。

那么又是如何达到"从本地人观点来看本地文化的境界"呢？首先，必须承认这样一个前提条件——意义公有和文化通约。早自胡塞尔、晚自维特根斯坦以来，对于意义私有理论的批判已成为现代思想中重要的一部分，揭示了"精神外在"，意义活动根本上是社会性和公开可见的，这样为多元的人类服务的行动才能进行。其次，文化对话和意义协调是必要条件。正像文化人类学家格尔茨提出的那样，理解某种文化需要有研究者对"远经验"和"近经验"并置对话，在两种不同的文化概念间进行调和。远经验和近经验分别指的是研究者和被研究者的概念体系。这种"深描"式的阐释既是对多元文化的深刻理解和尊重，又使得阐释有据可依，而不至于陷入神秘主义的无限衍义。

另外，文本阐释理论的走向还缺乏对当下各种层出不穷的新兴文本形式的关注。随着博客、推特、面谱、微博、微信等新兴文本的出现，大众话语迅速崛起，代表权威、标准的精英话语受到了挑战，精英甚至成为被质疑和调侃的对象。面临着日趋激烈的话语权的争夺，共识难以达成；而如果不同的话语方式之间没有共识，就难以维持社会稳定，这有赖于文本阐释问题的探讨。同时，新兴文本的出现创造了新的公共领域和空间，潜在地鼓励了民主，但同时也要看到，新兴文本具有自身新的话语方式和逻辑，在潜移默化中会重塑我们的话语方式，有可能颠覆精英知识分子推崇的理性思维方式,而一味追求"出彩"和"简单化"的话语方式,因此阐释新兴文本带来的话语方式转型对阐释学的研究具有重要的意义。不仅如此,新兴文本的出现为新的社会控制和传统地位的巩固新模式提供了可能。那么是谁掌握知识和话语的阐释霸权,话语权力在新兴文本中又是怎样表述、生产和规驯也是阐释学研究当下应该积极应对的问题之一。这些问题都依赖于对文本阐释的探讨,对它们的回答更能激发文本阐释理论研究的张力。

在多元西方哲学思潮的影响下,当代西方文本阐释理论研究发生了数个新走向,深刻地影响了中国的阐释学研究。中国有着历史悠久的经典阐释的传统,如经学、训诂学、注释学等,由于对形而上的忽视,我们始终没有形成具有影响力的、完整的理论。自上世纪80年代以来,中国的文本阐释研究主要经历了引介、学习和应用三个时期,一度出现繁荣发展的局面,但近些年来似乎出现了研究的瓶颈阶段,表现在研究成果少、学术热点少、研究学者少等方面。我们应该保持对文本阐释研究的热情与敏感,紧跟当前西方文本阐释研究的新动向,从多维度的视角来研究文本阐释。

西方文本阐释的研究成果对于中国文本阐释学的研究具有重要的借鉴作用,但面对西方文本阐释学的最新成果,在关注、学习、借鉴的同时,应该有自己的见解,从中国的实际出发,不能盲从西方的观点。毕竟,作为一门语言哲学,文本阐释是以语言为基础的,而语言与思维有着密切的联系,中西语言不同,思维方式不同,不能以西方的理论来削足适履,把中国本有的注释传统硬塞进去,还是应立足于中国自己固有的经典注释传统,借鉴西方诠释学概念和理论,创立我们自己的具有中国特色的中国诠释学。

第三节　结　语

本文通过说明、借用和廓清文本阐释中的几个概念:限度、界线、可能阐释、过度阐释和有效阐释等,重建了文本阐释的约束理论。我们也已通过 1,3,5,7…… 这个数列形象地阐明了这一重建的文本阐释的约束理论的主要观点。对于这个数列,我们可以提出种种的可能阐释:

(1) $a_n - (a_n - 1) = 2$(此数列前后两项差为 2)

(2) $a_n = 2k - 1$(此数列的任何一项 a_n 可表示成 $2k-1$,k 为正整数)

(3) $S_n = n^2$(此数列的前 n 项之和为 n^2)

(4) 1,11,101,111,1001……(二进制)

(5) 三进制

(6) 四进制

……

从中我们可以得出以下一些结论,帮助我们理解本书中所阐述的有关文本阐释的约束理论:

第一,对于没有受过教育、没有任何数学知识的人来说,这个数列毫无意义,也就是说非数学共同体成员不可能理解和阐释这个数列。

第二,关于这个数列,存在着无数多个可能阐释,这些可能阐释都是这个数列的"理念意义"所允许的,而这个理念意义又是由数列中数字符号的意义及其间的结构(语法关系)所决定的,它控制着该数列各种可能阐释的变形,使得它们都是规定方向上的变形,从而成为一个意义的连续复合体,最终都能还原到这个数列上去。

第三，尽管对该数列可以有无限多个可能阐释，但还是存在着过度阐释。例如，如果我们把该数列的前 n 项之和说成 2n 而不是 n2，那么，按照我们的说法，就是一种过度阐释，因为它要么故意误解了已经达成共识的数字符号的意义，要么错误理解了数字之间的结构关系，因而逾越了该数列"理念意义"所允许的范围。正是从这一角度上说，文本的阐释是开放有限的。

第四，在这些无数的可能阐释中，并非所有的阐释都是有效的阐释。对于某些数学共同体的成员来说（比如对于由初中生构成的数学亚共同体成员来说），阐释（1）、（2）、（3）是好的、经济的、甚至是聪明的阐释，而阐释（4）、（5）、（6）等却是差的或根本无法理解的阐释，因为他们还未学过二进制，更不用说三进制和四进制了。因此对于这些人而言，后面几种阐释都是无效的阐释。即便对于计算机专业的学生来说，三进制和四进制的阐释也是难以接受的，甚至是"愚蠢"的阐释。

因此可以说，文本阐释受到双重约束：语义层面的约束和语用层面的约束。在语义层面上，理念意义虽然允许各种可能阐释，但它为这些可能阐释圈定了范围，逾越了这一范围的阐释就成了错误的过度阐释；在语用层面上，语言交往共同体的历史文化以及由其产生的语言游戏规则，将对各种可能阐释发挥制约作用，使得其中一些阐释成为有效阐释而被共同体接受，另一些可能阐释成为无效的、无用的或不好的阐释而被语言交往共同体拒斥。正因为如此，文本阐释在一个特定的语言交往共同体中经常出现趋同性。一个阐释是否有效，其终审权掌握在语言交往共同体中。

艾柯与罗蒂关于"阐释与过度阐释"的辩论是"后现代性"引发的一系列理论问题当中的一个。对"后现代性"的推崇凸显了当代社会"主体意识"的增强以及对"人性自由"的渴望和呼唤，但是不可否认的是，对"后现代性"的提倡也是一把双刃剑，它虽然有利于人类的解放,但是也引发了许多危机,可以说,阐释危机就是其中的一个。虽然"怎么阐释都可以"是一个反对权威和主流话语的口号,但同时也导致了"人类沟通理性"的危机。艾柯对"过度阐释"的批评,表示了对当前的一些"过度自信"的阐释理论的不满和怀疑。正如艾柯所提出的那样,文本阐释虽然是开放的,但还必然受到各种因素的制约,因此,文本阐释的可能性并不是像罗蒂所提倡的那样,是一个在平滑的表面上进行的自由驰骋的活动,文本阐释活动只有在受到一定约束的时候,实际上所有的人类语言实践活动只有在受到约束时,人类的交往才是可能的。如果说,阐释不受约束,那么我们怎样才能理解罗蒂本人的观点?或者说,罗蒂的话还有意义吗?更进一步说,罗蒂和其他人或其他人与罗蒂的争论还有必要吗?

虽然德里达、保·德曼及罗蒂等人的阐释观呼应了时代对"人性解放"这一要求,但是由于其过于"理想化"而忽视了对日常世界的关注。他们过多关注了主体个性,而忽视了普遍性在主体身上的体现。阐释活动虽然必须有主体个性的参与,但是也只有在共同体对它施加约束的情况下,阐释才能成为可理解、可接受的、有价值的。

现代工业的繁荣带来了社会的发展,却使人丧失了其存在的价值,遗忘了生命的根基,导致了人类的精神危机。为此,维特根斯坦提出了其治疗方案:抛弃这种工业文明,使人回到原始的、前科学的状态,回到最基本的语言游戏中,重新获得生命的意义和价值。与维特根斯坦这一"回归日常世界、关注普遍的人性"的这一精神相呼应的是胡塞尔晚年对"生活世界"和"主体间性"的关注。虽然胡塞尔的"生活世界"是一个终极视野,"主体间性"是原初经验,但是它们都来自日常生活世界,日常生活世界是其纯粹经验的始源。我们只有回归日常生活世界中、日常生活语言中来,才能体会人的意义和价值,才能把握阐释的本真状态。

参考文献

中文参考文献

艾布拉姆斯.镜与灯[M].郦稚牛,张照进,童庆生译.北京:北京大学出版社,1989.

艾布拉姆斯.欧美文学术语词典[M].朱金鹏,朱荔译.北京:北京大学出版社,1990.

艾柯.符号学理论[M].卢德平译.北京:中国人民大学出版社,1990.

艾柯等.诠释与过度诠释[M].王宇根译.北京:生活、读书、新知三联书店,1997.

艾柯.误读[M].吴燕莛译.北京:新星出版社,2006.

艾柯.开放的作品[M].刘儒庭译.北京:新星出版社,2005.

艾柯.符号学与语言哲学[M].王天清译.天津:百花文艺出版社,2006.

阿佩尔.哲学的改造[M].孙周兴,陆星华译.上海:上海译文出版社,1997.

阿佩尔.社会科学的解释学向度及其规范基础(上)[J].国外社科信息,1993(7).

埃米里奥·贝蒂,作为精神科学一般方法论的诠释学[M].洪汉鼎译.载理解与解释——诠释学经典文选[M].洪汉鼎主编.东方出版社,2001.

艾尔伯特·鲍尔格曼.跨越后现代的分界线[M].孟庆时译.北京:商务印书馆,2003.

巴雷特.非理性的人[M].段德智译.上海:上海译文出版社,1992.

齐格蒙·鲍曼.后现代性及其缺憾[M].郇建立,李静韬译.上海:学林出版社,2002.

卡尔·波普.历史决定论的贫困[M].杜汝楫,邱仁宗译.北京:华夏出版社,1987.

罗兰·巴特.符号学原理[M].王东亮译.北京:生活、读书、新知三联书店,1999.

罗兰·巴特.文之悦[M].屠友祥译.上海:上海人民出版社,2002.

巴特利.维特根斯坦传[M].杜丽燕译.上海:东方出版中心,2000.

曹莉.永远的乌托邦:西方文学名著导读[M].北京:清华大学出版社,2002.

陈嘉明.实在、心灵与信念——当代美国哲学概论[M].北京:人民出版社,2005.

陈嘉映.语言哲学[M].北京:北京大学出版社,2003.

程琪龙.认知语言学概论[M].北京:外语教学与研究出版社,2001.

陈启伟.现代西方哲学论著选读[M].北京:北京大学出版社,1992.

陈小明."药"的文字游戏与解构的修辞学——论德里达的柏拉图的药[J].文艺理论,2007(3).

陈晓明.解构的踪迹:历史、话语与主体[M].北京:中国科学文献出版社,1994.

陈维振,吴世雄.范畴与模糊语义研究[M].福州:福建人民出版社,2002.

陈维振,张茂盛.人类心智的窗口——论乔姆斯基的语言思想[M].北京:学苑出版社,1993.

陈维振.维特根斯坦的"私人语言"悖论及其怀疑论解决方案[J].外语学刊,2008(1).

陈亚军.哲学的改造[M].北京:中国社会科学出版社,1998.

泰奥多·德布尔.胡塞尔思想的发展[M].李河译.北京:生活、读书、新知三联书店,1994.

丁尔苏.语言的符号性[M].北京:外语教学与研究出版社,2000.

威廉·狄尔泰.历史中的意义[M].艾彦等译.北京:中国城市出版社,2001.

保罗·德曼.解构之图[M].李自修译.北京:中国社会科学出版社,1998.

端木庆一.阅读图示与理解、空缺与翻译的辩证分析[J].译林,2007(4).

丹纳.艺术哲学[M].合肥:安徽文艺出版社,1998.

杜莹杰.召唤结构、期待视野与陌生化的艺术开拓[M].北方论丛,2009(1).

达维德·方舟.诗学——文学形式通论[M].陈静译.天津:天津人民出版社,2003.

福柯.主体解释学[M].佘碧平译.上海:上海人民出版社,2005.

福柯.知识考古学[M].谢强等译.北京:生活、读书、新知三联书店,1999.

斯坦利·费什.读者反应批评:理论与实践[M].文楚安译.北京:中国社会科学出版社,1998.

傅延修.文本学——文本主义文论系统研究[M].北京:北京大学

出版社,2004.

高秉江.胡塞尔"生活世界"的先验性[J].华中科技大学学报,2002(5).

郭宏安.重建阅读空间[M].北京:中国社会科学出版社,1989.

高宣扬.解释学简论[M].台北:远流出版事业股份有限公司,1988.

高宣扬.利科的反思诠释学[M].上海:同济大学出版社,2004.

D.C.霍埃.批评的循环[M].兰金仁译.沈阳:辽宁人民出版社,1997.

哈贝马斯.后形而上学思想[M].曹卫东等译.南京:译林出版社,2001.

海德格尔.林中路[M].孙周兴译.北京:商务印书馆,1997.

海德格尔.什么叫思想.孙周兴译.载演讲与论文集[M].孙周兴主编.上海:三联书店,1996.

斯图亚特·霍尔.表征:文化表象与意指实践[M].徐亮译.北京:商务印书馆,2005.

洪汉鼎.阐释学——它的历史和当代发展[M].北京:人民出版社,2001.

洪汉鼎.理解与解释——诠释学经典文选[M].北京:东方出版社,2001.

洪汉鼎.意义的本体论[M].上海:上海译文出版社,2002.

洪汉鼎.诠释学史[M].台北县新店市:桂冠图书股份有限公司,2002.

特伦斯·霍克斯.结构主义和符号学[M].瞿铁鹏译.上海:上海译文出版社,1997.

韩林舍.维特根斯坦论"语言游戏"和"生活形式"[J].北京大学学报,1996(1).

胡塞尔.现象学的观念[M].倪梁康译.上海:上海译文出版社,

1987.

胡塞尔.经验与判断[M].邓晓芒译.北京:生活、读书、新知三联书店,1999.

胡塞尔.纯粹现象学通论[M].李幼蒸译.北京:商务印书馆,1988.

胡塞尔.生活世界现象学[M].倪梁康译.上海:上海译文出版社,2005.

E.D.赫斯.解释的有效性[M].王才勇译.北京:生活.读书.新知三联书店,1991.

何卫平.通向解释学辨证之途[M].上海:三联出版社,2001.

何自然:语用学概论[C].长沙:湖南教育出版社,1988.

戴维·霍伊.阐释学与文学[M].张弘译.沈阳:春风文艺出版社,1988.

韩震,孟鸣歧.历史·理解·意义:历史诠释学[M].上海:上海译文出版社,2002.

伽达默尔.解释学,美学,实践哲学:伽达默尔与杜特对谈录[M].金惠敏译.北京:商务印书馆,2005.

伽达默尔.真理与方法[M].洪汉鼎译.上海:上海译文出版社,1999.

伽达默尔.真理与方法——哲学解释学的基本特征[M].洪汉鼎译.上海:上海译文出版社,1999.

伽达默尔.哲学解释学[M].夏镇平等译.上海:上海译文出版社,2004.

伽达默尔.科学时代的理性[M].薛华等译,北京:国际文化出版公司,1988.

今道友信.存在主义美学[M].崔相录等译.沈阳:辽宁人民出版社,1987.

金惠敏.后现代与辩证解释学[M].北京:中国科学文献出版社,

2002.

江怡.维特根斯坦[M].长沙:湖南教育出版社,1999.

江怡.维特根斯坦——一种后哲学的文化[M].北京:中国社会科学文献出版社,2002.

江怡.分析哲学与诠释学的共同话题[J].山东大学学报,2007(1).

金增嘏.西方哲学史(上)[M].上海:上海人民出版社,1983.

康德.纯粹理性批判[M].邓晓芒译.北京:人民出版社,2004.

康德.历史理性批判文集[M].何兆武译.北京:商务印书馆,1997.

道格拉斯·凯尔纳.波德里亚:批判性的读本[M].陈维振等译.南京:江苏人民出版社,2005.

道格拉斯·凯尔纳,斯蒂文·贝斯特.后现代理论——批判性的质疑[M].张志斌译.北京:中央编译出版社,1999.

约瑟夫·科克尔曼斯.海德格尔的存在与时间[M].陈小文译.北京:商务印书馆,2003.

卡勒.结构主义诗学[M].盛宁译.北京:中国社会科学出版社,1991.

卡勒.论解构.结构主义之后的理论和批评[英文本][M].北京:外语教学与研究出版社,2004.

唐·库比特.后现代神秘主义[M].王志成等译.北京:中国人民出版社,2005.

卡西尔.人论[M].甘阳译.上海:上海译文出版社,1985.

德赖弗斯·拉比诺.超越结构主义与解释学[M].张建超等译.北京:光明日报出版社,1992.

林斌.文本"过度阐释"及其历史语境分析——从伤心咖啡馆之歌的"反犹倾向"谈起[J].四川外语学院学报,2004(4).

罗蒂.后哲学文化[M].黄勇编译.上海:上海译文出版社,2004.

罗蒂.哲学和自然之镜[M].李幼蒸译.北京:生活、读书、新知三联书店,1987.

罗蒂.偶然性、反讽性与亲和性[M].牛津:剑桥大学出版社,1989.

R.罗梯.协同性还是客观性?[J].李幼蒸译.国外社会科学,1985(10).

李楯.一代知识分子的使命[J].南风窗,2011(8).

大卫·雷格里芬.超越解构——建设性后现代哲学的奠基者[M].鲍世斌等译.北京:中央编译出版社,2002.

李河.巴别塔的重建与解构——解释学视野中的翻译问题[M].昆明:云南大学出版社,2003.

李红.当代西方分析哲学与诠释学的融合[M].北京:中国社会科学出版社,2002.

李红.先验符号学中的语用学转向[J].北京:自然辩证法通讯.2000(5).

李建盛.理解事件与文本意义[M].上海:上海译文出版社,2001.

利科.历史与真理[M].姜志辉译.上海:上海译文出版社,2004.

利科.解释学与人文科学[M].陶远华译.石家庄:河北人民出版社,1987.

利科.诠释学与意识形态批判[M].载洪汉鼎主编.理解与解释——诠释学经典文选.北京:东方出版社,2001:464.

李静滢.论翻译中文本阐释与译者的取向作用[J].深圳大学学报,2001(6).

鲁苓.视野融合——跨文化语境中的阐释与对话[M].北京:社会科学文献出版社,2004.

理查德·鲁玛纳.罗蒂[M].刘清平译.北京:中华书局,2003.

刘润清.西方语言学流派[M].北京:外语教学与研究出版社,2002.

罗素.西方哲学史:下卷[M].马元德译.北京:商务印书馆,1982.

林贤治.伽达默尔集[M].上海:上海远东出版社,1997.

李郁.论维特根斯坦语言哲学的影响力——语言,哲学与日常语言[J].学术交流,2006(5).

刘永富.胡塞尔现象学·海德格尔本是学引论——从所知学的角度重新解读胡塞尔与海德格尔[M].西安:西北大学出版社,2000.

李咏吟.解释与真理[M].上海:上海译文出版社,2004.

李幼蒸.理论符号学导论[M].北京:中国社会科学出版社,1993.

李幼蒸.结构与意义——人文科学跨学科认识论研究[M].北京:中国社会科学出版社,1996.

毛峰.神秘主义诗学[M].北京:三联出版社,1998.

罗伯特·R·马格廖拉.现象学与文学[M].周宁译.沈阳:春风文艺出版社,1998.

马理.约束与体裁——试析巴赫金诗学元方法问题[J].四川大学学报,2003(3).

希利斯·米勒.重申解构主义[M].郭英剑译.北京:中国社会科学出版社,1998.

维克多·维拉德·梅欧.胡塞尔[M].杨富斌译.北京:中华书局出版社,2002.

大卫·宁.当代西方修辞学:批评模式与方法[M].常昌富等译.北京:中国社会科学出版社,1998.

南帆.理论的紧张[M].上海:上海三联书店,2003.

南帆.隐蔽的成规[M].福州:福建教育出版社,1999.

南帆.文学理论[M].杭州:浙江文艺出版社,2002.

南帆.阐释的空间[M].福州:海峡文艺出版社,1990.

倪梁康.现象学及其效应——胡塞尔与当代德国哲学[M].北京:生活、读书、新知三联书店,1994.

约翰·E.彼得曼.柏拉图[M].胡自信译.北京:中华书局出版社,2002.

皮尔士.皮尔士文集[M].哈佛:哈佛大学出版社,1960.

彭启福.文本诠释中的限度与超越——兼论马克思文本诠释的方法论问题[J].哲学研究,2007(2).

彭启福.理解之思:诠释学初论[M].合肥:安徽人民出版社,2005.

裴文.索绪尔:本真状态及其张力[M].北京:商务印书馆,2003.

P·D·却尔.解释:文学批评的哲学[M].吴启之等译.北京:文化艺术出版社,1991.

秦光涛.意义世界[M].长春:吉林教育出版社,1998.

乔治·瑞泽尔.后现代社会理论[M].谢立中等译.北京:华夏出版社,2003.

什克洛夫斯基等.俄国形式主义文论选[M].北京:生活、读书、新知三联书店,1989.

余碧平.现代性的意义与局限[M].上海:上海三联书店,2000.

约翰·塞尔.心灵、语言与社会——实在世界中的哲学[M].李步楼译.上海:上海译文出版社,2001.

苏宏斌.论文学的主体间性[J].厦门大学学报,2002(1).

沈华柱.对话的妙语——巴赫金语言哲学思想研究[M].上海:上海三联出版社,2005.

尚杰.解构的文本——读书札记[M].北京:中国社会科学出版社,1999.

尚杰.语言,心灵与意义分析[M].沈阳:辽宁教育出版社,1989.

萨特.萨特文论选[M].施康强译.北京:人民文学出版社,1991.

安东尼·斯托尔.荣格[M].陈静等译.北京:中国社会科学出版社,1989.

苏珊·桑塔格.反对阐释[M].程巍译.上海:上海译文出版社,

2003.

海尔曼·J·萨特康普.罗蒂和实用主义——哲学家对批评家的回应[M].张国清译.北京:商务印书馆,2003.

阿兰·斯威伍德.大众文化的神话[M].冯建三等译.北京:北京三联书店,2003.

茨维坦·托多洛夫.批评的批评——教育小说[M].王东亮等译.北京:生活、读书、新知三联书店,2002.

王大为.维特根斯坦与现象学的关系[J].内蒙古工业大学学报,2004(2).

魏墩友.回返理性之源[M].武汉:武汉大学出版社,1999.

科尼利斯·瓦尔.皮尔士[M].郝长墀译.北京:中华书局,2003.

爱德华·威尔逊.社会生物学:新的综合[M].毛盛贤等译.北京:北京理工大学出版社,2008.

王逢振.今日西方文学批评理论[M].桂林:漓江出版社,1988.

王瑾.互文性[M].桂林:广西师范大学出版社,2005.

王路.实际转折处的哲学巨匠——弗雷格[M].北京:中国社会科学文献出版社,2002.

韦勒克·沃伦.文学理论[M].刘象愚等译.北京:生活、读书、新知三联书店,1984.

丸山高司.伽达默尔——视野融合[M].刘文柱等译.石家庄:河北教育出版社,2002.

维特根斯坦.论确定性[M].桂林:广西师范大学出版社,2002.

维特根斯坦.哲学研究[M].陈嘉映译.上海:上海人民出版社,2005.

维特根斯坦.哲学研究[M].李步楼译.北京:商务印书馆,1996.

维特根斯坦.维特根斯坦全集.3:哲学评论[M].丁冬红等译.石家庄:河北教育出版社,2003.

王巍.相对主义:从典范语言和理性的观点看[M].北京:清华大

学出版社,2003.

王晓东.西方哲学主体间性理论批判[M].北京:中国社会科学出版社,2004.

王岳川.解释学和现象学文论[M].济南:山东教育出版社,1999.

伍蠡甫.西方文论选(下卷)[M].上海:上海译文出版社,1979.

谢地坤.走向精神科学之路——狄尔泰哲学思想研究[M].南京:江苏人民出版社,2003.

约翰·希克.多名的上帝[M].王志成译.北京:中国人民大学出版社,2005.

许钧.简论理解和阐释的空间与限度[J].外国语,2004(1).

徐瑞康.欧洲近代经验论和唯理论哲学发展史[M].武汉:武汉大学出版社,1992.

徐友渔.语言与哲学——当代英美与德法传统比较研究[M].北京:生活、读书、新知三联书店,1996.

筱原资明.埃柯——符号的时空[M].徐明岳,俞宜国译.石家庄:河北教育出版社,2001.

杨大春.文本的世界[M].北京:中国社会科学出版社,1998.

余岱宗.批评美学:艺术诠释的逻辑与范式[M].上海:学林出版社,2003.

特里·伊格尔顿:后现代主义的幻象[M].华明译.北京:商务印书馆,2000.

殷杰.维特根斯坦"语言游戏"语用学的构造[J].江西社会科学,2005(2).

罗曼·英伽登.艺术的与审美的价值[J].英国美学杂志,1964(14).

罗曼·英伽登.论文学的艺术作品[M].张金言译.北京:北京大学出版社,1987。

罗曼·英伽登.论文学作品[M].开封:河南大学出版社,2008.

罗曼·英伽登.文学的艺术作品[M].埃文斯顿:西北大学出版社,1973.

亚里士多德.诗学[M].罗念生译.北京:人民文学出版社,1982.

严平.走向解释学的真理——伽达默尔哲学述评[M].北京:东方出版社,1998.

H.R.姚斯,R.C.霍拉勃.接受美学与接受理论[M].周宁等译.沈阳:辽宁人民出版社,1987.

尧斯:审美经验与文学解释学[M],顾建光译.沈阳:辽宁人民出版社,1997.

伊瑟尔.阅读活动:审美反应理论[M].金元浦等译.北京:中国社会科学出版社,1991.

伊瑟尔.阅读行为:审美反映论[M].约翰·霍普金斯大学出版社,1978.

沃尔夫冈·伊瑟尔.怎样做理论?[M].朱刚等译.南京:南京大学出版社,2008.

杨淑华.论新旧文本观的解释学基础[J].外语研究,2005(2).

尹星凡.现代西方人文哲学[M].南昌:江西人民出版社,2003.

俞宣孟.本体论研究[M].上海:上海人民出版社,2005.

杨玉成.奥斯汀:语言现象学与哲学[M].北京:商务印书馆,2003.

弗雷德里克·詹姆逊.批评的历史维度[J].胡亚敏等译.华中师范大学学报,2000(5).

张德明.批评的视野[M].上海:上海社会科学院出版社,2004.

中冈成文.哈贝马斯:交往行为[M].王屏译.石家庄:河北教育出版社,2001.

张广奎.论《傅科摆》的艾柯诠释学回证与诠释熵情[J].外国文学研究,2007(5).

张广奎.为艾柯诠释学的"读者意图"辩护——从马克思主义的中

国化到现行的中国文艺复兴[J].电影文学,2007(14).

张广奎.从艾柯诠释学看翻译的特性[J].外语教学,2007(3).

张今杰,林艳.卡尔-奥托·阿佩尔先验语用学研究[J].科学技术与辩证法,2005(6).

张今杰,林艳.阿佩尔先验语用学的特征及其理论后果[J].中南大学学报,2003(2).

张开焱.开放人格——巴赫金[M].武汉:长江文艺出版社,2000.

张明.从伽达默尔的游戏说看文学意义的发展规律[J].甘肃社会科学,2005(1).

周民锋.走向大智慧——与海德格尔对话[M].成都:四川人民出版社,2002.

张萍.国内语篇体裁分析研究综述[J].西北大学学报,2005(6).

章启群.伽达默尔传[M].石家庄:河北人民出版社,1998.

章启群.意义本体论——哲学诠释学[M].上海:上海译文出版社,2001.

张庆熊.自我、主体际性与文化交流[M].上海:上海人民出版社,1999.

张汝伦.意义的探究——当代西方释义学[M].沈阳:辽宁大学出版社,1985.

张隆溪.道与逻格斯[M].成都:四川人民出版社,1998.

朱立元.当代西方文艺理论[M].上海:华东师范大学出版社,1997.

朱寿兴.艾柯的"过度诠释"在文学解读活动中并不存在[J].湖南文理学院学报,2006(4).

张廷国.重建经验世界——胡塞尔晚期思想研究[M].武汉:华中科技大学出版社,2003.

张祥龙.朝向事情本身——现象学导论七讲[M].北京:团结出版社,2003.

张祥龙,杜小真,黄应全.现象学思潮在中国——20世纪西方哲学东渐史[M].北京:首都师范大学出版社,2002.

张祥龙.当代西方哲学笔记[M].北京:北京大学出版社,2005.

郑涌.批判哲学与解释哲学[M].北京:中国社会科学出版社,1993.

张志林,张少明.反本质主义与知识问题——维特根斯坦后期哲学的扩张研究[M].广州:广东人民出版社,1995.

赵志均.文学文本理论[M].北京:中国社会科学出版社,2001.

英文文献

A. Hyman, J. Walsh. Philosophy in the Middle Ages: *The Christian, Islamic, and Jewish Traditions* [M]. Indianapolis: Hackett,1973.

Ann. E. Berthoff. Rhetoric Hermeneutics[J]. *College Composition and Communication*, Vol. 42, No. 3, 1991, pp. 279~293.

A. Rubinstein. *Economics and Language* [M]. Cambridge: Cambridge University Press, 2000.

Barry D. Smith. Distanciation and Textual Interpretation[J]. *Laval Théologique Et Philosophique*, Vol. 43, No. 2, 1987, pp. 332~347.

Benjamin Jowett. *The Dialogues of Plato* [M]. Bristol: Thoemmes Press, 1997.

Brice Wachterhauser and James Risser. Hermeneutics and the Voice of the Other: A Re-reading of Gadamer's Philosophical Hermeneutics[J]. *Continental Philosophy Review*, No. 1, 2003, p. 70.

C. D. Grijns. *Cultural Contact and Textual Interpretation: Papers from the Fourth European Colloquium on Malay and Indonesian Studies*[M]. Michigan:Foris Publications,1983.

C. K. Ogden and I. A. Richard. *The Meaning of Meaning*[M]. London:Routledge and Kegan PAUL,1923,p. 40.

Chun-chieh Huang. Mencius' Hermeneutics of Classics[J]. *Dao*, No. 1,2001,p. 67.

Clifford Geertz. *The Interpretation Of Cultures* [M]. New York:Basic Books,1973.

Colin Martindale. I. A. Rihcards Revisited: Do People Agree in Their Interpretations of Literature? [J]. *Poetics*, No. 23, 1995,pp. 300～314.

Colin Martindale. *The Clockwork Muse: The Predictability of Artistic Change* [M]. New York:Basic Books,1990.

Cornel West. *The American Evasion of Philosophy: A Genealogy of Pragmatism*[M]. Madison: The University of Wisconsin Press,1989.

Culler. *On Deconstruction*[M]. 北京:外语教学与研究出版社, 2004.

David S. Miall. Readers' Responses to Narrative[J]. *Poetics*, No. 19,1990,pp. 323～339.

David S. Miall. The Indeterminacy of Literary Texts: The View from the Reader[J]. *Journal of Literary Semantics*,No. 13, 1988.

Daniel Allington. Private Experience, Textual Analysis, and Institutional Authority: The Discursive Practice of Critical Interpretation and Its Enactment in Literary Training[J]. *Language and Literature*, Vol. 21, No. 2, 2012, pp. 211～

225.

D. C. Funder and C. R. Colvin. Friends and Strangers: Acquaintanceship, Agreement and the Accuracy of Personality Judgment[J]. *Journal of Personality and social Psychology*, No. 52, 1988.

Dieter Freundlieb. Hermeneutics and Semantics[J]. *Journal for General Philosophy of Science*, No. 2, 1987, p. 45.

D. J. Sumara. Creating Commonplaces for Interpretation: Literary Anthropology and Literacy Education Research [J]. *Journal of Literacy Research*, 2002, Vol. 34, No. 2, pp. 237~260.

E. D. Hirsch. *Validity in Interpretation* [M]. New Haven: Yale University Press, 1967.

Edmund Husserl. *The Crisis of European Science and Transcendental Phenomenology* [M]. Northwestern University Press, 1970.

Elazar Weinryb. Hermeneutics and History [J]. *Journal for General Philosophy of Science*, No. 2, 1976, p. 32.

Elizabeth Freund & Methuen. *The Return of the Reader: Reader-Response Criticism* [M]. London and New York, 1987.

E. R. Kintgen. *The Perception of Poetry* [M]. Bloomington. IN: Indiana University Press, 1983, p. 23.

Francisco. J. Gonzalez. Dialectic and Dialogue in the Hermeneutics of Paul Ricoeur and H. G. Gadamer [J]. *Continental Philosophy Review*, No. 3, 2006, p. 45.

G. N. Leech. *Principles of Pragmatics* [M]. London: Longman, 1983.

I. A. Richards. *Practical Criticism: A Study of Literary Judgment* [M]. New York: Harcourt Brace Jovanovich,

1929, p. 167.

James L. Machor and Philip Goldstein. *Reception Study*[M]. Georgetown: Routledge chapman & Hall, 2001.

Jacques Derrida. *Dissemination*[M]. Chicago: The University of Chicago Press, 1983.

Jerffery L. Bineham. The Hermeneutic Medium[J]. *Rhetoric and Philosophy*, Vol. 42, No. 1, 1995, pp. 1~7.

J. L. Austin. *How to Do Things with Words* [M]. London: Edward Arnold(Publishers) Limited, 2002.

J. L. Myers. *Fundamentals of Experimental Design*[M]. Boston, MA: Allyn and Bacon, 1979, pp. 181~182.

Joanna Thornborrow and Shân Wareing. *Patterns in Language: Stylistics for Students of Language and Literature* [M]. Edward Arnold(Publishers) Limited, 2000.

Julia Kristeva: *Word, Dialogue and Novel*[M]. in The Kristeva Reader, edited by Toril moi., Oxford: Blackwell Publisher Ltd, 1986.

Julia Kristeva. *Semiotike*[M]. Paris: Seuil, 1996.

Karl-Otto Apel. *Towards a Transformation of Philosophy*[M]. London and Henley: Routledge & Kegan Paul, 1980.

Karl-Otto Apel. *Understand and Explanation* [M]. Trans by Georgia Warnke. Cambridge, Massachusetts: The MIT Press, 1984.

Karl-Otto Apel. *Selected Essays: Towards a Transcendental Semiotics*[M]. New Jersey: Humanities Press, 1994.

Karl-Otto Apel. *Selected Essays, Ethics and the Theory of Rationality* [M]. ed., Ed. uardo Mendieta: Humanities Press, 1996.

Kieran Bonner. Hermeneutics and Symbolic Interactionism: The Problem of Solipsism[J]. *Human Studies*, No. 16, 1994, p. 102.

Landgrebe. Life-world and the Historicity of Human Existence [M]. *Phenomenology and Marxism*, Chapter 8. London: Routledge and Kegan Paul, 1984.

L. B. Briskman. Is a Kuhnian Analysis Applicable to Psychology? [J]. *Science Studies*, 1972, pp. 87~97.

Lenore Langsdorf. Phenomenology, Interpretation, and Community [J]. *Selected Studies in Phenomenology and Existential Philosophy*. Albany State University: New York Press, No. 3, 1996, p. 89.

M. A. K. Halliday. *Language as Social Semiotic: The Social Interpretation of Language and Meaning* [M]. London: Edward Arnold (Publishers) Limited, 2001.

M. Benton. et. al. *Young Readers Responding to Poems* [M]. London: Rutledge, 1988, p. 367.

M. H. Abrams. *A Glossary of Literary Terms* [C]. Wadsworth: Cengage Learning, 2005, p. 139.

Noam Chomsky. *Knowledge of Language: Its Nature, Origins, and Use* [M]. Greenwood Press, 1985, p. 169.

Nunnally, J. C. *Introduction to Psychological Measurement* [M]. New York: MCGraw-Hill, 1990, p. 269.

Paul Ricoeur. *From Text to Action: Essay in Hermeneutics* [M]. Evanston: Northwestern University Press 1986.

Paul Ricoeur. Between Hermeneutics and Semiotics In Homage to Algirdas J. Greimas [J]. *International Journal for the Semiotics of Law*, No. 2, 1990, p. 90.

P. Dias and M. Hayhoe. *Developing Response to Poetry* [M]. UK:Open University Press,1988,p.56.

Peter E. Bondanella. *Umberto Eco and the Open Text: Semiotics, Fiction, Popular Culture* [M]. Cambridge: New York Cambridge University Press,1997.

P. Trifonas. The Aesthetics of Textual Production:Reading and Writing[J]. *Stud Philos Educ.*,No.7,2002,pp.335~367.

Ralph E. Reynolds,Cultural Schemata and Reading Comprehension [J]. *Reading Research Quarterly*, Vol.17,No.3,1982,pp.353~382.

R. A. Makkreel. The Genesis of Heidegger's Phenomenological Hermeneutics and the Rediscovered "Aristotle Introduction" of 1922[J]. *Man and World*,No.3,1990,p.23.

Raman Selden. *Criticism and Objectivity* [M]. London: George Allen & Unwin,1984.

René Descartes. *The Philosophical Essays and Correspondence* [M]. Indianapolis/ Cambridge: Hackett,2000.

Richardson & D. Johnson. Sheehan, Metaphor as Hermeneutic [J]. *Rhetoric Society Quarterly*, Vol.29,No.2,1999,pp.47~83.

Robert Welsh,Jordan Hartmann. Schutz,And The Hermeneutics Of Action[J]. *Axiomathes*,No.5,2001,pp.3~4.

Roman Ingarden. *The literary Work of Art: An Investigation on the Borderlines of Ontology, Logic, and Theory of Literature* [M]. Evanston:Northwestern University Press,1980.

R. Rorty. *Contingency, Irony, and Solidarity* [M]. Cambridge: Cambridge University Press,1989.

Rush Rheas. *Wittgensten and the Possibility of Discourse* [M].

Cambridge:Cambridge University Press,1998.

Russell. *A History of Western Philosophy* [M]. New York: Taylor & Francis,2004.

Saint Thomas Aquinas. *Philosophical Texts* [M]. New York: Oxford University Press,1960.

Shaun Gallagher,Hermeneutics and the Cognitive Sciences[J]. *Journal of Consciousness Studies*,Vol.11,No.10-11,2004, pp.1~14.

Stanley Fish. *Is There a Text In This Class? The Authority of Interpretive Communities* [M]. Cambridge:Harvard University Press,1980.

Steven Mailloux,Rhetoric Hermeneutics Revisited[J]. *Text and Performance Quarterly*,No.11,1991,pp.233~248.

Terry Ragleton. *Literary Theory: An Introduction* [M]. England:Basill Blackwell Publisher Limited,1983.

Thomas M. Seebohm. Hermeneutics:Method and Methodology [J]. *Contributions to Phenomenology*.No.6,2004,p.78.

T.S.Eliot. Tradition and Individual Talent & the Metaphysical Poets[J]. In Vincent B. Leitch,(Ed.). *The Norton Anthology of Theory and Criticism*,Vol.24,No.3,2001,pp.1092~1104.

Tom Rockmore. Gadamer, Rorty and Epistemology as Hermeneutics[J]. *Laval Théologique Et Philo-sophique*, Vol.53,No.1,1997,pp.119~130.

Umberto Eco. *A Theory of Semiotics*[M]. Bloomington:Indiana University,1976.

Umberto Eco. *The Role of the Reader: Explorations in the Semiotics of Texts* [M]. Bloomington: Indiana University Press,1984.

Umberto Eco. *The Limits of Interpretation* [M]. Bloomington: Indianna University Press,1990.

Umberto Eco. *Interpretation and Over Interpretation* [C]. Cambridage:Cambridge University Press,1992.

V. K. Bhatla. Analyzing Genre: *Language Use in Professional Settings* [M]. London:Longman Publishing House,1993.

Wendell V. Harris. *Interpretive Acts—In Search of Meaning* [M]. Oxford:Claredon Press,1988.

Wulf Rehder. Hermeneutics Versus Stupidities of All Sorts A Review-discussion of R. Rorty's Philosophy and the Mirror of Nature[J]. *Journal for General Philosophy of Science*, No.1,1983,p.132.

Zeus Leonardo. Interpretation and the Problem of Domination: Paul Ricoeur's Hermeneutics[J]. *Studies in Philosophy and Education*,No.3,2003,p.159.

附 录

表 1：诗歌文体特征赏析检验 Independent Samples Test

语义差异层级	男生组 VS 女生组		成功英语学习者 VS 不成功英语学习者	
	均值	F 值	均值	F 值
1. 有序/无序	4.40	5.00	3.57	8.33
2. 静态/动态	3.58	1.33	3.26	6.67
3. 不连续/连续	2.16	12.50	2.49	5.00**
4. 客观思想/内心情感	3.26	6.67*	2.98	12.50
5. 有焦点/无焦点	2.56	11.11	3.24	8.33
6. 沉闷/激扬	4.76	16.67	4.68	16.67
7. 自然流露/规律支配	6.21	2.50	5.96	4.55
8. 明确/不明确	1.23	16.67*	1.64	5.88
9. 积极/消极	5.69	3.70	5.03	3.70
10. 躁动/平静	4.32	9.09	4.08	16.67
11. 明快/缓慢	4.73	2.33	5.11	9.09
12. 悲伤/快乐	5.46	1.79	5.71	14.29
13. 思想重要/情感重要	2.36	10.00	2.13	5.00
14. 自然/不自然	1.23	16.67	1.66	12.50
15. 神秘/不神秘	2.57	20.00	2.37	8.33

续表

语义差异层级	男生组 VS 女生组		成功英语学习者 VS 不成功英语学习者	
	均值	F 值	均值	F 值
16. 复杂/简单	4.86	25.00	4.47	16.67
17. 弱/强	6.93	5.26 *	6.50	4.55
18. 无力/强有力	6.41	10.00	6.45	5.88 *
19. 被动/主动	4.28	1.79	4.08	3.70
20. 放松/紧张	5.61	11.11	5.07	16.67

** Correlation is significant at the 0.01 level(2-tailed).
* Correlation is significant at the 0.05 level(2-tailed).

表 2：诗歌总体评价检验 Independent Samples Test

层级	男生组 VS 女生组(F 值)	成功英语学习者 VS 不成功英语学习者(F 值)
喜欢/一般/不喜欢	7.26	11.02

** Correlation is significant at the 0.01 level(2-tailed).
* Correlation is significant at the 0.05 level(2-tailed).

表 3：小说赏析检验 Independent Samples Test

	悬疑部分排序（篇章内在关系）	内容概括（篇章主体结构）	释疑部分的性认可（权威话语）
男生组 VS 女生组	9.09	6.67	12.50
成功英语学习者 VS 不成功英语学习者	7.14	8.33	5.88
教育程度高 VS 教育程度低	7.14	6.25	16.67

** Correlation is significant at the 0.01 level(2-tailed).
* Correlation is significant at the 0.05 level(2-tailed).

表4：小说总体评价检验 Independent Samples Test

层级	男生组 VS 女生组	成功英语学习者 VS 不成功英语学习者	受教育程度高 VS 受教育程度低
喜欢/一般/不喜欢	1.37	1.22	1.19

** Correlation is significant at the 0.01 level(2-tailed).

* Correlation is significant at the 0.05 level(2-tailed).

附 录 1

（1）小骡子吃力地爬上山路最后一个拐弯处。这时我的导师勒住骡的缰绳，呆了一会，环看四周。

（2）看看路的两旁，看看路以及路的上空：一溜常青松向前伸展，构成自然的遮荫。树冠上是堆积着白雪。"这座修道院有钱啊，"他说，"院长喜欢在公众场合大肆炫耀。"

（3）又走了一小段路之后，我们听见前面人声鼎沸；在下一个拐角处有一队修道士和雇工走来，他们都显得焦虑不安。其中有一人看到我们就迎了上来，样子非常热诚亲切。他说："欢迎欢迎，教兄。如果我猜对你是谁，请不要感到奇怪。因为院方已告诉我们你将要来访。"

（4）"谢谢你，教兄。"我的导师有礼貌地回答说，"我越发感谢你的好意，因为你为了迎接我，竟中断了你的搜索。但是别担心，那匹马是这么来的，从右边那条路走了。马不会走得很远，因为它走到粪堆前就必定要停下来。马很机灵，不会掉进陡崖。"

（5）"你什么时候看见那匹马的？"总管问道，"如果你是在找布鲁纳勒斯，那匹马只能在我所说的那个地方。"

（6）总管犹豫不决，看着站在路上的威廉，最后说道："布鲁纳勒斯?你怎么知道的?"威廉说道,"很明显,你是在找院长心爱的马布鲁纳勒斯。马的前腿健壮,这是你们马厩中跑得最快的马。它浑身像一团炭,威武的尾巴,小圆蹄,小马头流露出坚毅,尖耳朵,大眼睛。马像我所说的,往右跑去了,不管怎么样,你应该赶紧找。"

(7)过了一会我们听到了欢呼声。在路的转弯处修道士和雇工又出现了,其中有人牵着马的缰绳。

附录 2

(1)"现在请告诉我"——最后我忍不住了——"你到底是怎么知道的?""我的好阿德索,"导师说,"在整个旅途中我一直教你要认识迹象,世界就是通过这种迹象像大部头的书告诉我们情况那样,因苏里斯的阿拉纳斯说:世间万事万物/在我们的镜子中/表现为书为画。在交叉路口的新雪上有很匀称的马蹄印;在我们左边的路上一直有这些印记。印记的间隔匀称,又小又圆、很有规律——这样我推断马的性质,事实不像是狂兽的疯跑。在松树形成自然的遮阴处,五英尺高的地方一些细枝刚折断不久。这牲口必定在一黑薄棘丛处转上右边的路,骄傲地摆动漂亮的尾巴,结果让黑薄棘枝勾住了一些长长的黑马毛……"

(2)"最后,你不要说不知道哪条路通向粪堆,因为我们经过底下拐弯处的时候,看见有粪便散落在东边大塔下的陡峭的悬崖下,玷污了白雪。从交叉路的情况来看,路只能通向那个方向。"

(3)我说:"但小马头,尖耳朵,大眼睛呢?""我不能肯定那匹马有那些特征,但毫无疑问修道士们坚信那匹马是这样的。正如塞维利亚的伊西多说的,马之美要求'头要小,皮毛洁亮,骨架匀称,短而尖的耳朵,大眼睛,鼓起的鼻孔,挺直的脖子,密密的鬃毛和尾巴,圆圆而结实的蹄子'。我推断这匹马奔跑的速度,如果它不是马厩中的良驹,马夫会出来追它,但现在是总管亲自承担寻找任务。修道士看上了一匹马,认为它是骏马良驹,就不管它天生的体形如何,随便说客把它描述得天花乱坠,他也信以为真了。"

(4)"好吧,"我说,"但为什么说叫布鲁纳勒斯呢?""这匹马还能有什么别的名字呢?嗨,就连伟大的布立丹,也将要成为巴黎的校长了,他在讲解逻辑学举例要说到马时,也总是管它叫布鲁纳勒斯。"

(5)导师说:"的确,如果你喜欢的话,哪种印痕表示那是'马'的观念,是脑中的词,哪种痕迹给我提供的关于普遍的马的概念,而当时那些痕迹是独特的。我可以说我当时的状态是感到那些痕迹的独特和我的无知。如果你远远看见某个东西,不知道是什么,那么你只会满足于把它确定为具有某种尺寸的物体。你走近些,就会认定它是动物,即使你还不知道是马还是驴。最后更近些,你就能说那是马,即使你还不知它是布鲁纳勒斯还是尼格尔。只有在适当的距离,你才能看见它是布鲁纳勒斯(或更确切地说,是这匹马而不是另一匹马,不管你叫它什么)。这将是对独特的东西的了解。一个钟头以前,我只能说是马,但这不是因为我才智的渊博,而是因为我推断的贫乏。只有当我看见修道士牵着它的缰绳的那匹马,我智力上的追求才充分得到满足。只在那时我才真正知道以前的推理使我接近于真理。这样,我早些时候用来想象还没有看见的马的观念的思想,纯粹是符号,就像雪地上的马蹄印是'马'的观念的符号一样;只当我们缺少事物时才使用符号和符号的符号。"

后 记

　　这本专著是在我的博士论文的基础上经过不断补充与修改完成的,是教育部青年基金项目的最终成果。之所以做出修改与充实主要是基于以下两个方面的原因:

　　一方面,由于阐释学是一门极具生命力的学科,近几年来出现了新的发展动向、新的内容与新的研究成果,因此有必要与时俱进式地完善我原先的论文。其实,在从酝酿博士论文到写作这本专著期间,我一直都在关注国内外同类研究的前沿,重视相关的学术研究的积累。在专著中,我对原稿做了较大幅度的修改并且补充了近年来在这个议题上新的研究成果及自己的一些粗浅的观点。当然,我也不讳言,自己有限的知识结构与学术训练在一定程度上限制了对这一问题的深入探讨,毕竟这一研究没有现成的理论框架,只能艰难地以自己的方式进行着论证,在此恳请专家和读者对我的研究不吝指正。

　　另一方面,就本人而言,在做博士论文期间,由于毕业时间的限制、研究经费的限制、身体孱弱等原因无法进行广泛而深入的研究。毕业后,生活条件改善了,经济逐步宽裕了,没有毕业时间限制的压力了,历时5年的研究工作较之前显得更为从容、细致与专注,从而使自己的著作建立在较为宽厚的研究基础之上。

　　可喜的是,孕育了将近10年的"生命"终于要诞生了。回顾这一漫长的路程,深感完成博士论文与这本专著是多么的不容易,如果没有老师、朋友与家人的帮助,依靠个人的力量是不可能完成的。因此在拙著付梓之际,我衷心地感谢所有帮助我的人:

要感谢我终生的导师陈维振教授,他一直在事业上、学术上给予我可贵的关怀与支持。他学识渊博,为人平和、谦逊,这让我终生受益。尤其是对于天生愚钝、学习基础差、科研能力弱的我,陈教授总是鼓励、鼓励、再鼓励!对于生性大大咧咧的我的言语过失从不计较!

感谢谭学纯教授对我的学术关怀!他的公正、才华横溢和机智诙谐体现了一个真正学术大家的风范!

感谢林大津教授!是他代表外国语学院慷慨解囊,让我有机会在职攻读博士!感谢黄远振教授!感谢他提供了我在外语学院兼职的机会,为我经济上排忧解难。

感谢同学张丽军、何朝银、段丽娟、马国华!我们之间纯洁、真挚的友谊使我本该孤独寂寞的学习生活充满了欢声笑语!

感谢我终生的伴侣邓玮,清贫的生活让我们更加珍惜对方!回首一起走过的10年,尽管也有许多不平事,但是支撑我们一起走下去的理由其实很简单,那就是爱!

感谢养育了我,永远支持、爱我的父母,没有他们,就没有今天的我!沐浴在爱的阳光里,感激之情无以言表!所做的只能是永远有一颗感恩的心!

感谢厦门大学出版社王扬帆老师的辛勤工作。

谨以此书献给我永远挚爱的先生邓玮和女儿邓诸贺。

董丽云

2013年7月2日于厦门